JN222337

東京新聞はなぜ、空気を読まないのか

東京新聞元編集局長
菅沼堅吾

東京新聞

東京新聞はなぜ、空気を読まないのか

はじめに

「新しい戦前」という言葉が使われるようになった。２０２２年12月末のテレビ番組「徹子の部屋」に出演したタレントのタモリさんが、来年はどんな年になるかと問われて、「新しい戦前になるんじゃないでしょうかね」と答え、23年の「新語・流行語」大賞にノミネートされたことがきっかけである。

タモリさんは終戦１週間後の１９４５年８月22日に生まれて、戦後と共に生きてきた。発言の真意は不明だが、番組に出演した２週間ほど前に、「敵基地攻撃能力」の保有などを明記した「安保関連３文書」が閣議決定されたことと無関係とは思えない。

「新しい戦前」という言葉は、「新しい戦争」に向かっていることを感じさせる。戦後70年という節目の年、２０１５年９月19日をもって「新しい戦前」は始まったのだと、私は思う。日本が攻撃を受けていない場合でも戦争に加わることを可能にする「安保法制」が整った日である。その時私は、東京新聞の編集局長、紙面作りの責任者だった。新聞の「顔」である朝刊１面トップの記事の見出しを「戦後70年『戦える国』に変質」憲法違反の疑い」とし、安倍晋三首相が「国のかたち」を変えたことに警鐘を鳴らした。

局長だった11年6月からの6年間に、安保法制にとどまらず、特定秘密保護法の成立、「共謀罪」の導入などで「戦える国」の基盤が出来上がった。特定秘密保護法は、国民の「知る権利」に奉仕する新聞記者が権力の秘密を暴くことを妨げる「装置」となった。「新しい戦前」はいつ、「新しい戦中」になってもおかしくない。

この6年間は、安倍首相が「戦える国」の最終形に向けて憲法を改めることに力を入れ、9条への自衛隊明記を提唱した時期でもある。自民党にとって「現行憲法の自主的改正」は党是であり、結党70年という節目の25年はもちろん、常に改憲の機会を探っている。

「新しい戦前」の中、新聞は誰のために、何のために存在しているのか。煎じ詰めると「かけがえのない命」を守ること、ひいては国に二度と戦争をさせないことにある。「戦える国」になっても「戦わない国」であり続けたい。そのためにはどうしたらいいのか。

局長時代の6年間は11年3月11日に起きた東日本大震災と東京電力福島第一原発事故に向き合った日々でもあった。「国難」とも言われたが、原発事故は終わったわけではなく、まだ「災い」の中にある。

あの時代を過去のことと片付けずに総括することによって、昭和100年であり戦後80年という節目の25年に、新聞が示せる一筋の希望の光を本書で見出したい。

原発事故などで権力側が「本当のこと」を隠した時、「数の力」で権力側が「国のかたち」を変えようとした時、東京新聞は権力を監視し、国の秘密を暴くスクープを、「本当のこと」を追い求めた。人々の「小さな声」を聞くことや現場に足を運ぶことによって権力側の問題点を、論点を明示した。言わねばならないことを主張し、警鐘を鳴らし続けた。

本書は局長の目を通した東京新聞の記録である。現場の記者、いわば「個」の動きだけでなく、編集局という「組織」の動きに力点を置いた。みんなで心血を注いで作った1面トップなどの紙面も、歴史的な局面を中心に厳選して紹介した。大きな紙面を「舞台」に記事と見出しと写真が一つの「作品」となって、読者の頭と心にニュースを届けていることを知ってもらいたかったのである。

局長時代、報道姿勢に対する共感の声が読者から数多く寄せられた。権力監視は読者からの信頼、支えがなければ自己満足に陥り、権力側からの反撃にも耐えられない。読者あっての権力監視であることは自明の理であり、本当に心強かった。心から感謝したい。

紙の新聞は情報が無料で手に入る時代に、「高額」なメディアと見られ、販売部数も低迷している。ネットの世界では、起きたことや発表された情報なら無料であり、しかもいち早く入手できる。しかし新聞は全国で日々、2千万人台の読者が手にしている「ベストセラー」であり、新聞にしかできないことが、まだまだたくさんある。
ようこそ、新聞の世界へ。

※本文の役職、肩書、年齢は当時のものです。デモ・集会の参加者数は主催者発表のものです。画像の一部は加工しました。

目次

第1章

歴史に裁かれる新聞と権力

権力を監視する編集局長席

東京新聞を発行する中日新聞東京本社のビルは東京都千代田区内幸町にある。11階建てのビルの7階と8階が編集局のフロアになっており、8階の一角に編集局長と局長を補佐する局次長5人の席がある。局長が中心となって、みんなで編集方針や重点取材の分野、記者の配置、新しい企画などを決めている。日々の紙面は局次長とベテランの部長が交代で責任者となって作り、重要な局面では局長が加わる。

編集局長席後方の窓からは国会議事堂や霞が関の官庁街が見える

局長席からは社会部、政治部、経済部、特別報道部、整理部、写真部、運動部など、かなりの部署が見渡せる。どこかの部署に何か大きなニュースが飛び込めば、すぐ全体に伝わるし、局として何か大きな動きをすると、同じようにみんなが見ており、人が集まり始める。「大部屋」の編集局ならではの情報共有のやり方だ。

局長席から後ろに振り向くと、国会議事堂と、そこに至る道筋にある経済産業省など霞が関の官庁街が見え、国会の隣には首相官邸がある。編集局が監視すべき権力の存在を、自然と意識させる配置である。

激動と緊迫の日々の始まり

２０１１年3月11日午後、編集局内では石原慎太郎・東京都知事の4選出馬の号外作りの作業が終わり、穏やかに時間が流れていた。そろそろ明日の紙面の打ち合わせを、と思っていた矢先に、経験したことのない揺れが編集局を襲った。午後2時46分。私も局次長としてその場にいて、崩れ落ちる机の上の書類を横目に、何とか揺れに耐えた。

首都直下地震がついに起きたかと思ったが、しばらくして宮城県での津波のテレビ映像が目に入った。東北を中心とした東日本大震災だった。経験したことのない大災害であることに変わりはない。編集局の各部署の幹部が局長席の周りに直ちに集まった。激動と緊迫の日々が始まったのである。

四つの本社から同時に被災地へ

大震災の直後、編集局を挙げて取り組んだのが、記者を現場に送り込むことだ。中日新聞社は名古屋、北陸（金沢市）、東海（浜松市）、そして東京新聞を発行している東京という四つの本社体制を取っており、各本社から車、電車、ヘリ、飛行機とあらゆる手段を使って記者が現場に向かった。合わせて30人規模は過去に例がない。遠隔地の災害取材では長期間持続できる態勢をいち早く敷くことが肝要だが、そのために不可欠なのが拠点探しであり、今回も至難の業だった。友好紙である河北新報（本社・仙台市）のおかげで本社内の休憩室を間借りし、そこに記者たちを集結させた。指揮命令系統があいまいでは、場当たり的な取材に陥りやすい。現場の責任者になれるベテラン記者を、早急に送り込むことにも腐心した。

次々と現場に向かう記者を見届けながら、翌日の朝刊をどう作るかが、私の仕事だった。被害規模が想像を絶する展開に誰もが思考停止に陥りがちな時、現場から送られてくる記事を紙面用に「整理」する部署は整理部である。具体的にはニュース価値の判断に基づき、紙面に載せる記事の選択や扱いの大きさ、レイアウト、見出し作りなどを担当する。この整理部の当日のデスクから提案があった。

過去にない「つなぎ見開き」紙面の提案

「今までにないことが起きたのだから、今までやったことのない紙面を作って、大震災の実像を伝えたい」

それは1面と最終面をつなぐことによって、広げると一つの面のように見える大型紙面、整理部内の用語では「つなぎ見開き」という作り方だった。「本当にそんな紙面を作れるのか」と聞くと、デスクは「心配ありません。今、判断すればやれます」と即答だった。編集局次長だった私は局長の了解を直ちに取り、作業を進めた。

新聞社特有のポストであるデスクとは、部長という正式な管理職ではないが、現場の記者たちへの指示や原稿を直す権限を持っている。現場ではなく本社の部署や支局で仕事をすることが多いことから、デスク（机）との名称になった。整理部の場合、朝刊時には複数のデスクがいて１面など各面の担当記者に指示を出しているが、「つなぎ見開き」の提案者は紙面全体に責任を持つデスクだった。

「編集日誌」に「全ての体制への批判…」と記載

その時は３回連続で１面のつなぎ見開きを展開するとは想定していなかった（紙面はＰ14〜19）。翌日夕刊は被災地の写真に胸を締め付けられながら、続行を決めた。死者・不明者は最終的に２万２千人を超えるのだが、その日の写真でも数え切れないほどの命が失われたことは感じた。３回目は「福島原発で爆発　初の炉心溶融」という衝撃的な見出しを付けた翌々日朝刊である。

編集局長席には局長と局次長ら朝刊作りの責任者が、前夜の新聞作りの経緯や思いを共有するために記す日記帳、通称「編集日誌」が置いてある。11日夜から３日間の記載者は私だった。初日は当番の日ではなかったが、災害取材を担当する局次長だったので実務責任者に指名され、編

仙台で10メートル津波

首都圏の機能マヒ

首都圏では茨城、栃木両県で最大震度6強を観測し、十一日午後十一時五十分現在の本紙のまとめでは、崩落した建物の下敷きになったり、津波に巻き込まれたりするなどして一都六県で十六人が死亡、十一人が行方不明、四百七十人以上がけがをした。停電や断水が大規模に発生。一時、JRや私鉄、地下鉄が全面的に運転を中止し、高速道路も全面通行止め、羽田、成田の両空港も全面閉鎖した。

夜にかけて一部が復旧したが、首都圏の交通はほぼマヒ。関東周辺の主要駅に約二万五千人が一時足止めされた。

各都県や警察庁などのまとめでは、死亡は千葉で五人、東京、茨城で各四人、神奈川、栃木、群馬で各一人が確認された。行方不明は茨城で六人、千葉で三人、栃木で二人で、津波に巻き込まれるなどした。建物は七百十戸以上が全半壊したり、一部が損壊したりした。

津波は、茨城県大洗で午後四時五十二分に四・二㍍、千葉県銚子で同三時三十七分に二・二㍍を記録。茨城県ひたちなか市では、海岸から二百五十㍍内陸の県立海洋高校が水没し、沿岸線が液状化状態になっている。

東海村火力 600人が孤立

茨城県東海村の常陸那珂火力発電所では、周辺道路の多数の車両火災のため、従業員ら約六百人が敷地内に取り残されている。

東京都千代田区の九段会館では天井が崩落し、五十代の女性二人が死亡、約三十人がけがをした。茨城県高萩市では接骨院が倒壊、二人が下敷きとなり、女性（八〇）が死亡。千葉県山武市では男性（八〇）が津波に巻き込まれ死亡し、旭市でも高齢女性が屋外で水死しているのが見つかった。

お断り　本紙は今回の三陸沖を震源とする地震を、東北・関東大地震とします。

千葉県市原市のコスモ石油千葉製油所で大規模な火災が発生。一人が全身やけどで重傷となり、消火活動が依然続いている。

栃木県下野市の国分寺中学では、体育館の天井から石こうの板がはがれ落ち、館内の生徒二十六人が頭などに軽傷。

茨城県内では家屋の八割以上が停電した。県内の原子力施設では、原子炉三基が安全に自動停止。十七事業所で異常がないことを確認した。

羽田空港は午後四時過ぎに復旧、成田空港は同七時半に出発便に限って再開した。夜に入り、鉄道は東京駅発の東海道新幹線が本数を減らして運行し、京王や東急など私鉄、地下鉄の一部も再開された。

原子炉停止で緊急事態宣言　避難指示

菅直人首相は十一日夜、東北・関東大地震の影響を受けて停止した東京電力福島第一原発について、原子力災害対策特別措置法に基づく「原子力緊急事態宣言」を発令した。発令は二〇〇〇年の施行後初めて。放射性物質による外部への影響は現時点で確認されていないが、停止した原子炉の冷却が進まないため、周辺住民に避難指示なども行った。

避難指示は、同原発から半径三㌔以内の住民が対象で、同三十㌔以内の住民には屋内待機を指示した。

地震発生時、福島第一原発六基のうち、定期検査中の三基を除く1、2、3号機は運転中で自動停止した。いずれも炉心の核反応は停止。残った熱を冷やすため外部電源で非常用ディーゼルを動かし、注水しようとしたが、1、2号機への電力供給が途絶え、注水できなくなった。このため、補助装置として原子炉格納容器内の蒸気でタービンを回し冷却ポンプを動かしているが、一つの原子炉の冷却が進んでいないという。

政府は当初、住民の避難などは必要ないとしていたが、枝野幸男官房長官は記者会見で、避難指示について「万が一のための念のための措置を取った」と説明した。

同法は一九九九年に茨城県東海村で起きた臨界事故を受けて整備された。首相をトップとする対策本部を設置し、国が主導的に原子力事故に対応する狙いがある。

自衛隊に派遣命令

北沢俊美防衛相は十一日夜、原子力緊急事態宣言を受けて、自衛隊部隊に原子力災害派遣命令を出した。福島第一原発周辺に航空機を出動させ、情報収集に当たる。

…県名取市で

各地の震度（11日午後2時46分ごろ）

震源地
数字は震度
7…震度7
6…震度6強
6…震度6弱
5…震度5強
5…震度5弱

三陸沖震源

石原都知事4選出馬

引退意向撤回「身命を賭す」

東京都の石原慎太郎知事（七八）は十一日の都議会本会議で、四月十日投開票の都知事選に四選に向け立候補する意向を表明した。不出馬の意向を周辺に伝えていたが、自民党などからの強い出馬要請を受けて方針転換した。理由として「国家破綻への危機感」を挙げ、「身命を賭して最後のご奉公をさせていただく」と述べた。
=関連3面

四日の告示まで残り三週間と迫る中、過去三回の選挙で圧勝した現職の立候補表明は、不出馬を見込んで準備してきた他候補への影響は必至。「首都の顔」を決める選挙の構図は一変する。

石原氏は本会議の最後に登壇し「すでにかなりの高齢で、かねがね心身の衰えを感じている。ゆえにも長きにわたる逡巡の末に、あえて出馬を決心した」と揺れた胸の内を明かした。出馬の理由として「日本の命運は数年間のうちに決められる。心臓部、頭脳部である東京が混乱し、破綻することは国家の喪失につながりかねない」と述べた。

関係者によると、自民党幹部らは説得材料として、現在の立候補予定者の顔ぶれについて▽十二年間の石原都政の成果が継承されない恐れがある▽全員が

に達せず、再選挙になる可能性がある…などと指摘。都政の混乱回避を大義名分に、不出馬の意向だった石原氏を翻意させた。

都知事選をめぐっては、前参院議員の小池晃氏（五〇）＝共産党推薦、外食大手ワタミ創業者の渡辺美樹氏（五一）、神奈川県の松沢成文知事（五二）が既に立候補を表明。前宮崎県知事の東国原英夫氏（五三）も十四日を前に進

東京新聞
中日新聞東京本社
東京都千代田区内幸町二丁目1番4号
〒100-8505 電話03(6910)2211

紙面について
電話 03-6910-2201（土日祝日除く 10:00〜18:00）
FAX 03-3595-6935
購読お申し込み 0120-026-999
1カ月定額税込み（朝・夕刊）3250円
配達・集金について 03-6910-2556
http://www.tokyo-np.co.jp/

東北・関東大地

死者300人超

地震による大津波で流された多くの家屋

気仙沼で大火災

M8

十一日午後二時四十六分ごろ、三陸沖を震源とするマグニチュード（M）8・8の巨大地震があった。気象庁によると、関東大震災のM7・9などを上回り、一九二三年に日本で近代的な地震観測が始まってから最大。東北から関東にかけて広い範囲で津波や火災が発生。警察庁の同日午後十一時半現在のまとめでは、死者百十人、行方不明三百五十人に達した。このほか、宮城県警によると、仙台市若林地区で津波にのみ込まれたとみられる二百〜三百人の遺体が見つかった。

陸上自衛隊などによれば、宮城県気仙沼市の市街地で大規模な火災が発生。広い範囲に燃え広がり、小学校などを全焼した。同県東松島市では、約50％が冠水。建物火災が多発しているという。

政府は陸海空の自衛隊を災害派遣、警察広域緊急援助隊も最大限派遣する方針。

宮城県栗原市では震度7を記録、東北を中心に北海道から九州にかけて震度6強から1を観測した。震源地は牡鹿半島の東南東一三〇キロ付近で、震源の深さは約二四キロ。午後三時十五分ごろには千葉県・犬吠埼の北東五〇キロ、深さ約八〇キロを震源とするM7・4の地震があり茨城県鉾田で震度6弱。三陸沖や茨城県沖などを震源とする強い揺れを伴う余震が断続的に続いた。

宮城県警によると、仙台市の仙台新港では高さ約一〇㍍の津波が確認された。気象庁は、福島県相馬市で七・三㍍、岩手県釜石市では四・一㍍の津波を観測した。気象庁は北海道から沖縄県の太平洋側に大津波警報と津波警報を発表した。茨城県高萩市の接骨院が倒壊、三人が下敷きになり一人が死亡した。岩手県久慈市では車が流され一人が死亡した。

宮城県石巻市の海岸沿いでは多数の家屋が津波に流され、多くの行方不明者がいるもよう。同県東松島市の航空自衛隊松島基地は基地のほぼ全域が水没した。福島県相馬市では沿岸から約五キロ内陸まで津波が押し寄せた。岩手県釜石市では乗用車数十台と多くの漁船や建物が流された。

東北電力によると、東北六県で計約四百四十万戸が停電。福島第一原発1、2号機は自動停止、緊急炉心冷却装置が動かせない状態で放射能漏れは確認されていないが、政府は原子力緊急事態宣言を出した。

仙台市でガス漏れが多数発生。仙台空港は冠水しすべての飛行機の離着陸を停止した。宮城県内の東北自動車道が各地で損壊した。JR東日本は、東北地方と首都圏の在来線すべての運転を終日見合わせることを決めた。

災害義援金受け付け

東京新聞と東京新聞社会事業団は、十一日に発生した東北・関東大地震で大きな被害を受けた地域の被災者を救援するため、義援金を受け付けます。

受け付け　東京新聞社会事業団事務局　〒100-8505　東京都千代田区内幸町2の1の4、☎03-6910-2520

郵便局からの送金　振替口座00160-1-152001、東京新聞社会事業団（通信欄に東北・関東大地震と明記）送金手数料はご負担願います。※物資はお受けできません。

東京新聞社会事業団　東京新聞

地震関連ニュース

東北・関東大地震による特別輸送態勢のため、配達が遅れたり記事が重複したりする場合があります。ご了承ください。

天気は30面、親鸞は29面、運勢は28面に移し、「東京どんぶらこ」は休みました。

筆洗

夢であってほしい。そう願いながら、テレビの映像に目を奪われていた。漁船や住宅、乗用車、トラックが濁流にのみ込まれていく。自然の猛威の前で人類が営々と築いてきた文明がいかに無力か思い知らされた▼三陸沖できのう起きた大地震は、国内で観測史上最大となるマグニチュード8・8ものエネルギーだった。死者、行方不明約三千人を出した一九三三年の三陸沖地震を上回る規模の津波が沿岸を襲った▼集落ごと流された地域もあった。犠牲者がどれだけ増えるのか想像もつかない。千葉ではコンビナートが大火災を起こし、安全なはずの原子力発電所も不安をさらけ出し、政府は緊急事態宣言を初めて発令した▼東京でも震度5強を記録した。緊急地震速報に身構えていると、経験したことのない揺れが来た。書棚が倒れ大量の本が崩れ落ちた。余震による船酔いのような揺れが体に染み付いて離れない。首都圏では多くの「帰宅難民」が生まれ、家族と連絡が取れず不安な夜を過ごした人も多い▼地球の身震いが起こした数十秒の揺れはかけがえのない命を奪い、ささやかな日常を破壊した。地震国で暮らすことを再認識するには辛すぎる試練である▼諸国が相次いで支援を表明している。「真の友は災難の時に知る」（ロシアの諺）。被災した人たちのために、私たちは今何ができるのか。真剣に考えたい。

、三陸沿岸は壊滅

福島第1原発　放射能漏れ

避難指示「10キロ」に拡大

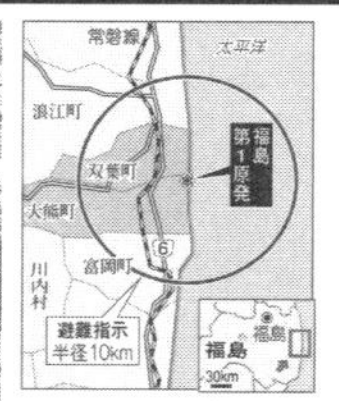

経済産業省原子力安全・保安院は十二日、東日本大震災の影響で自動停止した東京電力福島第一原子力発電所で外部に放射能が漏れた、と発表した。正門周辺の放射線量が通常の八倍、1号機の中央制御室で通常の約千倍。

菅直人首相は、同日午前、同原発から半径三㌔以内の住民に出していた避難指示を十㌔圏内に拡大した。

同原発1号機は、原子炉格納容器内の圧力が設計値の約二倍に上昇した。さらに圧力が高くなると、格納容器が圧力に耐えられず、変形したり破損する可能性がある。

保安院は、圧力を下げるために原子炉格納容器の蒸気を外部に放出するよう、原子力災害対策特別措置法に基づいて東電に命令した。放射性物質を含む蒸気を外部に放出すると、環境に影響が出る恐れがあり、破損で放射能を閉じ込める機能を失わないための緊急避難的措置。国内では初の事態になる。

東電は、同日午前九時から原子炉建屋の弁を開けて蒸気を排気筒から逃し、圧力を下げる作業を始めたが、弁を開く作業が難航している。蒸気は水を張った大きなプールに通した上で放出するため、「水を通る際に放射性物質はある程度減らせる見込み」という。

海江田万里経済産業相は、放射性物質が放出される恐れについて「事前の評価では（放出されても）微量とみられる」と説明。保安院も、避難地域の拡大や海に向かって吹いている風向きなどから住民の安全は保たれている、としている。

福島第2にも 緊急事態宣言

菅直人首相は十二日午前、東日本大震災の影響を受けた福島第二原発について、原子炉格納容器の圧力が上昇する恐れがあるとして、震災当日十一日の福島第一原発に続き、原子力災害対策特別措置法に基づく「原子力緊急事態宣言」を発令した。これに伴い、半径三㌔以内の住民に避難を、十㌔以内に屋内退避を指示した。

枝野幸男官房長官は十二日午前の記者会見で、第二原発での放射性物質の流出について「現時点で外部への流出は確認されていない」と説明した。

経済産業省原子力安全・保安院によると、すでに緊急事態宣言が発令された第一原発では、原子炉建屋から放射性物質が漏れた可能性がある。

福島第1、第2原発　東京電力が福島県で運転中の原発で、第1原発（大熊町、双葉町）は6基、第2原発（楢葉町、富岡町）は4基。1971～87年に営業運転を始めた。いずれも冷却水を炉心の熱で沸騰させ、できた蒸気で発電用タービンを回す「沸騰水型軽水炉」で、10基の出力は計約910万㌔㍗。第1原発2号機では92年、高圧復水ポンプと給水ポンプが停止し、原子炉が自動停止、原子炉の水位が低下し、緊急炉心冷却装置（ECCS）が作動して炉内に水が注入された。

長野で震度6強

各地の震度
（12日午前3時59分ごろ）

十二日午前三時五十九分ごろ、長野県栄村で震度6強の地震があった。新潟県中越も六弱、群馬県北部と新潟県上越で五強を観測した。午前四時三十二分ごろと五時四十二分ごろにも、長野県で震度6弱の地震が起こるなど余震が相次いだ。

気象庁は「十一日の大地震に誘発された可能性は否定できない」としている。

同庁によると、震源地はいずれも新潟県中越地方で、震度6強となった地震はマグニチュード（M）6・7、震源の深さは八㌔と推定される。

長野、新潟両県警などによると、家具が倒れるなどで十数人がけが。新潟県十日町市で土砂崩れに巻き込まれた住宅から男性二人、女性一人の三人を救出した。十日町市と新潟県津南町などの少なくとも十四カ所で地震に

新潟県などによると、長野県飯山市から新潟県境まで、国道117号が路面の陥没や雪崩で一部通行止めになった。栄村では土砂崩落により県道が寸断された。

JR飯山線では、栄村と津南町の間で線路の下の土砂が崩れ落ちレールが宙に浮いた状態。栄村の森宮野原駅では除雪車が脱線した。

また、長野県野沢温泉村と飯山市、栄村で計約四百戸が停電、十日町市と津南町では最大計約千三百戸が停電した。

長野県によると、新潟県側での雪崩のため、百三十世帯約三百人が生活する栄村の秋山地区が一時孤立。栄村は余震や、川の水がせき止められている恐れがあるとして、村は秋山地区をのぞく全域に学校や福祉施設への避難を指示。村内の東部小では体育館の天井が落ちた。

午前三時五十九分ごろの地震による各地の震度は次の通り。

震度6強＝栄村（長野）▽震度6弱＝十日町上山（新潟）▽震度5強＝中之条小雨（群馬）十日町水口沢（新潟）▽震度5弱＝南魚沼（新潟）野沢温泉（長野）▽震度4＝土浦下高津、筑西（茨城）沼田（群馬）加須大利根（埼玉）▽震度3＝酒田（山形）郡山

東京新聞 夕刊
中日新聞東京本社
東京都千代田区内幸町二丁目1番4号
〒100-8505 電話03(6910)2211

死者・不明千数百

東日本大震災 救助本格化

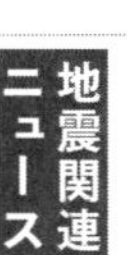

②誘発地震の可能性
③原発 重大な危機
④海外反応
⑤記者も遠い家路
⑥⑦写真グラフ
⑩上空ルポ
⑪地上ルポ

配達遅れおわび

東日本大震災のため、配達が遅れたことをおわびします。天気は10面、この道、放射線は4面に移し、夕刊スポーツは休みました。

津波でほとんどの木造家屋などが流失した岩手県陸前高田市の中心部＝12日午前8時18分、本社ヘリ「まなづる」から（畦地巧

有感余震100回超す

東北、関東の東日本に甚大な被害をもたらした観測史上最大の地震は、十二日も強い余震が頻発した。警察庁の午前十時現在のまとめでは死者二百八十七人、行方不明七百二十五人に上る大震災となった。岩手県陸前高田市など太平洋沿岸では津波により壊滅的な被害が出た地域があり、死者・行方不明者は計千数百人となるのは確実。

枝野幸男官房長官は十二日午前の緊急災害対策本部で「千人以上が命を落としたとみられる。内閣、国力を挙げ救難に取り組む」と述べた。

福島第一原発は放射性物質が漏えい、第二原発は冷却機能を喪失しており、政府は両原発に「原子力緊急事態宣言」を出し第一原発は半径十キロ、第二原発は三キロ以内の住民に避難を指示。周辺の福島県双葉町など三町の全町民計約二万人が避難を始めた。第一原発1号機は正門近くの放射線量が通常の八倍以上に上昇。第二原発は、非常時に炉心を冷やすプールの水が一〇〇度を超えた。

青森県八戸市の災害対策本部によると、岩手県・野田湾で十二日朝、四メートルの津波を観測。岩手県警によると、陸前高田市は八割以上が水没、宮古市の沿岸部と山田町のほぼ全域が水没した。防衛省によると、福島県南相馬市も約千八百世帯が壊滅状態という。

宮城県気仙沼市では最大で直径一キロに及ぶ大規模な火災が三カ所で発生した。警察庁によると、住宅など建物二千五百四戸が全壊し、三百九十七カ所で道路が損壊した。

自衛隊や警察などの援助隊は被災地でヘリコプターによる救援活動を始めた。

JR東日本は東北、山形、秋田の各新幹線を十二日も終日運休。東北など九自動車道が全面通行止めとなった。

気象庁によると、有感の余震は百回を超えた。日本海側に津波注意報が出て、日本列島の海岸線全てが大津波、津波警報・注意報の対象となった。

岩手
陸前高
気仙沼
太平洋
宮城
石巻
仙台
仙台市若林区
名取
仙台空港
相馬
南相馬
福島
福島
福島第1原発
福島第2原発
20km

2万人を災害派遣

自衛隊

防衛省は十二日、東日本大震災の被災地に派遣する自衛隊員を二万人規模に拡大し、各地で救出活動を本格化させた。

海上自衛隊は米海軍第七艦隊と共同で津波被災者の捜索救難活動を実施する。

陸上自衛隊は東北地方の各部隊に加え、北海道、群馬、愛知、福岡各県などの駐屯地から出動。航空自衛隊を中心とした航空機約百九十機が上空から被害状況の把握を進め、陸自と空自のヘリコプターが建物の屋上に取り残された住民らの救助を続けた。

北沢俊美防衛相は防衛省災害対策本部会合で「今後も全力を挙げてほしい」と指示した。

原子力災害派遣命令を受け福島第一原発周辺へ向かった陸自部隊は住民の避難を支援。放射性物質漏えいに対応する化学防護隊も現地入りした。

お断り 十二日になって長野県で震度6強、新潟県でも震度6弱の地震が発生しましたので、表記を「東日本大震災」にします。

初の炉心溶融

宮城9500人安否不明

東日本大震災

国内観測史上最大M8.8
死者不明1,400人超

津波注意報
津波警報
大津波警報

東北、関東に甚大な被害をもたらした国内史上最大の地震、東日本大震災は十二日、各警察本部がまとめた死者が六百三十七人、行方不明者は六百五十三人に上った（午後九時現在の警察庁まとめでは死者六百二十三人）。

警察庁によると、ほかにも仙台市で二百〜三百人の遺体が発見されるなどしており、死亡・行方不明者は計千七百人を上回る見通し。大津波で壊滅的な被害が出た東北と茨城の太平洋沿岸は状況の把握が難航しており、死者・行方不明者数は今後大幅に増えるとみられる。

宮城県によると、海沿いにある南三陸町の住民約一万七千人のうち約九千五百人と連絡が取れず、安否確認を急いでいる。

警察庁によると、岩手、福島など五県で二十一万数千人が避難。また炉心が一部溶融した福島第一原発と冷却機能を喪失した第二原発の周辺住民約八万人が避難を始め、避難者は計約三十万人に上った。

被災地の地元災害対策本部などによると、岩手県の野田村で十二日朝、四㍍の津波を観測。陸前高田市では市役所三階まで津波が達し、市街地にはわずかな建物しか残っていない。

宮古市の沿岸部と山田町のほぼ全域も水没。宮城県女川町は町全体が冠水した。

宮城県気仙沼市では最大で直径二㌔に及ぶ大規模火災が三カ所で発生した。警察庁によると、住宅など建物二千五百十四戸が全壊し、六百二十八カ所で道路が損壊した。茨城県では二千四戸が浸水。

上越、長野新幹線は運転を再開したが、東北、山形、秋田の各新幹線は復旧のめどが立っていない。

地震発生時
原子炉格納容器
圧力容器
原子炉
蒸気
燃料
制御棒
再循環ポンプ
電気系統停止で制御不能に

12日午前
圧力と温度の上昇
燃料の露出と溶融
燃料
制御棒

12日午後
爆発
燃料
制御棒
建屋吹き飛ぶ

原発爆発

信頼、一気に失う

厳しい検証必要

【解説】超ど級の原発事故。国民の原子力への不信、不安を一気に募らせ、原発は当分、立ち直りができなくなる。

エネルギー安定供給と地球温暖化対策を掲げ、世界的に原発推進の動きが活発になっている。建設、運転、保守管理までパッケージで新興国に売り込む「国際展開」を日本は官民一体で進める。

原発の受注に成功したベトナムや受注が期待されるトルコなど、経済産業省が強力に商戦を後押しする。

民間企業の旗振り役は東京電力。自ら海外進出に積極的だが、取り返しの付かない事故を起こした。巨大な揺れと津波が襲ったとはいえ、地震国で原発を造れば被災時、安全装置を動かす外部からの電力が受けられなくなる可能性があることは〝想定内〟のはず。対応策は当然取られていなければならない。東電に緩みや死角はなかったか。厳しい検証がいる。

周辺住民に影響が及んだ原子力事故では、作業員が被ばくし、二人が亡くなった一九九九年のJCOウラン再転換工場（茨城県東海村）での臨界事故の記憶が鮮明だ。ただ、JCOは市街地にある町工場だったが、今回は原子力の主役の発電所での事故。それも要である原子炉が制御不能になった。極めて深刻な事態だ。

東電はJCO事故をどう評価していたか。「原発は五重の壁を設けるなど何重にも安全対策がとられている。JCOのような事故は原発で起こることはない」（同社冊子）。しかし、重大事故は起き、原発への信頼を一瞬で吹き飛ばした。

国内での新増設の動き、稼働率向上、インフラ輸出…。原発推進の追い風は厳しい逆風

東京新聞
中日新聞東京本社
東京都千代田区内幸町二丁目1番4号
〒100-8505 電話03(6910)2211

福島原発で爆発

病院の3患者 被ばく

東日本で大地震

5:22
福島第一原発
午後3時半ごろ
福島第一原発で爆発音
4人がケガ

白煙を上

避難指示 半径20キロに拡大

十二日午後三時三十六分、東日本大地震で自動停止した東京電力福島第一原発1号機の原子炉建屋とタービン建屋の周辺で激しい揺れとともに爆発が起き、白い煙が上がった。この爆発で、作業員ら四人がけがをし病院に搬送された。東電によると、いずれも意識はあるが、うち一人は骨折している。

枝野幸男官房長官は会見で「建屋の壁の崩壊で、中の格納容器が爆発したものではない」と述べ、原子炉の損傷は否定した。ただ、格納容器から漏れ出た水素が建屋内の酸素と化学反応して爆発した可能性があり、不安定な状態が続いている。

福島県によると、爆発当時、十キロ圏内にある病院の屋上でヘリの救助を待っていた患者三人が被ばくしたという。

また、爆発の直前に福島第一原発1号機周辺で、放射性物質のセシウムとヨウ素を検出。いずれも炉心のウラン核燃料が分裂した際にできる物質で、原子力安全・保安院は燃料棒の一部が溶ける「炉心溶融」が起きた可能性があるとしている。

福島県は同日夜、首相官邸の指示を受け、福島第一、第二原発の周辺十キロ圏内だった避難指示の対象範囲を、第一原発のみ同二十キロ圏内に拡大した。

同原発は自動停止後、高温の燃料棒を冷やす給水装置が故障。燃料が水面から露出し、冷却できずにこもった熱で溶けた可能性が出ている。燃料棒の周辺は二二〇〇度以上に達し、燃料を覆う特殊金属の被覆管が溶けたらしい。

日本の原発で炉心溶融は初めて。一九七九年の米スリーマイルアイランド原発事故や八六年の旧ソ連チェルノブイリ原発事故に匹敵する国内最悪の原発事故となった。

東電は十二日午後二時、原子炉格納容器内の圧力が高まり、容器が耐えられずに破損するのを防ぐため、容器内の蒸気を外部に放出。放射性物質を含んだ蒸気が周辺に放出された。原発の敷地内で測定した放射線量は一時、一時間に一〇一五マイクロシーベルトと、一般人が一年間に受ける放射線量の限度と同等の値を示したが、その後低下した。

東電は午後八時二十分から容器内に消防ポ

を始めた。

福島第1原発周辺の避難指示区域
半径
常磐線
浪江町
双葉町
福島第1原発
大熊町
富岡町
楢葉町
広野町
田村市
川内村

筆洗

三陸海岸を宮城県の気仙沼から、岩手県へと昔、列車で旅したことがある。マグロ、カツオ、サンマの水揚げ高が日本有数の気仙沼港は活気に満ち、民宿で旬の魚を堪能した▼美しいリアス式海岸の奥にある東北最大の漁港は津波で壊滅してしまった。市街地は一晩中燃え続けた。隣の岩手県陸前高田市では木造家屋が跡形もなく消え去った。市の中心部を撮影した本社ヘリの写真を見ると、空襲で焼き尽くされた後のようだ▼過去最大の震災から一夜明けたきのう、目を背けたくなる過酷な被害状況が刻一刻と入ってきた。救助を待つ人たちに、少しでも早く救援の手が届いてほしいと願うばかりだ▼関東大震災や阪神大震災と比べると、今回の震災の被害は東日本の広い範囲に及んでいる。経験したことがない巨大な災害に私たちの社会が今向き合っていることを自覚させられる▼安全性が喧伝されてきた原発が、重大な危機を迎えたのも初めての経験だ。原子炉の冷却機能を失った東京電力福島第一原発1号機の圧力を下げるため、東電は放射性物質を自ら放出する異例の決断をした▼避難指示の範囲は半径二十キロに拡大されたが、政府は詳細なデータを明らかにしていない。政府や東電を信じていた住民は裏切られた思いだろう。大量の放射性物質が放出される最悪の事態を避けられないか。祈るような気持ちでいる。

地震関連ニュース

東日本大震災のため、配達が遅れたり記事が重複する場合があります。ご了承ください。

天気は26面、観覧は25面、運勢は24面に移し、「歓びも 哀しみも」は休みました。

紙面について
電話 03-6910-2201
(土日祝日除く 10:00~18:00)
FAX 03-3595-6935
購読お申し込み
0120-026-999
1カ月定価税込み
(朝・夕刊) 3250円
配達・集金について
03-6910-2556
http://www.tokyo-np.co.jp/

集日誌も書くことになった。「日本の未来に憂い、悲劇の日」「3・11は人々の記憶に長く残るだろう」「全ての体制、仕組みへの疑問、批判を受けているかのよう」と記載し、8階フロアの自分の席の近くの床で、少し眠った。

原発事故取材は東京本社の主導で

「福島第一原発で爆発？」

第一報は、体を休めるために同じ場所で横になっていた時、社会部デスクからもたらされた。睡眠不足もあり、何を言っているのか即座に理解できなかった。現場に向かわせた記者は安全なのか。首都圏に放射能汚染のリスクはあるのか。疑問符が頭の中をぐるぐる回った。

「つなぎ見開き」の朝刊作りと並行して、原発事故の取材態勢を組まないといけなくなった。各本社の編集局長が協議し、大震災の取材は名古屋本社、原発事故の取材は東京本社の主導と決まり、四つの本社の記者の配置を再編成することになった。原発事故を想定した記者の育成はしていなかったが、中日新聞社の発行エリアである中部地方には原発が数多く立地しており、地方の支局や経済部での取材経験者が数多くいた。千葉支局には大学時代に原子力工学を学んだ記者もいて、何とか総勢20人規模の取材班を発足できた。

取材班の責任者に「全権」

取材班の責任者には社会部で事件や調査報道に長く携わっていたデスクを据え、編集局内には「全権デスク」だと宣言した。原発事故の取材範囲は多岐にわたり、政治部や経済部、科学部などの記者も取材している。日々の連絡調整や記者の配置の変更は即断即決が迫られる状態だった。だから編集局長と同様に、編集局の全記者に指示できる全権をデスクに与えることが必要だった。

全権デスクは取材班のメンバーに対して「前代未聞の歴史的な事故の報道となる。報じる側も歴史に裁かれている覚悟を持って、信頼に足る報道をしよう」と呼びかけた。

編集局内では局長と私を含む５人の局次長で当面の取材方針を確認し、各部署に対して徹底を求めた。当時の備忘録代わりのメモ帳を読み返すと、「何が起きているのか、事実を忠実に伝える」「分かりやすく伝える」「分からないことは分からないと伝える」「誤報でパニックを起こさない」と書き留めてある。編集局内が混乱しかねない状況だっただけに、新聞の生命線である「信頼」を守るための手だてを取ったのである。

東京本社は権力監視の「最前線」

福島県内での取材をどうするか悩んだ末に、「原則取材禁止」「必要な場合は局長の許可を得て」と、局長の下で最終判断した。東京新聞は福島県内に取材拠点を持っていない。原発事故で放射性物質が拡散する中、不測の事態が起きた時に記者の安全を100％守れる自信がなかったからだが、記者からは「現場に行かせて」との声が上がった。気持ちは分からなくはないが、「自分たちの取材相手は目の前にいる」と強調した。

国会、首相官邸、経済産業省原子力安全・保安院、そして東京電力本社が全て、編集局から歩いておよそ15分圏内にある。改めて、権力監視の「最前線」にいる東京新聞の役割を噛みしめたのである。

相手の土俵に乗らない質問

原発事故取材班には、原発の知識や取材経験を持つ記者をなるべく多く集めたが、専門性や情報量において政府や東電に勝てるはずがない。それをいいことに政府は「現時点で、放射能の影響は認められない」、東電は「津波は想定外」などと記者会見で通り一遍の発言を繰り返し、当初は特に原発絡みの専門用語を乱発した。記者からは「事故を矮小化し、責任を逃れようとする姿勢が見え見え」などと、怒りの報告が上がってきた。

とはいえ、記者会見が当面の最大の情報源であることは確かだった。名古屋本社から駆け付けた社会部のデスクは、「相手の土俵に乗るな」と記者たちを叱咤激励した。権力側からすると、

「物分かりの悪い記者」や「力ある者の情報を疑う記者」が誕生した場面だ。政府や東電の記者会見は毎回、食い下がる記者の質問で長時間に及んだ。記者会見の説明が通り一遍なら、質問する側は読者の代わりに、疑問に思うことを何度でも繰り返し聞いたからである。

質疑の中で少しでも綻(ほころ)びが見えればそこを突き、隠していること、ごまかしていることを表情や態度からも暴いていく。これが記者会見の意味だ。取材班は政府や東電からの発表データを分析できる外部の専門家とも日常的に意見交換し、記者会見に備えたのだった。

原発事故「制御困難」を1面トップに

原発事故から1週間の紙面作りは、事故がどう展開するか予測不能だったことから、特に緊迫した日々だった。内閣府の原子力安全委員会が原発の設計指針で「考慮する必要がない」とした長時間の全交流電源喪失が、現実となっていたのである。

今でも3月16日の朝刊1面トップの記事が頭を離れない。「福島第一制御困難」「建屋に8メートル大穴2つ」と、衝撃的な見出しを付けた（紙面はP24）。東電は4号機のプールに注水できておらず、水温や水位も把握できていないと、記者会見で発表した。政府は枝野幸男官房長官が「使用済み核燃料が熱を持って水素が出ている状態」と、水素爆発の可能性を記者会見で示した。

この重大局面を読者にどう伝えたらいいのか。朝刊作りの責任者として、二つの記者会見の意

12版 都心 第24563号 （昭和25年3月28日第3種郵便物認可） 東京新聞 2011年（平成23年）3月16日（水曜日） ©中日新聞東京本社2011 （日刊）

東京新聞
中日新聞東京本社
東京都千代田区内幸町二丁目1番4号
〒100-8505 電話03（6910）2211

福島第一 制御困難

4号機 建屋に8メートル大穴2つ
核燃料貯蔵プール付近

経済産業省原子力安全・保安院は十五日、爆発が起きた東京電力福島第一原発4号機で、原子炉建屋側面の壁に八㍍四方の大きな穴が二つ開いているのを確認した、と発表した。穴の近くには使用済み核燃料を貯蔵するプールがあり、高レベルの放射性物質が大気中に直接漏れ出る危険性があるという。

穴が見つかったのはいずれも北西側壁で建屋の三、四階部分。プールは五階にある。保安院は穴が開いたのが爆発の前か後かは確認できていないとしている。枝野幸男官房長官は同日昼の会見で「使用済み核燃料が熱を持って水素が出ている状態」と水素爆発の可能性を示した。

東電は十五日夜、4号機のプールに注水はできておらず、水位も把握できていないと発表、制御ができない状況であることを認めた。毒性の強いプルトニウムを含んだ使用済み核燃料が高温になって破損すれば、放射性物質が放出される。東電は十六日以降、壁に開いた穴を通して放水することを検討する。保安院によると、4号機と同様に定期検査のため震災前に停止していた5号機と6号機でも、使用済み核燃料貯蔵プールの温度がわずかに高くなった状態だという。

また、隣接する3号機建屋の前で測定された一時間に四〇〇㍉シーベルトの極めて高い放射線は、人体に直接被害を及ぼすレベルで、4号機の爆発が影響した可能性が高いという。

政府は東電との対策本部を設置。国土交通省は同原発を中心とする半径三十㌔の上空を、無期限で高度にかかわらず飛行禁止区域に設定した。

避難指示がでている二十キロ圏内の住民はほぼ搬送が終了。保安院によると、十五日までに避難区域の住民百四十二人に被ばくがあったかどうか測定を行い、二十三人に対し付着した放射性物質を取り除く除染を行った。

原子力安全・保安院の記者会見中に青木一哉統括安全審査官㊨と話し合う西山英彦大臣官房審議官＝15日午後、東京・霞が関の経産省で（中西祥子撮影）

福島第一原発の状況

6号機	定期点検のため停止中
5号機	定期点検のため停止中
1号機	12日、原子炉建屋で水素爆発
2号機	15日、圧力抑制室で爆発、原子炉格納容器損傷
3号機	14日、原子炉建屋で水素爆発
4号機	定期点検のため停止中。15日、原子炉建屋内の使用済み核燃料プールで爆発と火災

東日本大震災

死者・不明1万人超
関東大震災以来の被害

東日本大震災は十五日午後十時の警察庁まとめで、死亡は十二都道県の三千三百七十三人、行方不明は七千五百五十八人で計一万九百三十一人となった。地震や津波による死亡、行方不明が一万人を超えたのは、十万五千人以上だった一九二三年の関東大震災以来。

被災地では九十二時間ぶりに女性が救出されるなど、これまでに約二万五千人が助け出された。依然として連絡が取れない安否不明の住民は数万人に上っている。

警察庁によると、死亡は宮城県千六百十九人、岩手県千百九十三人、福島県五百六十六人など。行方不明は岩手県三千三百十八人、福島県二千二百二十人、宮城県二千二十一人。津波で壊滅的な被害が出た沿岸部で多数の遺体が見つかっており、死者数はさらに増える見通し。

自衛隊や警察は約八万人態勢で救出活動を続けている。津波のため町民のほぼ半数、八千人の安否が分かっていない岩手県大槌町では、大阪市消防局の隊員らが発生から九十二時間ぶりに民家から七十代の女性を救出した。宮城県では約一万人が安否不明になっていた南三陸町で約二千人の無事を確認した。

計画停電 23区見送り
東電方針 混乱を回避

東京電力は十五日、地域と時間を区切って電気を止める計画停電（輪番停電）を当分の間、東京都の二十三区で実施しないことを明らかにした。実施対象地域のグループ分けに含めているが、同日の会見で「停電対象にしないようにしたい」（藤本孝副社長）と説明した。ただ、区部の一部地域では隣接する二十三区外から送電を受けているケースがあり、その場合は停電することがあるという。

東京電力は、これまで千代田、中央、港の都心三区は「停電の影響が大きい」として対象外としてきた。都市部での混乱を避けるために、今後、しばらくは残りの区部でも停電を見送る方針。冷

今後の電力の需要次第で二十三区が再び計画停電の対象になる可能性もある。

十五日の計画停電は東京都町田市、府中市や横浜市、さいたま市、千葉市など八都県で対象地域を五グループに分け、午前七時ごろから午後十時ごろまで各三時間程度実施した。地震による被災地がある茨城県は対象から外れた。

停電の対象は、計画停電初日の十四日（約十一万世帯）を大きく上回る約五百万世帯に達した。東電は十五日には前日に電気の使用を抑えすぎていた反動から起きる〝リバウンド需要〟などがあると予測、実施する地区や世帯数を大幅に増やし

静岡東部 震度6強
M6.4 「東海地震と無関係」

十五日午後十時三十一分ごろ、静岡県東部を中心に同県富士宮市で震度6強を観測する地震があった。気象庁によると、震源地は静岡県東部で、震源の深さは約一四㌔。地震の規模はマグニチュード（M）6・4と推定される。津波はなかった。気象庁は記者会見で、発生メカニズムや震源の場所などから東海地震とは無関係との認識を示した。

震度5強を神奈川県西部、山梨県中・西部、山梨県東部・富士五湖で観測。関東や東海で震度3～4の強い揺れとなった。その後も余震が相次いだ。

静岡県では二〇〇九年八月にも震度6弱の地震があり、この時は地震防災対策強化地域判定会が「東海地震には結び付かない」と結論づけた。

中部電力によると、浜岡原発に異常はない。富士宮市は対策本部を設置した。

神奈川県綾瀬市の女性（８５）が自宅から外に避難しようとして転倒、左腕を骨折した。

JR東海によると、東海道新幹線は品川―浜松間で一時運転を見合わせた。東名高速道路の大井松田―清水インターチェンジ（IC）と、中央高速道路の上野原―勝沼ICなどが通行止めになった。

各地の震度（15日午後10時31分ごろ）

震度4以上を観測した各地の震度は次の通り。

▽震度6強＝富士宮、富士宮野中（静岡）▽震度5強＝忍野、山中湖、富士河口湖長浜（山梨）▽震度5弱＝小田原荻窪、山北（神奈川）身延町役場、南アルプス鮎沢、市川三郷岩間、富士吉田上吉田、富士吉田、富士河口湖、富士河口湖勝山、富士河口湖町役場（山梨）富士宮猪之頭、富士、富士永田、富士岩淵、御殿場、小山（静岡）▽震度4＝館山、塩…町田、国分寺（東京）横浜、日吉、戸塚、平塚、茅ケ崎、海老名、綾瀬、小田原、秦野、厚木中町、厚木下津古久、伊勢原、南足柄相模原中野（神奈川）甲府、身延梅平、身延常葉、南部町役場、南アルプス市役所、笛吹、北杜長坂、市川三郷町役場、甲州市役所、甲州勝沼、都留、大月、上野原、西桂、富士河口湖本栖（山梨）諏訪（長野）熱海中央、伊豆の国、沼津、三島、裾野、清水町、長泉、静岡、静

数字は震度 6強…震度6強 5強…震度5強 5弱…震度5弱 ◇震源地

天気

日本付近は冬型の気圧配置になる。関東は大体晴れるが、北風が冷たい。北部の山沿いでは雪の所も。

地点	最高/最低	降水確率	17（木）	18（金）	19（土）	20（日）	21（月）	22（火）
東京	12/7	30	9/1	10/1	16/4	18/8	15/9	13/5
水戸	12/5	20	8/4	10/4	16/0	16/3	14/5	12/2
宇都宮	11/4	10	8/4	10/3	16/0	17/4	14/5	12/2
前橋	11/5	20	8/2	11/1	17/1	17/5	14/6	13/4
さいたま	12/5	10	9/2	12/2	18/2	18/5	15/7	14/4
千葉	12/7	10	8/1	9/1	15/5	15/8	14/9	11/6
横浜	13/7	20	9/1	11/1	16/4	17/8	15/8	13/6
静岡	13/6	10	12/1	13/1	17/4	18/8	17/10	15/6

地点	降水確率	地点	降水確率
札幌	50	京都	50
仙台	50	大阪	30
秋田	80	広島	30
新潟	80	高松	40
金沢	90	福岡	30
長野	80	鹿児島	20
名古屋	30	那覇	20

・マーク横の数字は上段最高、下段最低気温

15日18時 ○快晴 ⦶晴 ◎曇 ●雨 ⊗雪 ◉霧

筆洗

一億分の一秒で核分裂連鎖反応を起こし、一気に温度を上げて爆発させるのが核爆弾。同じ物理現象を利用、ゆっくりとコントロールしながらエネルギーを得る装置が原子炉である▼原理上は両者を区別できない。原発の運転中に生成されるプルトニウムが原爆の材料になり、原発を持つ国は、核兵器をつくる潜在的な能力を持っている（山田克哉著『核兵器のしくみ』）▼「平和利用」という名目で地震列島に原発を建設してきた私たちは今、初めて経験する危機に直面している。被災した福島第一原発の原子炉が制御困難となり、高濃度の放射能が漏れ出したのだ。放射性物質は風に乗って広がる。計測される放射線濃度は下がってきているが、家庭や学校、職場では、最悪の事態にも備えてほしい▼原発に近い被災地では、放射能の被ばくの恐怖とも闘っている。そんなときに、石原慎太郎都知事は津波を「天罰」と言った。翌日、撤回、陳謝したが、何万人もの安否が不明なのに、想像力を欠いた言葉を吐く人物に首都の防災を任せられない▼エレベーターがなければ暮らせない超高層のマンション、二十四時間営業のコンビニエンスストア…。気が付けば私たちは、無尽蔵に電気を使えると錯覚しながら生活していた。それを「豊かさ」と思い込み…▼FUKUSHIMAの名は今、歴史に刻まれよ

紙面について
電話 03-6910-2201（土日祝日除く 10:00～18:00）
FAX 03-3595-6935
購読お申し込み 0120-026-999 1カ月定価税込み（朝・夕刊）3250円
配達・集金について 03-6910-2556
http://www.tokyo-np.co.jp/

原発・地震・停電 関連ニュース

配達遅れおわび

東日本大震災による交通渋滞などにより、一部地域で配達が遅れたり配達ができない場合があります。また記事が重複する場合もあります。ご了承ください。生活面は12・13面、観賞は21面、運勢は20面に掲載、放送芸能面は休みました。

味を原発事故取材班と議論した。結論は「原発を制御できていない」という事実をそのまま伝えることだった。

新聞は「東京新聞」などの題字がある面を1面と呼んでおり、そのトップとは紙面からすると普通は右上、題字の左横のスペースのことを指す。そこに配置される記事は、その日掲載される記事の中で一番ニュース価値がある、伝えなければならない大事な内容だと判断されたものである。

その先に「死」を意識

「制御困難」の見出しについては、「読者の恐怖をあおることにつながらないか」という思いも頭をよぎった。東電が「制御困難」と公式に断言したわけではなく、記事の責任は東京新聞にある。仕事が終わって一人になると、読者が記事をどう受け止めるか、他の伝え方はなかったかと自問自答して、なかなか寝付けなかった。自分自身が紙面作りを通じ、「制御困難」の言葉の先に漠然とした死を意識したからに他ならない。

新聞を毎日作るたびに、自分たちはベストな紙面を作れたのかと自問自答する。ベストだと言い切れる日は恐らくない。あるとすれば、その時点でのベストは尽くしたと自分を納得させることであり、だから毎日、明日は今日よりいい新聞を作りたいと思うのである。

頭をいつも悩ましているのが、記事の内容を短い字数によって端的に伝える見出しをどうするかだ。東京新聞の場合、1面トップ記事の見出しは8文字を基準に10文字以内を目安にしている。見出しは縦と横の2通りあるが、基本となるのは縦であり、横は重要度や衝撃度など、ニュース価値が日々の1面トップより一段と高いと判断した場合である。紙面の横幅全てを使うことや字を拡大することによって、さらに見出しに差をつけることがある。「福島第一制御困難」は8文字で紙面の横幅全てを使っており、一番大きい扱いであった。

官邸スタッフからは「制御不能」

原発事故から半年後に退陣に追い込まれた菅直人前首相に、原発事故取材班の記者が直ちに単独インタビューを行ったが、「一番危機感を持った時期は」との質問に対して、「最初の1週間だ。東京に人っ子一人いなくなる情景が頭に浮かんで、本当に背筋が寒くなる思いだった」と打ち明けた。権力の中枢、首相官邸内でも原発事故がこれからどうなるのか、誰も分からなかったのだ。在任中に「脱原発依存」宣言を行ったのは、事故によって「日本の技術なら大丈夫」との考えが変わったからだという。

保管していた取材用ノートには日付が不明だが、政治部長から受けた報告内容が記載されていた。内容は「官房長官に近い官僚から『制御不能で事態は悪化。何が起きてもおかしくない。家族だけでも東京から避難させた方がいい』との情報あり」だった。恐らくあの夜の報告である。

偶然、幸運が重なっての危機回避

「いったん暴走し始めた原子力は、とても人間には制御できない」。これが原発事故の取材に長く関わった社会部記者がたどり着いた結論だ。同じような思いを取材班のみんなが口にしている。

福島第一原発事故は「制御困難」との見出しが示すように予測不能の展開だったが、やがて電源の復旧工事が進んだことによって、原子炉冷却の見通しが立つなど、さらなる惨事となる危機を脱することができた。しかしそれは取材によると、原発を制御できたというより▽津波の海水が敷地内の立て坑に残り、冷却水として使えた▽格納容器が壊れる寸前、どこかの継ぎ目から圧力が抜けて注水できた―などの偶然、幸運があったからである。それらが重ならなかったら、一体どうなっていたのかという恐怖心を、忘れるわけにはいかない。

「大本営発表の垂れ流し」と批判

「３・11」の直後から原発事故をめぐり、ＳＮＳなどで本当かウソか分からない情報が入り乱れる中で、新聞は真偽を最終確認するためのメディアとして信頼されていたと思う。

経済産業省原子力安全・保安院が実施したインターネットによるアンケート調査で、原発事故後に信頼できた情報源を三つ挙げてもらったところ、「新聞・テレビ」が39・8％と最も多く、次いで「特になし」が38・5％だった。保安院は12・7％の7番目と下位に沈み、「東電の情報を右から左へ流している、事故の技術的解説ができていないと受け止められていた」と自ら総括している。

しかし新聞も全幅の信頼を得ていたと胸を張れる数字ではない。政府や東電という名の「大本営」の発表を垂れ流しているというメディアへの批判の声が、編集局にもかなり寄せられていた。自分たちの命と暮らしに直結する情報だから、誰もが必死だったのである。

大本営とは天皇に直属するかつての日本軍の最高司令部のことを指す。陸軍参謀本部と海軍軍令部が指揮や作戦を指導して、それぞれの報道部が戦況などを発表していた。架空の戦果の発表や損害の隠ぺい、「撤退」を「転進」とするなど言葉のごまかしによって、日本軍が勝っていると宣伝した。「大本営発表」は今では「ウソの代名詞」のように使われるが、戦中当時の新聞は東京新聞も含めて発表を垂れ流していたのである。軍部との一体化により、「国民的熱狂」をつくることにも邁進していた。

読者の強い欲求は「本当のこと」を伝えて

だからこそ自分たちの世代が同じ過ちを繰り返してはいけないと自戒していた。原発事故に関する政府や東電の記者会見の情報も、無批判で垂れ流したつもりはなかった。

枝野官房長官の記者会見での決まり文句「直ちに健康に影響が出るものではない」は特に読者から評判が悪かったが、大きく報道した記憶はない。被ばくによる健康被害などを否定しているが、あくまで「直ちに」であって、何も言っていないのに等しかった。

だからと言って、読者からの「大本営発表」批判を他のメディアのこととして、東京新聞は関係ないと聞き流すことはできない。権力側と一体だと思われているから、批判の声が編集局にも寄せられていることは間違いなかった。

批判の声は言い換えると、原発事故について「本当のこと」を伝えてという強い思いがあって、それを信頼したい相手、新聞に提供するよう求めたのだと考えると、ありがたいことだった。新聞はそもそも権力を監視し、「本当のこと」を伝えるために存在しているからである。読者の声を局内に伝えながら、信頼を失わないように改めて自分たちの使命を果たすよう強調した。

政府や東電の発表は必要な事実関係に絞って報じ、後日に自分たちの力で「本当のこと」を突き止めて報道するという「第二報主義」を貫くことも、編集局内で徹底した。ジャーナリズムの世界には「真実は第二報がもたらす」という教えもある。

検証報道にシフトした原発事故取材班のスクープ

「本当のこと」を自分たちの力で伝える編集局の姿勢を明確に打ち出す先頭に立ったのが、原発

東京新聞　2011年（平成23年）7月13日（水曜日）　©中日新聞東京本社2011　（日刊）

東京新聞
中日新聞東京本社

18年前、全電源喪失 検討

炉心損傷の恐れ認識

安全委 幻の報告書

「考慮不要」の指針追認

福島第一原発事故の要因になった長時間の全交流電源喪失（SBO）について、原子力安全委員会のワーキンググループ（WG）が一九九三年、炉心損傷を招く可能性があると認めながら、「考慮する必要はない」とした国の安全設計審査指針を追認する報告書を出していたことが分かった。安全委は報告書を公表せず、その後の安全対策にも生かしていなかった。　＝関連③面

安全委の班目春樹委員長は「『SBOを考えなくてよい』と書いたのは最悪」と認めた上で「前から安全規制改革をやっていれば事故は防げた」と述べ、経緯を検証する方針を明らかにした。

WGは原子力施設事故・故障分析評価検討会に設けられ、五人の専門委員と四人の外部協力者が参加。九一年十月から九三年六月にかけて非公開で十二回の会議を重ね、国内外のSBOの規制上の扱いや発生例などを調査・検討した。

本紙が入手した報告書では「短時間で交流電源が復旧できずSBOが長時間に及ぶ場合には（略）炉心の損傷等の重大な結果に至る可能性が生じる」と指摘。福島第一原発と同様の事故が起きる恐れに言及していた。

さらに、米原子力規制委員会（NRC）が連邦規則で法的にSBO対策を求めたり、フランスでも危険を減らすため設計上考慮するよう国が求めたりするなど、一部の国で安全対策が講じられていることも指摘した。

ところが、日本では①SBOの例がない②全原発に二系統以上の非常用電源がある③非常用ディーゼル発電機の起動の失敗率が低い―などとして「SBOの発生確率は小さい」「短時間で外部電源等の復旧が期待できるので原子炉が重大な状態に至る可能性は低い」と結論づけていた。

米国などでは洪水やハリケーンなどを考慮して安全かどうか検討していたが、WGは自然災害を検討対象から除外して、長時間のSBOを考慮する必要がないとした安全指針を追認。報告書を公表することもなく「お蔵入

原子力安全委員会ワーキンググループ報告書は、全交流電源喪失による炉心損傷の可能性を指摘していた（木口慎子撮影）

全交流電源喪失（SBO）　発電所の外部電源がすべて失われ、さらに非常用ディーゼル発電機が起動できなくなった状態。福島第一原発事故では、１～５号機でＳＢＯになり、国際評価尺度で最悪のレベル７の事故につながった。原子力安全委員会が決定した「発電用軽水炉型原子炉施設に関する安全設計審査指針」の解説では、長時間のＳＢＯについて「考慮する必要はない」「非常用交流電源設備の信頼度が（略）十分高い場合においては、設計上（略）想定しなくてもよい」としている。

指針追認は間違い

吉岡斉・九州大副学長（原子力史、科学技術史）の話　長時間にわたるSBOは当然考えるべきことで、報告書が審査指針を追認したのは間違いだった。その後もSBOの報告書をあらためてチェックする機会はあったはずなのに、安全委の方向性としてそうならなかったのも失敗だった。日本は米国より地震や津波のリスクが高い。阪神大震災が起きた後などに再検討すべきだった。

米仏は本

解説　SBOについて検討した安全委WGの報告書は、二つの問題をはらんでいる。

一つは、SBOが炉心損傷につながる恐れを認め、米国やフランスでは国が対策を求めていることを確認しな

首相 原

衆院東日本大震災復興特別委員会は十二日午後、菅直人首相が出席して原子力損害賠償支援機構法案をめぐる質疑を行った。首相は、民間の電力会社から原発事業を切り離し、国有化の可能性を含め検討していく意向を表明した。　＝関連⑤面

首相は「原子力事故のリスクの大きさを考えると、民間企業とい

紙面について　電話 03-6910-2201（土日祝日除く 9:30～17:30）　FAX 03-3595-6935
購読お申し込み　0120-026-999　1カ月定価税込み（朝・夕刊）3250円
配達・集金について　03-6910-2556
TOKYO Web　www.tokyo-np.co.jp

大震災被災者数　死者 1万5555人　行方不明 5344人　※12日現在、警察庁調べ

事故取材班だった。目の前で起きていることを取材する段階から、原発事故の検証報道に重点を移したのである。

力を一番入れたのが、福島第一原発の事故は本当に想定外だったのか、本当は防げたのではないか、という疑問を解明することだった。情報公開制度の活用や公開資料の分析、原発専門家へのインタビュー、役人や政治家への単独取材、その他あらゆる努力で「本当のこと」に迫ろうとしていた。

努力の結実が11年7月13日朝刊1面トップ（紙面）の記事だ。見出しは

「18年前、全電源喪失検討」と突き止めた事実を伝え、「安全委幻の報告書『考慮不要』の指針追認」と続けた。

福島第一原発事故は、長時間の全交流電源喪失が原因だったが、内閣府の原子力安全委員会の設計指針は、そのことを「考慮する必要がない」と記述していた。だから政府や東電は「想定外」の事故と言い訳ができた。しかし取材によって、安全委のワーキンググループ（ＷＧ）が１９９３年、長時間の全交流電源喪失について議論し、「炉心の損傷等の重大な結果に至る可能性が生じる」と指摘していたことが判明したのである、

「幻の報告書」にした「罪」の重さ

福島第一原発と同様の事故が起きる恐れに18年前に気付いたわけだが、ＷＧは日本では過去に例がないことや、全原発に２系統以上の非常用電源があることなどを理由に、「考慮する必要はない」とした設計指針を追認する報告書を提出した。安全委は報告書を公表もせず、安全対策に生かさなかった。原発事故は危険性が指摘されていながらも、誰も動かなかった結果として起きた事故だったのである。

米国やフランスでは全交流電源喪失について、安全対策が講じられていることも報告書は指摘していた。今更ながら、新聞が原発事故前に報告書の存在を世に明らかにできていたら、と無念

でならない。

スクープとなった報告書の発見は、原発事故取材班の記者が財団法人電力中央研究所原子力情報センター作成の資料を読んでいる時、引用元に「全交流電源喪失事象検討WG報告書」と書か

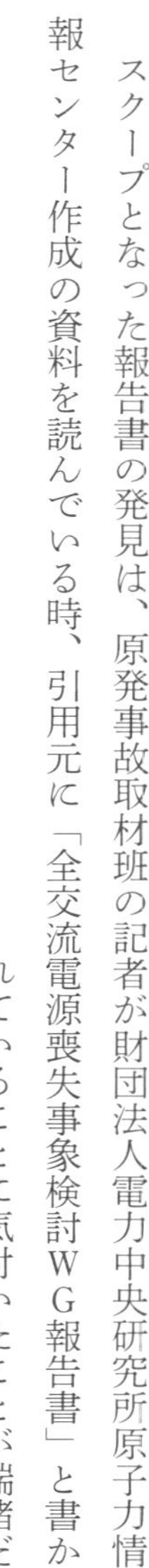

東京新聞　2012年（平成24年）6月5日（火曜日）　©中日新聞東京本社2012　（日刊）

電源喪失対策 文書「隠す」

原子力安全委

「電力側に作文指示」など600ページ分

東京電力福島第一原発事故の主因となった長時間の全交流電源喪失（SBO）をめぐり、原子力安全委員会の作業部会が一九九三年に「考慮する必要はない」とした国の安全指針を追認していた問題で、安全委が関連する全資料を公開したと説明しながら、一部を伏せていたことが分かった。安全委は四日、残る文書を公開。班目春樹委員長は「結果的に隠ぺいしたとみられても仕方ない」と謝罪した。
―関連2面

文書には、事務局だった科学技術庁原子力安全調査室が電力会社側に短時間の電源喪失を考えるだけでよい理由を「作文」するよう求めたものも含まれ、官業が一体化して安全を軽視していた実態が明らかになった。

作業部会は海外で全電源喪失事故が起きたことを受け、九一年に設置。有識者による専門委員五人のほか、東京電力などの外部協力者も参加して非公開で協議を重ね、九三年に報告をまとめた。文書は作業部会で配布された資料などで、A4判で計約六百ページある。

公開文書によると、東電は報告の骨子案に対し、SBOだけを安全指針に取り込むのは「バランスの取れないもの」と主張。関西電力は「指針への反映は行き過ぎではないか」と難色を示した。

報告書の原案では、電源喪失対策の現状などの主要部分について電力会社に執筆が割り振られていた。

事務局の「作文」指示に、東電は「日本の原発は設計に余裕があり、十分な安全性が確保される」などと答えた。作業部会は、ほぼ受け入れ、全交流電源喪失が起きても「重大な事態に至る可能性は低い」と記した報告書を作成。安全指針は見直されなかった。

安全委は会議資料を昨年十月までに全部公開したと説明していたが、国会事故調査委員会が五月下旬、非公開の資料があるのではと指摘し提出を要求。公表漏れが分かった。

電力側と一体で報告書をまとめたことに対し、班目委員長は「原案を電力会社に執筆させていたのは明らかに不適切で、大変申し訳ない」と話した。

安全委事務局は「非公開文書は報告書とともに昨年六月に見つかっていた。公開の準備を進めていたが、防災指針の見直しなどで忙しくなり、忘れてしまった」と釈明した。

…の解釈と根拠部について
…及び設置許可変更申請書（例）は下記のとおり
…部の故障率、信頼性データを使用して作文
…SBOを考えなくて良い）理由を作文

電力会社に、長時間の全電源喪失を考えなくていい理由を「作文」するよう求めた原子力安全委の文書

「全部公開」説明の裏で
情報公開制度 骨抜き

安全委がすべて公開したとしていた文書の未公開は、政府に「説明する責務」を求めた情報公開法の趣旨を大きく損なう事態だ。

問題となった作業部会の資料は、長く放置され昨年、本紙の情報公開請求で存在が明らかになったものだ。

本紙は昨年六月に情報公開請求し、同月末の段階では基本的に全部公開する方向で話が進んでいた。ところが安全委側は「資料の中に作成者が不明のものや機密があり、全部公開を求めるなら報告書自体が開示できなくなる」と開示請求の補正を要求。これに本紙が応じ、報告書や議事概要が開示された。

安全委は昨年十月に残る会議資料を公開。今年五月下旬の段階でも「これがすべて」と説明していた。

安全委側は「失念した」と釈明するが、NPO法人情報公開クリアリングハウスの三木由希子理事長は「文書を見ることができない請求者に適切な情報提供をせず、対象文書を絞り業務量を減らそうとしている」と批判。補正により、公開したくない文書を隠したとの疑いは消えない。

情報公開法では、補正ができるのは請求者の住所が抜けているなど「形式上の不備」がある場合だけ。情報公開制度に詳しい独協大法科大学院の右崎正博教授は「対象文書を狭める補正は法の趣旨を逸脱し、違法と言ってもいい」と話す。

国会には昨年四月、情報公開法の改正案が提出されたが、成立しないままだ。改正案は不開示にできる条件を厳格化し、手数料を原則廃止とした。改正法を早急に成立させ、公開の間口を広げるべきだ。

（宮尾幹成）

東京新聞
中日新聞東京本社

紙面について
電話 03-6910-2201（土日祝日除く 9:30～17:30）
FAX 03-3595-6935
購読お申し込み
0120-026-999
1カ月定価税込み（朝・夕刊）3250円
配達・集金について
03-6910-2556
TOKYO Web
www.tokyo-np.co.jp

れていることに気付いたことが端緒だった。安全委に情報公開請求を繰り返し、役所にあるロッカーの奥の段ボールの中に紛れ込んでいた報告書をようやく明るみに出した。

情報公開請求が権力監視の「武器」になったわけだが、ほぼ1年後、それがまだ不十分だったことを痛感する展開になった。全資料を公開したと言いながら、実は一部を伏せていた事実が、国会事故調査委員会の指摘で明らかになったのだ。

全権デスクは「原発事故は人災」

最後まで隠していた秘密は、安全委の事務局を務める科学技術庁原子力安全調査室が電力会社側に対し、短時間の電源喪失を考えるだけでかまわない理由を「作文」するよう求めていたという事実だった。官・業が一体化して、安全を軽視していたのである。2012年6月5日の朝刊1面トップ記事（紙面）で「電源喪失対策文書『隠す』」と見出しを付けて報じた。取材の責任者の全権デスクが編集局編の『原発報道』の中で「福島第一原発事故は人災である。あらためて、そう思った」と総括した気持ちがよく分かる。

安全委が全て公開したとしていた文書の未公開は、政府に「説明する責務」を求めた情報公開法の趣旨を大きく損なう事態だった。事務局は「非公開文書は報告書とともに見つかっていた。公開の準備を進めていたが、防災指針の見直しなどで忙しくなり、忘れてしまった」と釈明したが、納得できるわけがない。

情報公開制度があっても、国は不利な情報を自分からは出さず、開示請求者にあきらめさせる動きもすることを、他の取材で何度も経験していたからだ。1面には「情報公開制度　骨抜き」という見出しを付けた記事も掲載して警鐘を鳴らした。

東京新聞　2012年（平成24年）6月21日（木曜日）　©中日新聞東京本社2012　（日刊）

東京新聞

中日新聞東京本社
東京都千代田区内幸町二丁目1番4号
〒100-8505　電話03（6910）2211

規制委設置法　付則で「安全保障」目的追加

「原子力の憲法」こっそり変更

軍事利用への懸念も

二十日に成立した原子力規制委員会設置法の付則で、「原子力の憲法」ともいわれる原子力基本法の基本方針が変更された。基本方針の変更は三十四年ぶり。法案は衆院を通過するまで国会のホームページに掲載されておらず、国民の目に触れない形で、ほとんど議論もなく重大な変更が行われていた。　＝関連③面

設置法案は、民主党と自民、公明両党の修正協議を経て今月十五日、衆院環境委員長名で提出された。

基本法の変更は、末尾にある付則の一二条に盛り込まれた。原子力の研究や利用を「平和の目的に限り、安全の確保を旨として、民主的な運営の下に」とした基本法二条に一項を追加。原子力利用の「安全確保」は「国民の生命、健康及び財産の保護、環境の保全並びに我が国の安全保障に資することを目的として」行うとした。

追加された「安全保障に資する」の部分は閣議決定された政府の法案にはなかったが、修正協議で自民党が入れるように主張。民主党が受け入れた。各党関係者によると、異論はなかったという。

修正協議前に衆院に提出された自公案にも同様の表現があり、先月末の本会議で公明の江田康幸議員は「原子炉等規制法には、輸送

原子力基本法　原子力の研究と開発、利用の基本方針を掲げた法律。中曽根康弘元首相らが中心となって法案を作成し、1955（昭和30）年12月、自民、社会両党の共同提案で成立した。科学者の国会といわれる日本学術会議が主張した「公開・民主・自主」の3原則が盛り込まれている。原子力船むつの放射線漏れ事故（74年）を受け、原子力安全委員会を創設した78年の改正で、基本方針に「安全の確保を旨として」の文言が追加された。

手続き　やり直しを

解説　原子力規制委員会設置法の付則で原子力基本法が変更されたことは、二つの点で大きな問題がある。

一つは手続きの問題だ。平和主義や「公開・民主・自主」の三原則を定めた基本法二条は、原子力開発の指針となる重要な条項だ。もし正面から改めることになれば、二〇〇六年に教育基本法が改定された時のように、国民の間で議論が起きることは間違いない。

ましてや福島原発事故の後である。

ところが、設置法の付則という形で、より上位にある基本法があっさりと変更されてしまった。設置法案の概要や要綱のどこを読んでも、基本法の変更は記されていない。

法案は衆院通過後の今月十八日の時点でも国会のホームページに掲載されなかった。これでは国民はチェックのしようがない。

もう一つの問題は、「安全確保」は「安全保障に資する」ことを目的とするという文言を挿入したことだ。

ここで言う「安全保障」は、定義について明確な説明がなく、核の軍事利用につながる懸念がぬぐえない。

この日は改正宇宙航空研究開発機構法も成立した。「平和目的」に限定された条項が変更され、防衛利用への参加を可能にした。

これでは、どさくさに紛れ、政府が核や宇宙の軍事利用を進めようとしているとの疑念を持たれるのも当然だ。

今回のような手法は公正さに欠け、許されるべきではない。政府は付則を早急に撤廃し、手続きをやり直すべきだ。（加古陽治、宮尾幹成）

紙面について
電話
03-6910-2201
（土日祝日除く　9:30～17:30）
FAX
03-3595-6935
購読お申し込み

「原子力の憲法」をこっそり変更

「原子力の憲法」ともいわれ、日本の原子力の研究や開発、利用の基本方針を掲げる原子力基本法が、国民の目に触れない状態でほとんど議論もなく重大な変更が行われたことに気付き、問題意識を持って記事にしたのも原発事故取材班である。

12年6月21日の朝刊1面トップ（紙面）記事の見出しは「『原子力の憲法』こっそり変更」「付則で『安全保障』目的追加」だった。成立した原子力規制委員会設置法の末尾にある付則に、基本法2条に1項目を追加して原子力利用は「国民の生命、健康及び財産の保護、環境の保全並びに我が国の安全保障に資することを目的として、行うものとする」としたのだ。「安全保障に資する」の部分は法案の修正協議で野党の自民党が入れるよう主張し、与党の民主党が受け入れた。民主党中心の政権としては3代目となる野田佳彦首相の下での出来

事だった。

「安全保障」の定義がないため、核の軍事利用につながる懸念がぬぐえない修正だった。それ以前に、基本法の改正手続きだとしたら国民の間で大きな議論が起きたはずだが、基本法より下位にある法律の付則では声を上げようがなかった。１面には解説記事を載せて「政府は付則を早急に撤廃し、手続きをやり直すべきだ」と主張した。

民主主義で大事なことは、みんなが見えるところで議論を交わすなど、決定までのプロセスを重視することだと思っていた。それが国会で、原子力の憲法の改正で、守られないとはどういうことなのか。取材班から「一大事だ」と事態の報告を受けた時、最初は「そんなことができるのか」と耳を疑った。「こっそり変更」の見出しは、民主主義の嘆きを表しているように思えた。

「最初の1週間」の解明に執念

原発事故の最初の１週間に、本当は何が起きていたのか。原発事故取材班はその解明にも執念を燃やした。本当は事故を防げたのではないか、という疑問と同様、事故後に誰がどう判断し、どう動いたかを解明することにより、事故の責任の所在を明確にしたかった。自分の言動に対して権力者が責任を取るという民主主義の本来の姿を取り戻すために必要な記事だと思ったからである。

東京新聞　2011年（平成23年）5月11日（水曜日）　（日刊）

東京新聞

中日新聞東京本社

「決死隊」被ばく

危機一髪――設計限度超えた圧力

次々に爆発が起きる惨事となった東京電力福島第一原発事故から二カ月。国際評価尺度（暫定値）で、旧ソ連・チェルノブイリ原発事故級の「レベル7」とされた事故は、原発の安全神話を根底から覆し、中部電力浜岡原発の全面停止へと波紋を広げた。第一原発で何が起きたのか。第一部では、当事者の証言などから「最初の一週間」を検証する。（原発事故取材班）

レベル7　第一部　福島原発の一週間　1

【3月11日】

午後	2時46分	地震発生。運転中の1～3号機が自動停止
	3時42分	東電が1～3号機で全交流電源を喪失したと国に通報
	7時03分	菅首相が原子力緊急事態を宣言。原子力災害対策本部を設置
	9時23分	菅首相が第一原発の3㌔圏内に避難指示、10㌔圏内に屋内退避指示

【12日】

午前	1時30分	海江田経産相が1号機のベントを急ぐよう東電に指示
	2時30分	1号機の格納容器内圧力が840㌔パスカルに
	5時44分	菅首相が避難指示を福島第一原発の10㌔圏内に拡大
	6時50分	海江田経産相が1号機のベントを東電に命令
	7時11分	菅首相が陸自ヘリで第一原発に到着
午後	2時20分	1号機のベントで放射性物質を含む蒸気を放出

首相「排気、手動でいい」

だからこそ、この取材も難航を極めた。今回もあらゆる手だてを使って証言を集め、それを膨大な資料や会見録と突き合わせ、ジグソーパズルのように事実を一つ一つ確定していった。

「レベル7　第1部　福島原発の1週間」と題した全10回の企画は、11年5月11日朝刊（紙面）から始まった。タイトルは、国際評価尺度で福島第一原発事故が旧ソ連でのチェルノブイリ原発事故（1986年）級の「レベル7」（深刻な事故）と認定されたことを参考にした。

原発事故からの1週間を伝える東京新聞の記事の「決定版」であり、全10回とも朝刊1面トップで扱った。「『決死隊』被ばく」「遅れた緊急事態宣言」「危険予測公開せず　水素爆発　20キロ圏内避難に拡大」「ダムの水使えない

海水注入　切り替えに手間取る」「爆発の危険伝わらず」『大したことない』　汚染拡散　影響小さく見せようと腐心」「無警戒4号機も爆発」「メンツ争いの先陣　大量放水　当面の危機は回避」などと、数々の問題を浮き彫りにした。

「レベル7」は第2部では「汚染水との闘い」、番外編では「官邸の96時間」「全員撤退を検証する」を取材テーマに設定したが、事故発生直後の様子にこだわった結果だ。原発事故取材班の検証報道は安全対策の不備や放射線防護、「原発ムラ」での金の流れ、メディア監視の実態、核燃料サイクルの闇などを次々と明らかにし、多くの記事が朝刊1面トップになった。

テレビ会議の映像で分かった東電会長のウソ

「レベル7」の第1部の連載から1年3カ月ほど後の12年8月、福島第一原発の事故発生当時の映像が報道関係者に公開された。東電は本店と福島第一原発などを専用回線で結ぶテレビ会議を行っていたが、それまでは映像を「社内資料」として公開に応じていなかった。

震災直後の約4時間分が録画されていないなど完璧な形ではないが、3月11日夕からの約150時間分を、原発事故取材を経験している記者計12人によって、分析した。このチームの責任者の結論も、「原発が暴走したら、運を天に任すしかない」だった。

映像を分析した企画「ビデオは語る」は、やりとりの再現で細部にこだわったために、1年3

カ月に及ぶ全266回の前例がない長期連載になった。「レベル7」の企画と同じく、「本当のこと」を知りたい読者の声に応えたものである。

この取材を通じて、権力を持つ者がウソをつく決定的な場面を見つけた。取材班の細部へのこだわり、一言も聞き逃さないという執念のたまものだった。11年3月13日夕、東電の勝俣恒久会長の発言である。

「水素（爆発）の問題？　まあ確率的には非常に少ないと思うよ。そんな話をしてね、国民を騒がせるのが良いのかどうかの判断だけど。逆に言うと、次の社長記者会見でそれを聞かれたら否定するよ。あり得ないと。まー、あり得るけど（水素を）逃せばなんとかなるかな」

東電の会見を「大本営発表」のように垂れ流さなくてよかったと、つくづく思った。翌日になって、勝俣会長が言及していた3号機で水素爆発は起きた。

記者クラブを拠点としない「特命」チームの強み

原発事故の一連の取材は、所属する部署からも記者クラブからもフリーな記者の集まりである「特命」チームの強さと魅力を改めて編集局内に示した。

記者は本来、それぞれ自分の課題、問題意識を持っている。それを生かしながら編集局として、どのタイミングでどんな課題、問題意識を持つ「特命」チームを作るのか、または「編集局を挙げて」の態勢を敷くのかが、編集局長の大きな仕事である。そのためには記者クラブでの取材をどう考えるか、明確にする必要があった。

記者クラブとは、首相官邸や国会、中央省庁、政党、検察・警察など主要な取材先で、記者によって組織されている拠点のことだ。権力側は記者クラブを通じて記者会見するなど、情報を発信している。

東京新聞の記者も記者クラブに所属しているが、原発事故取材班と同じように、権力監視の「最前線」にいることを自覚して取材することを求めた。東京新聞を発行する中日新聞社は共同通信と記事の配信契約を結んでおり、記者クラブでの発表記事なども共同配信の記事を使用できる。少なくとも、同じ発表記事を書くために東京新聞の記者が記者クラブにいる必要はないのである。

国家機関の監視で発揮される公共性

権力監視の新聞の使命は、自分たちが勝手に決めたものではない。私の「バイブル」になっている06年5月号の「新聞研究」（新聞協会刊）から引用したい。タイトルには「憲法が予定する報道機関の存在『国家機関の監視』で発揮される新聞の高い公共性」とあり、筆者は弁護士の喜田村洋一さん。のちに、よく相談相手になってもらった人である。

最高裁は1969年11月、報道機関の報道について「民主主義社会において、国民が国政に関与するにつき、重要な判断の資料を提供し、国民の『知る権利』に奉仕するものである。したがって、思想の表明の自由とならんで、事実の報道の自由は、表現の自由を規定した憲法21条の保障のもとにある」と認定した。これによって報道機関による報道は憲法上の保障が与えられたことになった。

これは「報道機関の果たす役割が、権力の恣意的行使を防ぎ、国民の基本的人権を保障するという憲法の理念を実現するために不可欠であると憲法が認めたため」であり、従って、「報道機関の報道は、国家機関の状況を報じる場合において、最も高い憲法的価値を持つ。これが報道機関の公共性である」というのが喜田村さんの解説である。

報道機関はその使命によって、特別な地位を与えられている。報道機関の中心で権力を監視するのが新聞であり続けたい。東京新聞もその一員であり続けたい。

「オンリーワン」路線を1面から各面へ

原発事故取材班の記事が朝刊1面トップを占めることが多くなったことは、東京新聞が「オンリーワン」の道を歩んでいることを意味した。自分たちが調べた「本当のこと」を載せるのだからら当たり前のことだが、独自性重視の紙面作りを1面だけでなく各面に広げていった。

テレビやネットなど他のメディアでは無料で流れているニュースを1面トップなど各面に置いて、自分たちの存在価値を読者に証明できるのか。その結果として、購読料をいただくことができるのか。答えはいずれも「ノー」だと思ったからである。

局次長になる前の3年間、朝刊1面下のコラム「筆洗（ひっせん）」を論説室の論説委員として書いていた。膨大なニュースの中から何をどう取り上げるかは任せられており、同じ紙面の記事や他の新聞のコラムとは違う話題で書くことを常に心掛けていた。日々、自分の存在価値をアピールするためだが、多メディア時代に1面トップ記事こそ、膨大な情報の中に埋没させるわけにはいかない。

「赤ちゃん」の声を聞く報道姿勢

権力の監視と同様、新聞が大事にすべき使命がある。東日本大震災が起きて数日後の編集局の打ち合わせの際に、「一番弱い立場の人を救うために新聞を作っていこう」「小さな声に耳を傾けよう」と呼びかけた。その使命を果たすことができれば読者の支持を得ることができ、権力監視にも一層、力を入れることができる。権力監視と弱い立場の人に寄り添うことは、新聞にとって「車の両輪」なのである。

では誰の声に耳を傾けるのか。みんなで議論した結果は「赤ちゃん」だった。自分では話せないから、母親や父親は何を一番知りたいのかを考えた。読者からの問い合わせからして、それが見えない相手、放射能の被害であることは明確だった。

科学部などの専門記者以外、編集局内でも私を含め、よく分かっていない人が多かった。一から詳しく、丁寧に伝える。専門家の意見が割れている時は、割れていると正直に伝える。危険な情報だけでなく、安全ならば安全と伝える。こんな考え方に基づいて、社会部のデスクに新しい紙面作りのまとめ役を要請した。

Q＆A報道で「むずかしいことをやさしく」

初回は「放射線　対処法は」（紙面）をテーマに、3月16日の朝刊に掲載した。同じ日の朝刊1面トップ記事の見出しが「福島第一制御困難」となっており、事故の深刻化に備えるための新しい紙面が、ぎりぎり間に合った。翌日以降も「被ばく　こう防ぐ」「放射性物質　どう除く」「放射性物質　体内に入れないために」「わずかな被ばく　慌てずに」と、5日連続で読者の疑問に答える紙面を作った。

分かりやすさを追い求め、記事の書き方はQ＆A、質疑方式を取り、丁寧さを貫くために最終面の全スペースを使った。3人の記者が手分けして専門家に取材する綱渡り的な紙面展開だったが、読者からの反響は大きく、それが次の取材の原動力となった。自分たちの記事が必要な読者に届いているという実感があり、丁寧に伝える結果として計21回の掲載となった。

放射線　対処法は

福島第一原発で爆発事故が続いている。周辺ではかなり高いレベルの放射線量が測定され、被ばくのリスクが高まっている。どんな備えが必要なのか。身を守るにはどうしたらよいのか。専門家の意見をもとにまとめた。

拡散したら

ゴム製手袋／空調使わないで

Q　放射性物質が拡散したときの対処は。

A　放射線や放射性物質は、人の五感で感じられない。独自の判断ではなく、災害対策本部などの指示に従う。テレビやラジオ、防災無線で正確な情報を得ることが大切だ。

Q　被ばくから身を守るには。

A　まず放射性物質から離れる。放射性物質は風下に流れるため、屋外にいる場合は風上を目指して屋内に逃げ込む。遮る力は木造よりコンクリート建造物の方が強い。

Q　屋外にいた場合の注意点は。

A　放射性物質を吸い込む「内部被ばく」を避けるため、ぬれたタオルを口に当てたり、マスクをしたりして逃げる。屋内に入ったらすぐに、衣服を脱いでビニール袋に入れて密閉する。放射性物質が付着した量にもよるが、衣服は廃棄した方がよい。

Q　屋内に着いたら。

A　手洗いをしてうがい、また、シャワーを浴びて体を流す。換気扇やエアコンを使ってはいけない。窓も密閉する。

Q　避難所に向かうため、再び屋外に出る場合はどうする。

A　屋内から避難所へ逃げるため外に出る際は

えること。手袋も布製よりもゴム製の方が放射性物質に触れにくい。雨には空気中の放射性物質が混ざっているので、傘をさしたり、雨がっぱを着てぬれないようにする。

Q　放射性物質が体内に入ったらどうすればよいのか。

A　安定ヨウ素剤を服用する。一般の薬局や病院にはないが、自治体や保健所が保管している。放射性ヨウ素は甲状腺に集中的に取り込まれ、甲状腺がんの原因になることから、予防策として高濃度のヨウ素剤を飲むケースがある。

予防にヨウ素剤服用も

被ばくの影響

100ミリシーベルトで　がんの恐れ

Q　放射性物質が大気中に放出されると、どうなるのか。

A　さまざまな放射性物質が存在するが、特に人体に影響が大きいのは、ヨウ素とセシウム、ストロンチウム。放射性物質は目には見えない「放射線雲」となって風で流されていく。

放射性物質を口や鼻から吸い込むのが「内部被ばく」で、ガス状になった放射性物質を体で浴びるのが「外部被ばく」だ。被ばくとは人が放射線を浴びることを意味し、細胞や遺伝子に傷が付く。

Q　高レベルの放射線を浴びると、どんな影響が出るのか。

A　人が一年間で普通に生活をしていて浴びる放射線量は二・四ミリシーベルト。胸部エックス線CT検査では六・九ミリシーベルトを浴びる。一度に百ミリシーベルトを超えるとがんになる恐れがある。千ミリシーベルトでは吐き気などをもよおし、七千ミリシーベルトを浴びれば必ず死亡する。

Q　どのようながんになるのか。

A　ヨウ素は甲状腺に集積しやすく、甲状腺がんになる可能性がある。ストロンチウムは血液を作る骨髄に集まるため、白血病などになるリスクがある。セシウムは全身に行き渡る性質があり、さまざまながんを誘引する一因となる。被ばくしてがん細胞が作られても、発症するのは約二十年後の場合が多い。

Q　魚や農作物には影響しないのか。

A　多少の放射性物質が飛び散っても、ただちに水中の魚にまで影響が出ることはない。放射性物質が蓄積された土壌で育てられれば、農作物に影響が出る可能性は否定できない。

Q　水は大丈夫か。

A　井戸水は保健所などが安全と判断してから飲むべきだ。水道水は問題は少ないと思うが、国や自治体が出す情報に注意した方がよい。

放射線量の人体への影響

線量	影響
7000以上	全身に浴びれば100％死亡
3000	毛が抜ける
1000以上	吐き気など
500	リンパ球の減少
400	福島第一原発3号機付近で15日午前に検出（毎時）
約100	がんになる可能性
50	業務従事者が1年に浴びる放射線量の上限
6.9	胸部X線CT
2.4	人が1年に自然に浴びる放射線量
0.6	胃のX線検診
0.05	胸のX線検診
0.000809	東京・新宿区で15日午前に検出（毎時）

数字は放射線の量。単位はミリシーベルト。1ミリシーベルトは1マイクロシーベルトの1000倍

単位

放射線に関係する単位

- ベクレル（Bq）　放射性物質が放射線を出す能力の強さ
- cpm　1分当たりに計測された放射線の数
- シーベルト（Sv）　放射線が人体に与える影響の度合い
- グレイ（Gy）　物質に吸収される放射線のエネルギーの量

放射性物質　放射線　放射線測定器

ミリはマイクロの1000倍

人体影響は「シーベルト」

Q　放射線に関係する単位は何があるか。

A　主に「シーベルト」「グレイ」「ベクレル」「cpm（カウント・パー・ミニット）」の四種類がある。

Q　それぞれ、どういう意味があるのか。

A　人が被ばくした度合いを表すのがシーベルト。物質に吸収された放射線のエネルギーの大きさを吸収線量と呼び、グレイで表す。放射性物質が放射線を出す能力が放射能で、単位はベクレル。cpmは一分間当たりの放射線数を示す。

Q　人が被ばくした度合いとは。

A　放射線にはアルファ線やベータ線など種類が多数ある。アルファ線は人体に対する影響がエックス線の約二十倍。人体の組織や臓器ごとでも、放射線の影響力は異なる。全てを考慮した「実効線量」の単位がシーベルトだ。

Q　シーベルトにミリやマイクロという単位が付くのは。

A　ミリはマイクロの千倍。日常生活では、ミリでは単位が大きすぎるのでマイクロを使用することが多い。

Q　cpmはどのようなときに使うのか。

A　ほかの単位での測定が困難な場合や時間がかかる場合、放射線計測器で計測し、おおよその値を知る目安にする。

Q　チェルノブイリ原発事故ではキュリーという単位が使われた。

A　キュリーは古い単位で、今は使わない。一キュリーは三百七十億ベクレル。

安定ヨウ素剤

服用すると、放射性ヨウ素が甲状腺に取り込まれるのを防ぐ効果がある。吸い込む可能性が高いときや吸い込んでしまった際に服用する。ただし、一時的に甲状腺機能が低下する副作用が出るケースもある。ヨウ素過敏症などの人は服用してはいけない。

昆布が代用になるという説が出回っているが、昆布に含まれるヨウ素は微量で、放射能を十分に取り除く効果はほとんどない。うがい薬やのどスプレーなどにもヨウ素が含まれるが、含有量が少なく効果はない。

屋内退避と避難

屋内退避が指示されると、建物に入ってドアや窓を閉め切り、放射性物質の侵入を防ぐ。国や自治体が指示を出す。木造家屋よりも放射線を遮へいする力の強いコンクリート製の建物内に退避を指示する場合もある。

避難は、放射線放出が長期間になる場合など、屋内にいても被ばくを避けられない可能性が出てきたとき、放射線の影響を受けにくい地域に遠ざかる目的で実施される。今回の福島第一原発の事故では、半径20キロ以内の住民に避難が、20～30キロの住民に屋内退避が指示されている。

放射性物質

放射線を出す物質。原発の事故で、人への影響が問題になるのは、放射性のヨウ素、セシウム、ストロンチウムなど。ヨウ素はガス状のため、吸い込むと肺にまで達しやすく除去しにくいが、体内での影響力が半分に弱まっていく半減期が約８日間と短い。

セシウムとストロンチウムは粒子状で、マスクをすれば吸入を防ぎやすい半面、半減期は約30年間と長い。ヨウ素は遠くまで飛散しやすく、セシウムとストロンチウムはヨウ素に比べ近場に落ちやすい性質がある。

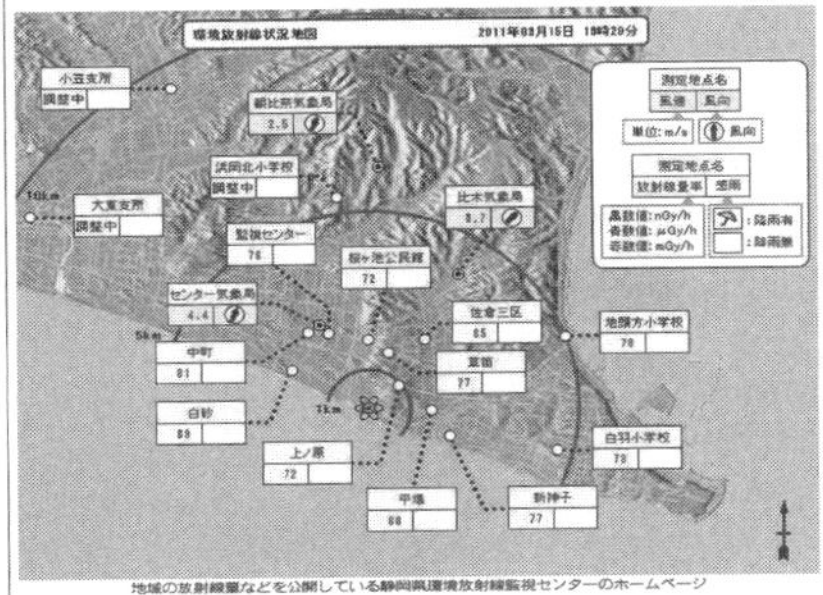

地域の放射線量などを公開している静岡県環境放射線監視センターのホームページ

原発付近の量、風向きHP公開

福島第一・第二原発付近の風向きや風速については、気象庁がインターネットのホームページ（http://www.jma.go.jp/jma/index.html）で予想を発表している。「東北地方太平洋沖地震関連資料」から「福島第一・第二原発付近の情報」をクリックする。

東京電力がホームページで公表していた同原発付近の風向きや放射線量などについては、「調整中」と表示され、情報は途絶えている。

ほかの原発付近の風向きや放射線量の情報は、県や各原発のホームページで公開している。

茨城県環境放射線監視センター（http://www.pref.ibaraki.jp/bukyoku/seikan/houshasen/）や、静岡県環境放射線監視センター（http://www.hoshasen.pref.shizuoka.jp/home.html）、新潟県放射線監視センター（http://www.pref.niigata.lg.jp/houshasen/）など。

放射線について説明する野村特任准教授＝東京都文京区の東京大で

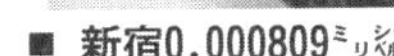

■ 新宿0.000809ミリシーベルト

「現状　心配ない」

されました」―。「二十倍」と聞くと、数字の力につられて怖くなる。だが、私たちは放射線についてよく知らないまま怖がっているのではないか。危険なら、どう危険なのか、正確に知りたいと、東京大大学院工学系研究科の野村貴美特任准教授（放射線管理学）に尋ねた。（皆川剛）

野村貴美・東大特任准教授

放射性物質とは、文字通り放射線を出すもの。では、放射線とは何か。

「この部屋にも放射線はありますよ」と野村准教授は研究室の壁を指さす。石などを混ぜて造ったコンクリート。自然の放射性物質（ラジウムなど）がわずかに含まれているそうだ。

線量計のスイッチを入れると「毎時〇・〇七～〇・一〇マイクロシーベルト」の間で揺れる。「普段からこんな数値ですね」という。

東京都が新宿区で観測した「毎時〇・八〇九マイクロシーベルト（〇・〇〇〇八〇九ミリシーベルト）」は、「区内に一時間立っているのは、窓を閉め切ってこの部屋で約八時間研究し続けたのと同じ」ことだ。

野村准教授は「今の状態ならば」と前置きし、「心配ない」と話す。放射線量は「線源からの距

る。例えば福島第一原発から三十キロ離れた地点の線量は、一キロ離れた地点の九百分の一。原発から二百五十キロ離れた東京は、九百分の一のさらに七十分の一で「影響はほぼ皆無」となる。

首都圏で危険な場合はあるか。「（爆発で）放射性物質自体が飛散して来れば、それから出る放射線との距離が近くなり、避難の必要が出てくる場所もある」という。

放射線は大量に浴びると、体内組織の分子を切る力も持つ。福島第一原発で観測された毎時四百ミリシーベルトを一時間浴びれば、「白血球の減少など生化学的な現象が現れ始める可能性がある」。

Q&Aという伝え方は、全ての分野の記事で使うことを局内で推奨した。原発事故関係でも「3分で分かるQ&A」に衣替えするなど、一層の分かりやすさを追い求めた。

作家の井上ひさしさんの「むずかしいことをやさしく　やさしいことをふかく　ふかいことをおもしろく…」という有名な言葉が頭の中にあった。「本当のこと」を多くの人に知ってもらうには、伝え方にも考えをめぐらすことが大事である。

第2章 「3・11」世代の記者の使命

編集局を「特命」チームの集合体に

新聞の販売部数が下落傾向にあることは、「読者の新聞離れ」ととらえられがちだが、本当は「新聞の読者離れ」だと思うようにしている。原発事故取材班を中心とした原発報道は読者の増加につながっており、それがなぜなのかを考えて、読者に読まれる紙面を作る必要があったからである。

私は編集局次長として「3・11」に直面し、日々の紙面作りの実務責任者を担った。その延線上で6月に局長になった。私事になるが、局次長時代に3人の息子のうち1人が命に関わる大病をして約10カ月間、会社近くの病院で入院生活を送っていた。局長の了解を得て夕方に、かなりの頻度で見舞いに行った。職責を全うしているとは言えなかった。退院の時、息子から「もう心配しなくて平気だから、好きな仕事を思いっ切りやって」と背中を押された。それから1カ月後の「3・11」だった。適任かどうかに関係なく、与えられた仕事に全力で取り組む思いだけはあった。

編集局では毎夕、デスクが代理出席もできる部長会を開いている。前日に作った紙面の反省会と、これから作る紙面の打ち合わせ会を兼ねているのだが、そこでの就任あいさつでは、前任者の「調査報道・独自ダネ」重視の路線継承を強調した。

念頭にまずあったのは、編集局を原発事故取材班のような「特命」チームの「集合体」にしていくことだった。局次長や部長、デスクと打ち合わせをするたびに、権力側の発表記事に頼らず、自分たちの力で事実を積み上げ、自分たちの責任で「本当のこと」を世に問い続けることの大切さをくどいほど繰り返し強調した。局を挙げての取り組みは局長主導になるが、日常的には現場に近いリーダーがまとめ役になるため、思いを共有したかった。この編集方針は原発事故取材班が実行していたことであるし、そもそも中日新聞社は「真実・公正・進歩的」を社是としている。

「国民主権」を体現する新聞に

新聞の「顔」である1面の記事の「主役」を権力側から「民」の側に明確に切り替えることも、強調した。国、都道府県、市町村、そして人々というように、ニュースの発信元、情報源の価値に暗黙の「序列」がまだ残っていたからだ。人々の記事を「主役」として載せるために社会面があり、それで十分だという判断の裏返しなのだが、それをひっくり返して、人々の声を1面に据えて権力側に突き付ける「国民主権の新聞」でありたいという思いがあった。

権力を監視する使命を徹底させるために、権力側から発表される記事の先取りは、原則としてスクープとして扱わないことも強調した。私自身は、政治部や社会部の現場で取材していた頃、「衆院解散へ」「強制捜査へ」などと、「へ」の1文字が見出しの文末に付く「発表先取りスクープ」が得意だった。時には文末に「か」や「も」の1文字が付くこともあった。正直、これは権力監視の使命とは違うな、と感じていた。

推奨するスクープは権力の秘密やウソを暴くこと

そもそもスクープとは何を意味するのか。『現代ジャーナリズム事典』のスクープの4分類を参照したい。

①当局によっていずれ発表される情報を自社だけが事前に入手し報道する形
②当局による不正や不都合な話を、自社の責任で独自に調べ、報道する形
③世論調査や重要人物との単独会見のように、自社自ら意図的にニュースを作り出して報道する形
④すでに報道されたニュースの意義や問題点を独自に見つけ、異なる意味をもつ事実として報道する形

このうち圧倒的に多いのが、記者クラブに所属している記者の間で行われる①の形であると事典には記されている。原発事故取材班が量産してきたスクープは②③④の分類であり、私がスクープ扱いしないと強調したのは①の分類だ。

いずれ発表されることを早く書いて何の意味があるのか。世論や利害関係者の反応を探る「観

測気球」や発表時と合わせて2回、記事を書かせる「広報戦略」など、権力者の掌で踊らされている恐れがある。発表情報であっても、先取りできるほど取材相手に食い込めないと、権力を監視して秘密を暴く取材力も身に付かない、と論じる人もいるだろうが、「発表先取りスクープ」を編集局が推奨していては、それだけで記者が自己満足しかねない。

ただ「原則」としてスクープ扱いしないと説明したのは、「発表先取り」でも権力側にとって不都合なことの発表ならば「例外」扱いとするためだった。権力側は発表するにしても、ダメージが一番小さくなる時期を探るものであり、それを許さない姿勢は大事なのだ。

事典の分類によってここまで話を進めてきたが、読者からすると記者が自分の力で「本当のこと」を明らかにした記事は全てスクープ、日本語的には特ダネ、独自ダネであり、編集局として一番推奨したいのは、権力側の秘密やウソを暴くことである。

特別報道部の価値

編集局を原発事故取材班のような「特命」チームの集合体にすることは、記者クラブでの発表に依存しない編集局にすることであり、それは局全体の「特別報道部」化を意味していた。

特報部は１９６８年３月に誕生したオンリーワンの「看板部」であり、誕生以来、連日見開き2頁のワイドな紙面「こちら特報部」を展開している。当時の編集局長は「犠牲を払ってでも精鋭を出すように」と各部長に指示して「1期生」の14人を集め、「要は週刊誌の記事より早くて、正確で奥の深いニュースを毎日読者に届けることだ」と高いハードルの編集方針を伝えた。

特報部の真骨頂と言われるのが田中角栄元首相を裁いたロッキード裁判の「全録報道」（全191回）だ。発案したデスクは「真の全貌を読者に伝えるのが最大の狙いだった」と後輩たちに伝えている。この全録報道は82年に第30回の菊池寛賞を受けた。特報部は今も発足当時と変わらぬ精鋭主義を貫き、記者クラブに誰も張り付いていない。私も短期間、特報部長を経験したが、当時の部員は「ゲリラ部隊」「タブーに挑戦」「融通無碍」などと自分たちを評していた。

こちら特報部

ニュースの追跡

第1原発爆発 炉心溶融の衝撃

日本の原発の「安全神話」が崩れ去った一日となった。東京電力福島第一原発1号機の炉心溶融に続く爆発事故。放射能漏れも起きており、深刻な事態に陥った。過去の米国のスリーマイル島原発や旧ソ連のチェルノブイリ原発の惨事を生かせなかったのか。「地震大国」での原発依存の限界と制度設計の甘さを識者に聞いた。

（出田阿生、秦淳哉、小国智宏、加藤裕治）

「ついにスリーマイル島の原発事故と同じになってしまった」と話すのは、環境団体「たんぽぽ舎」の柳田真代表。柳田氏は十二日午後、「必要な情報が出されていない」と東京電力に要望書を提出したばかりだった。

「東電が情報を隠す上に、政府も安全だとごまかし続け、住民に適切な避難指示を出していない」と怒りに震える。

爆発は午後三時半すぎだったが、枝野幸男官房長官が発表したのは、二時間以上も後だった。

福島原発の事故が、一九七九年三月に起きたスリーマイル島の原発事故と共通するのは、原子炉の熱を冷やす冷却水が失われて"空だき"になっていた点だ。

スリーマイルでは大量の放射性物質が発生する炉心溶融が起き、周辺八十㌔圏内の住民が被ばくしたが、全体の放射能漏れは少なかった。「周辺に飛行場があって原子炉が入る建物を非常に堅固に建設したことが幸いした」と柳田氏。

米ペンシルベニア州のスリーマイル島原発。真ん中の円筒形の建物が原子炉で、奥の2号炉が1979年3月に大事故を起こした＝2003年、米エネルギー省提供（AFP・時事）

スリーマイル島事故 共通点も

しかし、福島第一原発の1号機は建設から四十年と老朽化している。

NPO法人原子力資料情報室の伴英幸共同代表は「今回の地震は断層四百㌔で、大津波が来た。だが東電は断層が数十㌔程度、津波も数㍍くらいにしか想定していなかったと思う」と指摘する。

伴氏らは、原発が受ける津波被害の危険性について、設備が浸水▽冷却水の取水口が土砂で埋まる▽引き潮で取水自体が困難になる－などとして対策を取るよう繰り返し指摘してきた。しかし、電力会社は「海辺でも高台に建設しているから大丈夫」「冷却水が失われる事態はあり得ない」と言い続けてきたという。

原子炉の爆発事故としては一九八六年、旧ソ連のウクライナにあるチェルノブイリ原発事故がある。大量の放射性物質が大気中に放出された。

長年チェルノブイリの取材を続けてきたカメラマンの本橋成一氏は「放射能放出は放射線量を測る機器に数値が示されるだけ。人間の感覚だけでは分からない怖さがある」。しかも放射能は長年消えず、蓄積されて被害を拡大させるという。

今回の爆発は建屋が吹っ飛んだが、原子炉格納容器は壊れていないという。本橋氏は「もし炉心が爆発する事態となれば、最低でも三十㌔以上離れた場所に引っ越さなければならない。チェルノブイリでは百三十㌔離れたゴメリの放射能汚染が激しかった。風向きや雨によっては離れた場所も危険になる」と語る。

「もともと政府は原発は『絶対安全』と主張し続けてきた。今回は想像以上の地震とするが、これに耐えられる強い基準の原発を造ろうとする発想はやめるべきだ」

チェルノブイリ原発では、原子炉をコンクリートで覆った「石棺」から今も強い放射線が観測されるという。「当初、旧

事故を起こしたチェルノブイリ原発4号炉を覆う巨大な「石棺」。今も放射線を放出し続けているという＝2008年4月、常盤伸・元モスクワ特派員撮影

「脱原発」報道の先駆け

特報部が「脱原発」報道の先駆けとなる記事を載せたのは2011年3月13日（紙面）のこと。「福島第一原発爆発　炉心溶融の衝撃『絶対安全』甘すぎた」「『政府はごまかすな』中越沖地震の教訓生かされず」などの見出しが見開き紙面に躍った。

京新聞

こちら特報部

に、経済産業省原子力安全・保安院の幹部は「想定外」としてきた。

だが京都大原子炉実験所の小出裕章助教（原子核工学）は「こんなに大きな地震が起きるとは思っていなかったということなのかもしれないが、もともとの想定が甘すぎた」と切って捨てる。

「国は、原発は多重防護システムが施されており、『絶対安全』で事故は起こらないと断言してきた。しかし、どんなシステムでも科学技術的に言って、事故の可能性がゼロということはあり得ない」と続ける。

「太平洋側はプレートの境界があり、地震も津波が来ることも十分に予想できたはず。こんな場所に原発を建設したこと自体に無理がある」

安全な設計制度ではなかったのか。発電所が全所停電することを「ブラックアウト」と呼んで、その危険性を指摘。しかし、電力会社側は「複数のディーゼル発電機でバックアップするから大丈夫」と

「政府は ごまかすた

収まるよう祈るしか…

説明してきたという。

小出氏は「説明はうそだったことになる」と厳しく批判する。「原発は大企業の意向と国の核開発のために推進されてきた。もういいかげんに原発はやめろと言いたい」

元京都大原子炉実験所講師の小林圭二氏も、原発の安全性の想定を甘い

東京電力福島第１原発の度重なる避難指示で、疲れた表情を見せる男性＝12日午後６時、福島県浪江町で

と考えてきた。

「志賀原発（石川県）では短めに活断層を評価し、起こり得る地震の想定規模を小さく考えている」「島根原発（島根県）では、活断層を見落としていた。浜岡原発（静岡県）では、東海地震の規模をマグニチュード（M）8・5としている」過小

中越沖地震の教訓生かされず

その理由を「原発を造ることが前提になっているからだ。経済的に見合う水準を基に、安全性の基準を決めている」と小林氏は説明する。

さらに対策も「緊急炉心冷却装置（ECCS）が作動しないことは考えていない。冷却用の電源がすべて失われる想定もない。私たちはその可能性を指摘し続けてきた」

国や電力会社、司法は聞く耳を持たなかったが、福島の原発ではすべてが起きた」と批判する。

新潟大の立石雅昭教授（地震学）は、二〇〇七年の新潟県中越沖地震での教訓も生かされていなかったと言う。「東電の柏崎刈羽原発（新潟県）で火災が起きたが、外部電源施設が使え、なんとか炉心を冷却できた。その経験を限定的にしか考えず、さらに大きな地震が起きたらどうなるかと検討していなかった」

そして「地震について

るよう祈るしかない。ほかの原発も全機止めてもらいたい」と語った。

では溶融への対処はあるのか。小林氏は「核燃料の溶融を止めるには、何とかして水を注入し、冷やすしかない。だが燃料棒は二千八百度。水は水蒸気になり、簡単には温度は下がらない。大地震が予想されている浜岡原発はすぐに止めるべきだ」と訴える。

小出氏も、同様の意見でこう見通す。「スリーマイル島原発事故を思わせる事態。今後はチェルノブイリ原発事故の規模の被害になるか、ならないかの瀬戸際だ」

デスクメモ

福島原発の施設に近い高台から望む太平洋の海は青く、目がくらんだ。原発の安全性を問う記者の質問を、東電担当者ははぐらかし続けた。福島県に伝えられるトラブルの報告は遅く、情報不足と地元記者は嘆いた。二十五年前のことだが、今もさして変わらない。国も同じだ。情報は命に直結する。（呂）

特報部の４人の記者は事故発生当日の取材によって、原発の危険性を訴え続けてきた京都大学原子炉実験所（大阪府熊取町）に所属、または所属していた通称「熊取６人衆」のうちの２人をはじめ、識者から話を聞くことに成功して直ちに紙面を構成した。

誰から話を聞けば原発事故の本質、問題点にいち早くたどり着くことができるかを考えた結果だった。私は局次長として当日紙面の責任者だったが、特報部長からは「発表に依存しない特報部のスタンスがあったからできた仕事」だと報告があった。

「熊取６人衆」の小出裕章助教は「国は、原発は多重防護システムが施されており、『絶対安全』で事故は起こらないと断言してきた。しかし、どんなシステムでも科学技術的に言って、事故の可能性がゼロということはあり得ない」と強調した。再三にわたり、発電所が全所停電することを「ブラックアウト」と呼んで危険性を追及しても、電力会社側が「複数のディーゼル発電機で

バックアップするから大丈夫だ」と説明してきたことを「ウソだった」と糾弾し、「原発は大企業の意向と国の核開発のために推進されてきた。もういいかげんに原発はやめろと言いたい」と「脱原発」を主張した。

城南信用金庫（本店・東京都品川区）の吉原毅理事長が震災から3週間後の4月1日に「脱原発」のメッセージを公表すると、直ちに取材して紙面化したのも特報部だった。吉原さんは自分で文献や資料を読みあさり「原発は一歩間違えば、取り返しのつかない危険性を持っている」と確信し、「一市民、一企業として『おかしい』と意思表明することが大事だと思った」のである。「脱原発」につながる記事は特報部だけではなく、部署を問わず各記者から出てきて、紙面の大きな流れをつくった。その流れを止める議論は私が知る限り、編集局の幹部間で一度も起きなかった。

言論機能を担う論説室の「脱原発」への思い

新聞が新聞であるゆえんは言論機能があることであり、社としての主張である「社説」を毎日掲載している。これを担うのが論説室という組織だ。東京と名古屋の両本社にあるので、論説主幹という責任者も2人いる。編集局とはお互いに独立した関係だが、重要な問題に関しては意見交換する。原発事故後の最大のテーマは、「脱原発」の姿勢を社として打ち出すかどうかだった。

東京本社の論説主幹は、私が朝刊１面コラム「筆洗」を担当していた頃から「新しい人間中心主義」を唱えており、それが社説の根底にあった。エネルギー大量消費型の近代文明に対してそもそも懐疑的だった。名古屋本社の論説主幹は大学の物理学科を卒業し、そもそも物理学者の理論と仕事が原爆につながったことへの自省の念を持っていた。編集局長の経験者である論説担当の役員は事故直後から「自分たちは償わねばならない」と話すなど、新聞が「原発安全神話」に加担したことへの反省から論を立てようとしていた。

編集局から見ていると、論説室全体に「原発には頼らない」「いずれは決別すべき」という思いが満ちていることを感じた。

立場をあいまいにしない覚悟

編集局側には「制御困難」な原発の恐怖が身に染みており、社の主張としての「脱原発」はごく自然な結論だった。どういう事実を踏まえ、どういう論理で「脱原発」を主張するのかが意見交換の中心テーマとなった。

全ての読者が「脱原発」の主張に賛同するはずがないことは、分かっていた。どんなテーマでも読者の中に多様な意見があるのは当たり前であって、原発でも電力の安定供給を優先して考える人もいるだろうし、原発に経済的に依存している地域も新聞発行エリア内にはあった。販売に加えて広告、事業などの営業面では、「脱原発」を打ち出すことによって悪影響が出ることも予測できた。

原発に対する姿勢をあいまいにしておく道もあったのかもしれないが、論説担当の役員が「国難とも言える局面で立場をあいまいにすることこそ、読者の信頼を失う」と、立場を明確にする覚悟を口にしていた。私は手持ちノートに発言をメモし、同感を意味する大きな丸印を付けた。みんな同じ思いだったはずだ。

「脱原発」論の根幹は「常識」

8月6日の原爆忌に合わせて、名古屋本社の論説主幹が代表して論説を書き、朝刊1面（紙面）に「原発に頼らない国へ」の見出し付きで掲載した。

「人の命と安全は経済性に優先する」。これが「脱原発」論の根幹だった。政権や経済界、原子力の専門家の目線ではなく、普通の人が当たり前に思うこと、言わば「常識」を訴えていくことにしたのである。人々の思いを代弁することが、「かけがえのない命」を守る新聞の使命を果たすことであり、「3・11」を経験した世代の記者の責任だと思っている。

「反原発」ではなく「脱原発」としたのは、新しい時代を築く前向きなメッセージを読者に伝えたかったからだ。論説は「日本は持ち前の技術と結束力で、原発がなくとも豊かな社会が築ける

1　12版山手　第24703号　2011年（平成23年）8月6日（土曜日）

東京新聞

原発賠償
牛肉、観光など広く認定
中間指針　東電10月本払いへ

東京電力福島原発事故の賠償範囲を決める文部科学省の原子力損害賠償紛争審査会（会長・能見善久学習院大教授）は五日、中間指針を取りまとめた。買い控えや価格下落などの風評被害について、セシウム汚染牛では十七道県を対象に認定し、業種では新たに製造業・サービス業を含めるなど、五月の二次指針より対象品目、地域とも踏み込んだ。東電は請求の受け付けを九月中に始め、十月中の支払い開始を目指すとしている。

能見会長は「全体から見れば中間指針は一定の損害項目や範囲を示したにすぎず、指針に盛り込まれなかったからといって、必ずしも賠償対象にならないわけではない」と述べた。審査会は今後も必要に応じて指針を拡充する。

風評被害の対象は、農林漁業・食品産業▽観光業▽製造・サービス業▽輸出産業―の四分野。主な対象地域は福島県周辺だが、食品産業関連のうち放射性セシウムに汚染された肉牛については、汚染された飼料（稲わら）の流通が確認された全道県を対象にした。茶葉は一大産地の静岡、神奈川両県を含む八県が対象となった。

中間指針で盛り込まれた主な賠償内容

原発に頼らない国へ

名古屋本社論説主幹　深田　実

きょうの紙面

大震災関連ニュース
3　原発の輸出は継続
4　Q&A　1万ミリ㍉
21　ネットで直接支援
26 27 福島の教訓の苦悩

汚染牛肉　国が全頭…

広島「脱原発」の鎖

直下型地震を想定　97ヵ所 通行止めに

というモデルを示すべきです。それは日本の歴史的役割でもあるのです」と締めくくっている。読者からは、「よく書いてくれた」などと支持する声が圧倒的に多かった。

「脱原発」は12年5月5日、北海道電力泊（とまり）原発3号機が定期検査のために運転が止まったことによって実現した。1970年以来42年ぶりに国内の全ての原発が停止したのだ。途中で一度途切れるものの、通算して約2年1カ月、日本は原発ゼロを経験しており、決して「夢物語」ではなくなった。

民のリアリズムで権力を監視

局長席からは国会が見えるが、そこ

への道筋を多くの人が歩いているのが、自ずと目に入ってくる。本社の正面玄関を出ると、目の前の日比谷公園から出てくる人が、やはり目に入ってくる。「3・11」をもって、東京新聞は1面に載せる記事の「主役」を権力側から「民」の側に明確に切り替えた。「脱原発」をデモや集会で訴える人たちは、まさに目の前にいる紙面の「主役」であり、東京新聞と同じ思いでいる人たちでもある。その人たちのリアリズム、現実主義をベースにして権力を監視したかった。

だから日比谷公園でのデモや集会は仕事に余裕があると見に行った。親子連れが楽しそうに参加していると、「抗議」と呼んでいいのか、という感覚にもとらわれた。それでも走り回っている子どもが、「お母さん、外で遊んで大丈夫なの?」というゼッケンを身に着けているのを見ると、「脱原発」を求める切実さを感じずにはいられなかった。

新しいデモの形を求める人々

組織ではなく、SNSなどを使った個人のつながりによって「脱原発」など自分たちの思いを楽しく伝えるデモが、1面に載る機会が増えてきたのは2012年に入ってからだ。

「脱原発」デモの参加者はビールが半額、お通しが無料になる「デモ割」の試みは東京都杉並区内で行われた。「3・11」前に参加したデモは、沿道の人に受け入れられていなかったと感じた主催者が、地域と一体化した新しいデモのあり方を考えた結果だ。

野田首相の地元の千葉県船橋市内で開かれた関西電力大飯原発（福井県おおい町）の再稼働に対する抗議デモには、ＳＮＳの呼びかけで約２千人（主催者発表）が集まった。合言葉が「黄色まとい総武線に」だっただけに、黄色を目印に知らない者同士がすぐに仲間になった。

原発には反対だけど、デモなどの抗議活動に参加することには躊躇がある。そういう人は恐らく少なくない。だから新しいデモの形、民意の伝え方を報じる記事はよく読まれたのではないか。

首相官邸前の抗議活動を「定点報道」

「脱原発」を求める集会を１面で大きく扱ったのは、11年９月19日の「さようなら原発５万人集会」が最初だ。作家の大江健三郎さんらが呼びかけて、主催者発表で予定よりも１万人多い６万人が集まった。大江さんが「私らには民主主義の集会や市民のデモしかない。しっかりやりましょう」と訴えると、会場からは地響きのような拍手が湧き起こったと、会場の空撮写真付きで翌日朝刊に記録されている。

12年３月から金曜日夕に毎週、首相官邸前で行われた原発再稼働反対の抗議活動は、「金曜日の声」などのタイトルで毎回、伝え続けた。社内では「定点報道」と呼んでいた。首都圏反原発連合という市民の集まりが母体となって呼びかけており、備忘録代わりのメモ帳に「参加者たちの『１０００日間で世の中を変えよう』という声を地元紙として受け止めたい」と書き留めた。

東京新聞　2012年（平成24年）6月30日（土曜日）　（日刊）

東京新聞

中日新聞東京本社

膨れあがる再稼働反対

官邸前デモ

「子どもの未来 守るためにも」

関西電力大飯原発3、4号機（福井県おおい町）の再稼働決定の撤回を求めるデモが二十九日夜、首相官邸周辺（東京都千代田区）であり、市民らが「再稼働反対」「原発いらない」と官邸に向かって声を上げた。関電は七月一日に3号機の原子炉を起動する準備を進めており、再稼働を前に徹底抗戦の場となった。　―関連[illegible]面

複数の市民グループ有志でつくる「首都圏反原発連合」がツイッターなどで呼び掛け、三月末から毎週末、官邸前で実施。政府の再稼働方針に反対している。参加者数は回を追うごとに増え、この日は官邸前から霞が関の財務省前まで七百㍍ほ

首相、立ち止まらず

野田佳彦首相は二十九日午後七時前、関西電力大飯原発の再稼働に反対するデモの声が響く中、官邸から敷地内にある公邸に歩いて移動した。

途中、公邸の門のあたりで警護官（SP）に「大きな音だね」と話し掛けたが、立ち止まらずに公邸に入った。

首相は二十五日、官邸周辺のデモについて「シュプレヒコールもよく聞こえている」と国会答弁したが、再稼働方針を見直す考えがないことを強調している。

大飯3号機 あす原子炉再起動

再稼働に向けた準備が進む大飯原発3号機で七月一日午後九時、原子炉を起動し核分裂反応が始まる。順調に進めば四日にも発電を始める。五月五日以来続く「原発ゼロ」は二カ

首相官邸前の道路を埋め尽くし原発再稼働反対を訴える人たち。右上は国会議事堂＝29日午後7時43分、東京・永田町で（中嶋大撮影）

紙面について
電話 03-6910-2201（土日祝日除く 9:30～17:30）
FAX 03-3595-6935
購読お申し込み 0120-026-999 1カ月定価税込み（朝・夕刊）3250円
配達・集金について 03-6910-2556
TOKYO Web www.tokyo-np.co.jp

ところが、野田政権が大飯原発の再稼働を決める前日の12年6月15日夕、首相官邸周辺で行われた大規模な抗議デモを記事にしないという失態が生じた。私も含めて、編集局内の多くはデモがあることを知っていたはずだが、当日の取材を指示する部署に情報が入っていなかったのである。

読者からは「外部の圧力なのか」「自主規制なのか」など100件以上の批判の声が寄せられた。紙面で読者応答室長が経緯を正直に説明しておわびした。締めの「主権者の意思を国の政策決定に反映させる。それを後押しする本紙の姿勢は揺らいでいません」とのくだりは、私も加わって書き上げたものだ。情報の共有態勢の見直しも行った。

再稼働が2日後に迫る中、「徹底抗戦の場」となった首相官邸前の6月29日のデモは、「膨れあ

がる再稼働反対」「『子どもの未来守るためにも』」の見出しを付けて６月30日朝刊１面トップ（紙面）記事として扱うことができた。首相官邸前から霞が関の財務省まで７００メートルほど人の波が連なり、掲載写真は官邸前の道路を埋め尽くした人々を「主役」にした。

坂本龍一さんを編集パートナーに

７月17日の朝刊１面トップ記事も、見出しを「さよなら原発『17万人』集う　酷暑の中　最大規模」（紙面はＰ60）と付けて、参加した人々が「主役」の紙面にした。７月14日の特報面には、集会の呼びかけ人の一人である音楽家の坂本龍一さんへのインタビュー記事を載せた。「このまま、（原発を推進してきた）３・11前に戻れば、日本人として恥ずかしい」「事故が起きても首相は責任を取れない。国民のためでなく、利権集団のための再稼働としか思えない」という坂本さんの訴えを、記者は「静かな叫び」と表現した。

その坂本さんに「共同編集パートナー」として協力をお願いし、原発や環境問題、新たな紙面のあり方について考えたい。こんな提案が紙面刷新の「特命」チームを率いる女性記者からあったのは翌年の13年春のことだ。坂本さんが東京新聞の記事をＳＮＳで紹介し、「頑張れ、東京新聞」とエールを送ってくれたことが発端だった。

提案者を信頼してチームを任せており、どんな提案でも「ノー」と言う気はなかったし、むし

12版山手　第25038号　東京新聞　2012年（平成24年）7月17日（火曜日）　©中日新聞東京本社2012　（日刊）

東京新聞

中日新聞東京本社
東京都千代田区内幸町二丁目1番4号
〒100-8505 電話 03(6910)2211

天下で開かれた「さようなら原発10万人集会」＝16日午後、東京都渋谷区の代々木公園で（河口貞史撮影）

さよなら原発「17万人」集う

酷暑の中 最大規模

東京電力福島第一原発事故を受け、作家の大江健三郎さんらが呼び掛けた「さようなら原発10万人集会」が十六日、東京都渋谷区の代々木公園で開かれた。三連休の最終日で全国から参加者が集まり、関西電力大飯原発3号機に続き、4号機でも再稼働を決めた政府への抗議の声に包まれた。

参加者数は主催者発表で約十七万人で、警視庁関係者によると約七万五千人。主催者によると、反原発を訴える集会としては、昨年九月に東京都新宿区の明治公園で行われた集会を上回り、過去最大規模という。

公園内のサッカー場に設けられたステージには呼び掛け人の著名人らが登壇。音楽家の坂本龍一さんは「電気のために美しい日本、国の未来である子どもの命を危険にさらすべきではない」と訴えた。

参加者はサッカー場を埋め尽くしたほか、野外音楽堂前の広場や公

また電力社員が発言

名古屋聴取会

福島事故「放射能で死者いない」

政府が発電量に占める将来の原発比率について国民の意見を直接聞く三回目の意見聴取会が十六日、名古屋市で開かれた。九人の発言者の中に中部電力の課長が含まれ、原発推進を主張した。会場の一部から「やらせだ」などと批判の声が上がり、一時騒然となった。

＝関連③面

意見聴取会をめぐっては、十五日に開かれた仙台市の会場でも、東北電力や原発推進団体の幹部二人が発言者に選ばれており、公平性の確保や運営方法が問題視されそうだ。

発言したのは、中電原子力部に勤務する課長の岡本道明さん（五二）。「個人的な意見として、原発をなくせば経済や消費が落ち込み、日本が衰退する」と述べ、原発の新増設を前提とする20～25%案に賛成の立場を表明。「35%案、45%案があれば選択していた」とも述べた。東京電力福島第一原発事故では「放射能の直接的な影響で亡くなった人は一人もいない」と言い切った。

岡本さんは聴取会後、報道陣に「会社には事前に個人として参加することを伝えた」と説明。事務局からも「個人なら聴取会の趣旨に反しない」と言われたという。

中電広報部の担当者は「会社の指示で出席や発言をさせたわけではない」と述べた。

0%案を支持する意見として「福島第一原発事故の原因がまだ究明されていない」「使用済み核燃料の処分法が確立されていない」があったほか、15%案の支持者は「国民生活への影響も考慮すべきだ」と訴えた。

紙面について
電話 03-6910-2201（土日祝日除く 9:30～17:30）
FAX 03-3595-6935
購読お申し込み 0120-026-999
1カ月定価税込み（朝・夕刊）3250円
配達・集金について 03-6910-2556
TOKYO Web
www.tokyo-np.co.jp

ろ願ってもない提案だった。「紙面の責任は編集局が負う」と一言だけ添えてゴーサインを出した。

読者でもある坂本さんが東京新聞の本社にやってきたのは12月に入ってからだ。集まった記者約100人と2時間弱、意見交換した。社内では「白熱討論」と呼んだのだが、記者からの全ての質問に対して、坂本さんに真摯に答えてもらった。内容は26日朝刊の見開き2頁（紙面はP62～63）を使って読者に報告した。

拳を振り上げずに

坂本さんの「ニュースを見るのも気が重くなるような嫌なことは多い。報道する側も胃が痛くなるかもしれないけど、受け取る側を

考えて、拳を振り上げず、心に届くように気をつけて、これからも記事を書いてください」という締めの言葉は、特に忘れてはいけない言葉として、記者の誰もが心に刻んだはずだ。

坂本さんとの共同編集は翌年の「福島の未来」をテーマにした座談会の開催、防護服を着ての福島県の帰還困難区域への同行ルポの紙面化と続いた。「普通の人が思っていることによって国や行政の方針が決まるというのが、本来の民主主義。今、それが試されている」など、坂本さんの「静かな叫び」を毎回記事にできたことは東京新聞にとって、かけがえのない時間だった。

写真の力でビジュアル夕刊

坂本さんが紙面のあり方に関する打ち合わせ中に「ウクライナでピアノを弾いている有名な写真があるんです」と教えてくれた。他にも自分の心を動かした写真があるという。これを契機として、夕刊１面で写真企画「ビジュアル夕刊」が始まった。１枚の写真の持つ力は十分に分かっていたが、企画の立案まで持ち込めなかった。私の力不足を坂本さんが共同編集パートナーとして補ってくれた。

初回は14年４月５日の夕刊１面トップに、親ロシアのヤヌコビッチ政権に対する抗議デモの最中に撮影された１枚を取り上げた（紙面はＰ64）。見出しを「ショパンと治安部隊」としたように、ずらりと並ぶ治安部隊の前でショパンを演奏するピアニストがいた。平和を訴える１人だけの抗

原発神話をぶっ壊せ

僕はこう考える

なさま初めまして、坂本です。今日はお役に立てるかどうか分かりませんが、自由に討論できればと思います。

（3・11以降）地方紙といわれるものが、とても頑張っているという印象があるんですよね。全部が全部ではないと思いますが、割と歯に衣（きぬ）着せぬ感じでずばっと言っている感じがします。東京新聞ももちろんそうですし、北海道新聞とかも、結構しっかり言ってるなという感じがします。

僕らの周りの、同じ、原発問題に関心ある友人たちもそのように言ってますね。全国紙の原発報道は及び腰というか、たまに面白い記事がある割にはすぐまた腰砕け。東京新聞はとても真摯（しんし）に扱ってくれてるなという感じ。僕らも大体情報っていうのはネット上で得ることが多いんですけども、いわゆる既成のメディア、紙媒体の中では東京新聞は非常に信用されています。たくさんの人に。

それは原発報道だけじゃなくて、昨今の政治的な報道もそうですけども。

つ心配なのは、事故前に原発について述べたりする僕のような人間がそうであったように、左翼とかね、そういうようなくくりで非難されてるわけなんですけど、そういうイメージというか、くくりで見られちゃうのは損だなと。

だから、東京新聞もなるべく公平に中立性を保ちながら、真実を報道しながら、何とか一派のように見られない工夫っていうんですかね、そういうことをしたほうが僕はいいと思っているわけです。あとは、部数を増やすっていうことですかね（笑）。

情報ギャップどう埋めるか

らもそうなんですけど、狭いところでいろいろな情報をメールやフェイスブックで共有するようなグループをつくって、いろいろな意見交換などをしていますけども、そこに集まってくる人はもうほとんどみんな知ってるのね。意見を言ってもみんな大体同じような意見なんですよね。

で、もしかしたら、東京新聞を購読している方たちもそうなのかもしれない。要は分かっていない人、そういう情報に普段から接していない人が想像以上にたくさんいると僕は思ってるんですね。そういう人にどうリーチし（届け）ていくか。それから、間違った、誤解したイメージを持っている人に、どう誤解を解いていくかということが大事。

皆さんも当然、そういうことは毎日のように話されていると思うが、ぼくらにとっても共通の課題のような気がします。

それを最初に痛切に感じたのはですね、2006年でした。（青森県）六ケ所村の使用済み核燃料再処理工場の問題。僕は不勉強でそれまでよく知らなかったんですけども、再処理工場が六ケ所村にあるということをある日、ウェブで知りまして、とても驚きまして、「ストップ・ロッカショ」（❶）というウェブ上のキャンペーンを始めました。

キャンペーンとしては成功したと思うんですね。海外のアーティストや、主に僕の友達のクリエーターとかデザイナーとかイラストレーター、写真家など、ふだん原発問題とか、ましてや再処理の問題ということに全く触れたことのない人たちに随分そのことが行き渡ってよかったと思ってはいるんですけど、そのとき、ウェブ上から情報を日常的に得ている人と、得ていない人たちのギャップというのはとても大きいということを痛切に感じました。

きいなと思うのは、例えば、僕も福島に何度か足を運んでいますけども、やはり高齢者の方々は、ネットからの情報を日常的に得るというよりかは、既存メディア、紙媒体とかテレビ、そういうものから情報を得ている人が圧倒的に多いように見受けられます。

どこかの新聞のアンケートでしたか。日本人と他国の人の比較をして、マスメディアを信用している人のパーセンテージっていうのがありましたけど、フランス人は4割くらいだそうですね。見てはいても信用してないってことですよね。

日本人は7割ぐらいだそうです。ですから東京新聞とか、新聞メディアというものも、とても大きな存在意義があるし、現在、東京新聞から情報を得てない人にリーチしていくことに、とても大きな意味があると僕は思っています。

―先ほど、坂本さんが話した「間違った、誤解したイメージを持つ読者へのアプローチ」というのが一番の悩み。見せ方、語りかけ方はどうやっていけばいいのか。

深刻な問題をしかめっ面で言われると、大事な問題でも心を閉じてしまう。伝え方によって受け取る側はずいぶん変わる。同じ内容でも、昔ながらの市民運動型がたくさんある。事故前に原発の集会に行ったことがあるが、僕も引いてしまった。紙面もそうかもしれない。同じ内容を伝えるのでも、相手が心を開くような伝え方を、僕もいつも心がけている。

誰もが気まま 自由なデモがいい

たとえば、デモについても、気持ちを一番訴えたい人たちは誰か。福島の人たちでしょ。でも、ほとんどデモに参加できない。今はサウンドデモ（❷）というのがあるが、福島のじいちゃん、ばあちゃんたちが入れるような形を考えないと。

フランスやドイツ、米国のデモのやり方は参考になる。二〇〇三年のイラク侵攻前日に世界中で大きなデモがあって、ロンドンで二百万人、ニューヨークで五十万人が集まった。僕も参加したけど、ものすごく気楽に歩いている（❸）。本当にぶらぶら歩いているだけで気が抜けてしまうけど、乳母車を押して参加した人もいた。いろいろな人が勝手気ままに主張して、多様性がある。

―本紙に足りないものは。

「左翼紙」などというくくりで見られてしまって、真剣に読んでくれない人がいると損。書き方や見せ方、アプローチのやり方に気をつけないと。「正しいことを言

態度だとダメですね。従来の市民運動にもそういう人が多く見られ、僕も嫌だなと思う。

―原発推進派は、再処理工場さえうまくいけば問題が解決すると信じている人が大半。誤ったビジネス優先の報道を信じ込んでいるな、と感じる。

人は信じたい方を信じる。資本主義社会で、貧乏と金持ちの道が分かれていたら、金持ちの方を選ぶ。昨日と同じように仕事したいと思えば、同じように電力を供給せよとなる。「電力＝原発」という神話は、あれだけの原発事故の後も根強い。それを皆さんの力でぶっ壊してほしい。人類史上最悪の原発事故がまだ収束していない。

事故後 社会悪くなりつつある

少しは社会が変わるかと期待したが、前より悪くなりつつある。官邸前のデモに出てくる人の数は減ったかもしれないが、出てこないだけであって、関心が薄くなったということはない。非常に強い関心を持っているが、声を発しない人はたくさんいる。

―各地でお母さんたちが、子どもを守ろうと会をつくった。その続きで福島の親子に関心を持って、特定秘密保護法の問題にも関心を持ち始めた。でも、一人一人はどうやって声を上げていいのか分からない。

本当に小さい、いろいろな根は地方にもたくさんある。そういう人たちがデモに行くかというと、行っていないかもしれない。関心が薄くなっているわけではなくて、問題意識は保持したまま、新しい生活をつくっていくことを一生懸命やっている人はけっこういる。小さい話でもそういうものを取材してもらえれば、勇気になるかもしれない。

―官邸前デモが盛り上がった理由は、変えられるという手応えがあったと思う。ところが、総選挙を経て、政権が代わって、変わるという感じが全くなく、むしろ逆。そういうときにどうやって説得力を持って語るか。

自分たちは言っているつもりでも、届いていない現実がある。原発の危険性を正しく理解していない人が、まだまだいると思う。だから「電力＝原発」じゃないんだということは、繰り返し言わないといけない。リスクや悪い面ばかり言うと人間は暗くなっちゃうから、良いビジョンを示す。十年、二十年後、日本がこっちに行くとこうなるよ、とビジョンを示せば行きたくなる。そのために今どうすればいいか。

―原発を今すぐ止めなければという意見があるが、原発関連で生きている人たちに大きな影響がある。その手当てまで考えないと、説得力がない。

脱原発の都知事候補応援したい

雇用の問題は大きい。福島から出たくても出られない最大の悩みは雇用。避難先で職があるかどうか分からないし、実際にないケースが多い。だから、お父さんだけ福島に残るケースも多い。青森県六ケ所村も、今や再処理工場になんらかの形でかかわっている人が村の九割。一度あきらめると、推進派になる精神は理解できる。

―新潟では、政府や東電が、柏崎刈羽原発を再稼働させたいと思っている。

再稼働は新潟の話で、自分には関係ないと思っている都民は多い。福島だってそう。でも、原発事故が起きれば、その電力の恩恵を受けていないのに被害を受ける。それはちゃんと書いて、都民に知らせた方がいい。

都知事選で自民党の息のかかった知事になれば、推進派は都合がいい。原発推進でない都知事になった方がいいと思うが、難しいですね。でも、必ず脱原発派が出

写真は左から、谷野哲郎（運動部）、藤川大樹（外報部）、片山夏子、柏崎智子（社会部）、岩岡千景（文化部）、山川剛史（社会部）、宮尾幹成（政治部）、大島弘義（施設管理部）、加古陽治（文化部）、佐藤あい子（サンデー版編集部）、鷲見卓（事業局）、野呂法夫（千葉支局）

❶【ストップ・ロッカショ】

使用済み核燃料再処理工場（青森県六ケ所村）＝写真＝の放射能汚染に危機感を抱いた坂本さんが2006年に立ち上げた反原発プロジェクト。英グラフィックデザイナー、ジョナサン・バーンブルック氏をはじめ国内外の著名な芸術家や音楽家らが共鳴し、さまざまな活動を展開している。

❷【サウンドデモ】

脱原発イベントでは、おなじみになった新しいデモの形。音楽機材や巨大スピーカーを搭載した車からダンスミュージックを流したりバンド演奏をする。それに合わせてデモ参加者が踊る。若者が関わりやすくなった、と評価する声もある一方、高齢者には入っていきにくい面もある。

❸【歩くデモ】

坂本さんは「気楽に参加できるデモ」の大切さを語っている。イラク戦争開戦直前の2003年3月、米ミズーリ州コロンビアで行われた平和行進では「おしっこをかけるため、ブッシュ（前大統領）を捜しています」と書かれた"服"を愛犬に着せる参加者の姿も見られた＝写真、AP。

❹【アンダーコントロール】

2020年夏季五輪の開催都市を決める国際オリンピック委員会（IOC）総会。安倍晋三首相は福島第一原発事故の汚染水漏れについて「状況はコントロールされている」と発言し、東京五輪招致を引き寄せた＝写真、共同。だが原発建屋からは今も地下水に混じった汚染水の流出が続く。

❺【米中枢同時テロ】

航空機が突っ込み、炎と黒煙を上げる米ニューヨークの世界貿易センタービル。2001年9月11日に起きた米中枢同時テロは世界を震撼させた＝写真、AP。

その衝撃を目の前にした坂本さんは、米の報復戦争を批判する「非戦」を監修した。

紙面構成　整理部・鈴木慶

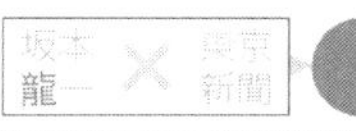

原発・環境・報道 いっしょに考えてみました。

「これからの震災・原発と報道」をテーマに、坂本龍一さん(61)と本紙記者約100人が対談を行った。19日に東京新聞(東京都千代田区)で開かれ、デモ、環境問題、被災地支援などについて約2時間、活発な意見を交換した。

坂本龍一(さかもと・りゅういち)

世界的に活躍する音楽家。1952年、東京都生まれ。幼児期からピアノを学ぶ。都立新宿高校時代は多数のデモに参加。東京芸術大学大学院修士課程修了後、テクノバンド「YMO」を結成し、国内外でブームを巻き起こす。映画「戦場のメリークリスマス」や「ラストエンペラー」の音楽も手掛け、米アカデミー賞など数々受賞。

90年にニューヨークへ移住、2001年、米中枢同時テロ(❸)を身近に体験。グローバリズムや人間社会を根源的に問い直す中で、環境、原発問題への造詣を深めてきた。東日本大震災後は、さまざまな方法で被災地を支援。昨年7月の「さようなら原発10万人集会」(東京・代々木公園)では原発に頼らない社会づくりを呼び掛けた。脱原発を志向するアーティストが結集した音楽フェスティバル「NO NUKES」も2年連続で開催した。

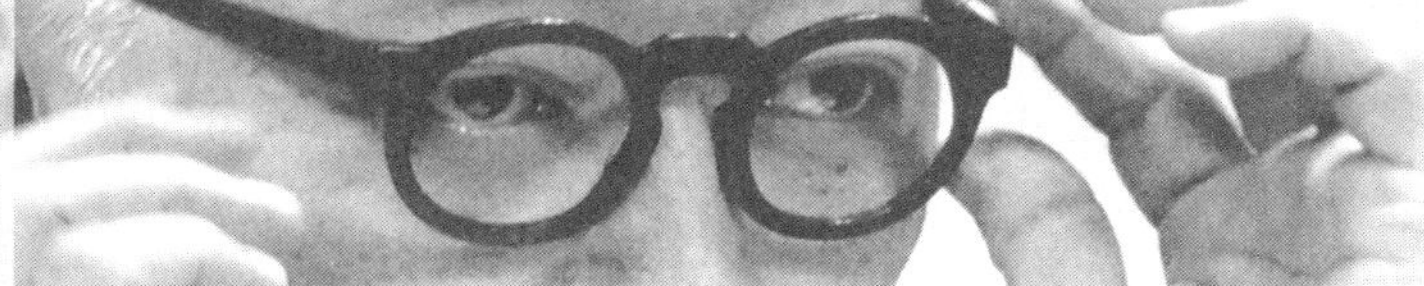

心を開かせる 伝え方

「コントロール発言」(❹)もあって決まった。どう評価する?

全く評価していない。本末転倒だと思っている。福島の原発事故でまだたくさんの人が避難している。それをほったらかしておいて、東京で五輪。五輪の経済効果という話があるが、どれほどのものなのか。ロンドン、北京での収支を見て、誰がもうかっているのかということも、ちゃんと教えてほしい。もうかるのはこういう会社だけだよ、ということも、きちんと言ってあげた方がいい。

昨今、ちょっとした標語に踊らされる傾向にあるように思う。「アンダーコントロール」なんて言葉だけで、海外メディアも黙った。情けない。(日本では)汚染水は随分と追及し、特定秘密保護法についても随分痛烈なことを書いているが、メディアといっても経済原則で成り立っている。コマーシャリズムからの影響は逃れられないという事実は、いつも感じている。

―ミュージシャンは強いネットワークで、自分たちでできることにすぐ取り組んでいるように見える。

僕が二〇〇〇年ごろから、環境問題について発言するようになったら、「坂本は気が狂った」と散々言われた。実はそのころ、ひそかに自然エネルギーを推進するアーティストの会をつくった。今でこそ百人くらいになったが、最初は二人だけ。賛同するミュージシャンが増えたのは、本当にうれしい。

でも、そういうつながりは別にミュージシャンだから得意ってわけじゃないと思う。社会的なことに関心があって発言するアーティストは限られていて、まだ広げる余地はある。

―政治で野党が乱立し、どこも脱原発を主張。選挙で自民・公明が勝つのは目に見えていた。

まだこんなに避難民 なぜ五輪なの

…ている人やメディアもあるけど、「おまえらはマジョリティー(多数派)じゃないぞ」という声を上げたい。

一番のマジョリティーは投票しなかった人。選挙で政権を取れば何でもやれるけど、その結果、改憲や軍備増強につながると考えると、大きく影響を受けるのは投票に行っていないであろう若い世代や、選挙権のない子どもたち。知らぬ存ぜぬでいるうちに、そういう動きが起こり、将来自分に返ってくるぞ、というのはたくさん書いてもらった方がいい。

―野党の乱立は脱原発運動がセクト(分派)化したのが原因と思う。

小さなセクト主義でやっていけるうちは日本はまだまだ平和だな…

小さなことを乗り越えて、抵抗してきた。日本もいずれ、そうしないといけない状況になりますよ。報道の皆さんも覚悟して携わっていただきたい。

―原発は「トイレなきマンション」。小泉純一郎元首相が原発即ゼロを主張する根拠でもある。国が最終処分場の候補地選定に乗り出すことになった。

そもそも地殻が不安定な日本で、長期にわたる安全な中間貯蔵も果たしてできるのか疑問。どうしたらいいか分からないけど、日本だけの問題ではないのでは。

しかし、日本で出した核のゴミを他国に持って行くのは非常に非倫理的。一方で、日本に置いておくのは世界にとっても危険。いい答えがないけど、世界には、日本より地震が少ないところはある。国際的なルールを決めて、各国で話し合って進めるのがいいと思う。

…ドイツでは子どものときから、環境教育として節電意識を学ばせようとしている。大人になって意識を変えるのは難しい。

大人になってから意識を変えるのは難しいってのは分からない。大人の方が、こうやったら結果がどうなるか、理詰めで理解できる。電気をじゃぶじゃぶ使っていれば、CO_2(二酸化炭素)が増えてその結果どうなるか、分かる。「だったらやめよう」となる。僕はそうだった。

―坂本さんは「東京新聞が行っている環境への取り組みを教えてほしい」と話したそうだが、現在、東京本社のビルでは、電球の発光ダイオード(LED)化、トイレのエアタオルの使用中止や外壁の遮熱塗装を施し、一二…

核のゴミ 日本だけで解決無理　自公は多数派ではない

…風化しないように取り組みたい。

さっき通された役員室は二八度だった。すぐに二一～二三度にしてほしい(笑)。

…震災の年は十数%を節電した。その後も2～4%ずつ減っているが、編集局ではテレビや電気ポットの消し忘れもある。震災前に戻ってきている。

一人一人の努力も必要だが、人間の努力も限界がある。技術で省エネできることはどんどんやった方がいい。快適な方を選択して、結果が良くなるような技術の使い方を考えればいい。

…被災者の心の傷は癒えていない。音楽家として今後、被災者を元気にするために、どんな音楽をつくっていきたいか。

岩手県の陸前高田では被災直後に避難所になった体育館で昨年十二月、無料コンサートをやった。福島では三年連続で作曲家の大友良英君と夏にコンサートをやった。

どういう曲を作るかと言われると難しいですね。どういう曲、それは自分にうそをつかない音楽を作ることだと思うんですよ。もしかして、自分の音楽で元気になってくれる人がいるかもしれないけど、変に「これで元気にしてやろう」なんて不遜なことは考えてはいけないと思う。

―本紙のメンバーと話した感想は。

実際にこれだけの記者の顔を見るのは初めてだけど、報道姿勢というのは想像していた通りでした。もうちょっと暗い人たちかなと思っていたけど、意外に明るくてうれしかった。

ニュースを見るのも気が重くなるような嫌なことは多い。報道する側も胃が痛くなるかもしれないけど、受け取る側を考えて、拳を振り上げず、心に届くように気をつけて、これからも記事を書いてください。

編集後記 ◀◀ 坂本プロジェクトができるまで

ソフトな語り口だが、論調は厳しい。しかも、油断すると独自の視点で切り込んでくる。坂本さんとのやりとりは、われわれにとって貴重な時間となった。

「教授」と呼ばれる坂本さんを囲んでの対談は、さながらテレビの「白熱教室」のようだった。特に「相手が心を開く伝え方」という言葉にはハッとした。音楽と記事は違うものだと思っていたが、「表現する」という意味では同じだということに気付かされた。

対談では「僕はゆるキャラが嫌い」「米国のメディアは洗脳の道具になっているので、ロシアのテレビを見ている」など、ユニークな発言もあった。紙面の都合で載せられなかったのが残念だ。

この企画はこちらから坂本さんに持ち掛けた。本紙は今年四月に「紙面刷新チーム」を発足。さまざまな刷新案を検討する中で「脱原発などで活動する坂本さんと一緒に紙面をつくることができないか」と考えた。今は新しい試みが実現したことがうれしい。

坂本さんは物心ついたときから、本紙を読んで育ったという。自身のツイッターで「東京新聞、頑張れ」と書いてくれたこともある。心強い読者の一人だが、甘やかしてはくれないようだ。

「3・11の原発問題や特定秘密保護法。政権側は手を緩めずにガンガン来る。何とかしてほしい。とても痛烈に報道する東京新聞の姿勢を応援している人は結構いる。頑張ってください」。坂本さんのエールに応えていきたい。(紙面刷新チームデスク・谷野哲郎)

紙面作りについて話し合う坂本龍一さんと紙面刷新チームのメンバー

核のゴミ

「原発ゼロへ」と行動する原点が、青森県六ケ所村の使用済み核燃料再処理工場だったと坂本さんは語った。

再処理工場は各原発から出た核燃料からプルトニウムとウランを取り出して再利用するための施設で、核燃料サイクルの要だ。しかし1993年に着工され、約2兆2000億円を投じながらトラブル続きで20年後の今も完成していない。

☞再稼働すれば数年で満杯

さらに新しい規制基準を受け、事業者の日本原燃は過酷事故や地震対策の追加工事を行う。完成時期は来年10月に延期されたが、安倍政権は早期の稼働を待ち望んでいる。

国内には使用済み核燃料が約1万7000トンあり、再処理工場と原発全体の冷却プールの7割が埋まる。原発を順次再稼働しても数年後にプールが満杯となれば原発を動かせない。それだけに年間約800トンの再処理さえ行われれば…と原発推進派は六ケ所頼みなのだ。

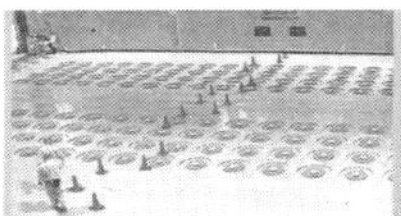

ガラスで固めた高レベル放射性廃棄物を貯蔵する施設。黄色いフタの下で空冷されている＝青森県六ケ所村で

☞「1日原発1基1年分」放出

一方で、再処理の危険性や環境汚染が心配されている。核燃料を処理する際に放射性物質が大気や海に放出され、その量は「1日で原発1基の1年間分」と指摘される。分離したプルトニウムの大量保管は国際社会の疑念を生む。高レベル放射性廃液をガラスで固めた核のゴミの最終処分先も決まっていない。

国内処分 八方ふさがり

国は300メートル以深に埋める地層処分を決定。02年から候補自治体を公募してきたが進展していない。今後は国が前面に出て火山活動や活断層、地下水の影響が少ない地域を複数選定していく方針だ。

とはいえ、日本は「地震・火山列島」だ。放射能の減衰は10万年にわたり、大地震や火山爆発による地層の変動がないことが建設適地の前提だが、日本学術会議は昨年9月、「万年単位の将来を確実に予測することは困難」と表明。地層に最終処分場を造ることの危険性を訴えている。

世界の国々も頭を悩ませている。英国やドイツは候補地が白紙撤回され、米国も凍結状態だ。唯一、フィンランドが地層処分場を建設中。再処理はせずに直接、金属製容器で収蔵する。日本のように地震はない岩盤だ。

国内処分が八方ふさがりのなか、核のゴミを地中でいつでも取り出し可能な状態で厳重に管理したり、地上の中間貯蔵施設で保管したりする議論も出ている。これらの候補地も難航は必至だが、地層処分よりは現実的だ。

もはや後始末に道筋を付けることなく、原発政策を維持することは許されない。全量再処理しない選択肢を含め、国主導によらない国民的な議論が急がれる。

(前特別報道部、千葉支局・野呂法夫)

E版　第25650号　東京新聞（夕刊）　2014年（平成26年）4月5日（土曜日）　（日刊）

ショパンと治安部隊

2013.12
ウクライナ・キエフ
居並ぶ治安部隊を前にピアノを演奏するマルキャン・マツェフさん＝撮影者アンドリー・メアコフスキさん提供

ずらりと並ぶ治安部隊の前でショパンを演奏する一人のピアニスト。ウクライナの首都キエフで昨年十二月七日、反政権デモの最中に撮影された一枚です。

この写真を本紙に紹介してくれたのは、音楽家の坂本龍一さん。「個性のない、力を象徴する隊列と、たった一人でピアノを弾く生身の人間の対比に、強さを感じた」と言います。

演奏者は、ウクライナ西部リビウ出身のピアニスト、マルキャン・マツェフさん（三〇）。フェイスブックで連絡すると、「平和的なデモを呼び掛けようと思った。私たちは、治安部隊と戦っているのではなく、体制と戦っているのです」と、返事が届きました。

ピアノは中古で購入し、友人と一緒にウクライナの伝統色で塗装したそうです。まず奏でたのは、ショパンの「ワルツ第七番嬰ハ短調作品64－2」。「あの時、心に浮かんだのがショパンだった。もう一度弾くなら、ジョン・レノンの『イマジン』を選びます」

写真はインターネットを通じ、瞬く間に世界中に広がりました。発信したウクライナ人の一人、アナスタシア・ベリョーザさんは「彼は治安部隊のためにショパンを弾いた。優しさは暴力や残虐な行為を壊すことができる」と、感想をつづりました。

ヤヌコビッチ政権は崩壊しましたが、今度はロシアが軍事力を背景にクリミア半島を併合し、主権が侵されています。マツェフさんは「私たちは新しい価値観に基づき国を再建するつもりだったのに、戦争の準備をしなければいけなくなっている」と嘆きます。

世界はこの危機にどう立ち向かうべきなのでしょうか。一枚の写真が問い掛けています。

5面へ続く

紙面デザイン・鈴木薫　文・藤川大樹

ロシア介入で緊張

ウクライナでは昨年11月、親ロシア派のヤヌコビッチ政権が欧州連合（EU）との関係を強化する連合協定の棚上げを表明したことから抗議デモが起きた。

デモ隊は同大統領の退陣を求めて首都キエフの独立広場を占拠。今年1月に政権がデモ規制を強化する法律を成立させると、デモは激化した。治安部隊との衝突で多数の死傷者が出たが、最終的にヤヌコビッチ政権は崩壊し、親欧米の暫定政権が誕生した。

しかし、EUへの接近に危機感を覚えるロシアはウクライナに軍事介入し、南部のクリミア半島をロシアに併合。米国が制裁を科すなど緊張が高まっている。

新しい報道のカタチ、始めます…。東京新聞は一目でニュースが分かる「ビジュアル夕刊」を試みます。随時掲載で、初回は「写真のチカラ」。6日から始まる新聞週間を前に、音楽家の坂本龍一さん（62）と報道について考えました。

あすから新聞週間

ビジュアル夕刊

紙面から

田中白星デビュー
ティーンズランド
歌舞伎町彩る街角

議活動であり、私には音色が暴力を止めているように見えた。

坂本さんが心を動かされた理由は、「個性のない、力を象徴する隊列と、たった1人でピアノを弾く生身の人間の対比に、強さを感じた」からだった。

3・11を風化させない節目の紙面

新聞には腰を据えて、何日もかけて大事に作り込む紙面があっていいと思っている。「節目」の日の報道のことだ。東日本大震災の1年後から6年後までの3月11日の朝刊1面トップの紙面には、局長として細部にまで関わった。「3・11」を風化させないためにはその日と同様、過去に一度もない特別な紙面を作ることが必要だと考えたからである。

１年後の紙面で目指したのは、大きな写真１枚で１面トップを作ることだった。大震災翌日からの「つなぎ見開き」の写真が頭からなかなか離れない。それに代わる写真が必要だと思ったからだ。写真部のカメラマンにはどんな写真がいいかは何も伝えず、感性に任せることにした。

カメラマンは12年3月1日に被災地に入った。何日も被災者の声を聞き、「慰霊」「追悼」「未来」「現実」「希望」などの言葉を頭に浮かべながら、シャッターを切ったという。その数は１７５０カットに上った。デスクの目を通して何枚かに絞られた候補が上がってきたが、１枚の写真が目に飛び込んできた。

写真説明には「津波被害から１年が近づく仙台市若林区荒浜。真っ白に雪が積もった海岸では、太平洋から迫る波に向かい、僧侶が１時間近く祈りをささげていた」と書いてあった。私にはきらめく海面が犠牲者の魂に見えたのである。

友好紙の河北新報は作家の伊集院静さんに詩を依頼しており、東京新聞も使わせてもらうことで両社編集局長間の合意ができていた。写真と詩がセットになった1面トップ（紙面はＰ66）の見出しとして、整理部が提案してきたのは「涙の３・11　祈りの日」だった。写真と一緒で、これしかないと即座に採用した。

読者からは後日、新聞をたたつの上に置き、１面トップの記事に手を合わせている妻の写真が

12版山手　第24914号　東京新聞　2012年(平成24年)3月11日(日曜日)　©中日新聞東京本社2012　(日刊)

涙の3・11 祈りの日

死者1万5854人、不明3155人

34万人が避難生活

私たちと世界を変えた「あの日」がめぐってきた。東日本大震災から十一日で一年。死者は一万五千八百五十四人に達し、三千百五十五人の行方が依然分からない。死者とともに今を生きる人々。日本列島は祈りの日を迎えた。

東京電力福島第一原発事故による放射能汚染も影響し、約三十四万四千人が避難生活を送る。

被害が大きい岩手、宮城、福島三県の県外避難者は計約七万三千人。うち約六万三千人が福島の避難者で、子どもを守るために家族が離れ離れになった家も多い。

被災地の再建をがれきの山が阻む。がれきの量は、阪神大震災時の一・五倍と見積もられているが、がれきを受け入れる被災地外の自治体は少なく、広域での処分がはかどっていない。

原発事故は、政府が昨年末に「収束」を宣言。しかし、溶け落ちた核燃料の状態すら分からず、核燃料を冷やす作業が続く。原発か

津波被害から1年が近づく仙台市若林区荒浜。真っ白に雪が積もった海岸では、太平洋から迫る波に向かい、僧侶が1時間近く祈りをささげていた＝嶋邦夫撮影

わかって欲しい。

伊集院静

東北の町の、村の、里のどこかで、

昨日、ようやく帰って来た人の通夜があり、

今日はその人の葬儀に並ぶ人がある。

明日も誰かの月命日がある。

そう、北の地では毎朝、毎夕、どこかで祈りを捧げている人がいる。

そうして三千余人のまだ帰らぬ人たちを待つ人が、同じように祈っている。

その上、町を去らねばならぬ人がいて、見送る人がいる。どちらも泣きながら互いのしあわせを祈っている。

復興だ。一年が経つと、テレビ、新聞、雑誌は言うけれど、この祈り続けている人たちのことをもう少しわかって欲しい。同情が欲しいんでは決してない。この震災がまだ続いていることをあなたたちにもわかっておいて欲しいのだ。

作家の私が、この人たちに言えることは、悲しみはいつか終わる時が来る。そうして笑える日が必ず来る。という言葉だけだ。

どうか、わかって欲しい。

◇

東日本大震災から一年。自らも被災体験をした作家の伊集院静さんに、今の思いをつづってもらった。

いじゅういん・しずか　1950年、山口県生まれ。作家。仙台市在住。92年『受け月』で直木賞。他の著書に『いねむり先生』『羅月夜』など。

東京新聞
中日新聞東京本社
東京都千代田区内幸町二丁目1番4号
〒100-8505 電話 03(6910)2211

送られてきた。記録だけでなく、記憶に残る紙面ができたことを実感した。

紙面を作る力を磨いた時間

２年後は「原発関連死」の実態を明らかにした記事を１面トップに据えた（紙面はＰ69）。震災の避難生活で体調を崩すなどして死亡した場合、「震災関連死」と認められる。ならば原発事故の避難生活による死者も「原発関連死」と定義できる、というのが取材班の問題意識だった。「原発関連死」に関しては福島民報（本社・福島市）が先行して報道しており、私から相手の局長に連携したいと伝えて了解を得た。

福島県内の市町村に該当者を取材すると、少なくとも７８９人に上った。「原発事故で死者はいない」と言う人たちは、この数をどう考えるのか。放射能で身体をむしばまれる死だけが、「原発事故による死」でないことは間違いない。

３年後は漁師さんの手のアップ写真を大きく扱った（紙面はＰ70）。原発事故から３年がたち、筋肉がだいぶ落ちてしまった手である。切ない話だが、「海を取り戻す」と前を向き始めていた。

４年後は一転、福島県沖からの航空写真を中心に据えた（紙面はＰ71）。日が沈んだ午後６時半過ぎ、高度９千メートルから見えた福島県内の復興の度合いを示す光は、見出しのように「途切れ途切れ」だった。最終面は１面との対比を念頭に、地上での黒い袋の積み降ろし作業の写真を大きく扱った（紙面はP72）。中身は放射能に汚染された土や草木だ。見出しの「黒い壁　果てしなく」も原発事故がもたらした現実である。

5年後は「あの日々」を思い返すことに力点を置いた（紙面はP73）。5年もたつと事故の節目として風化が一気に進みかねないため、何としても「待った」をかけたい思いがあった。私もあの日々を朝刊1面用の記事にし、「読者の声を指針に　権力の監視を続けます」と読者に約束した。

6年後は福島第一原発2号機炉内の推定図を異例の大きさで載せた（紙面はP74）。見えない「苦しみの根源」を、被災者の方にも見てもらいたかったからだ。原発事故取材班とデザイン課の力の結集であり、その過程はもの作りの感覚に近かった。

2年後以降はいずれの年も、前年とは違う切り口によって紙面を作るというプレッシャーを自らにかけていたので苦労したが、毎年の議論を通じて紙面を作る力を磨くことができたと感じている。

［震災２年後］

1　12版山手　第25269号　東京新聞　2013年（平成25年）3月11日（月曜日）

原発関連死789人

福島県内 本紙集計　事故影響深刻に

避難長期化、ストレス

東京電力福島第一原発事故に伴う避難やストレスによる体調悪化などで死亡したケースを、本紙が独自に「原発関連死」と定義して、福島県内の市町村に該当者数を取材したところ、少なくとも七百八十九人に上ることが分かった。死者・行方不明者一万八千五百四十九人を出した東日本大震災から十一日で二年。被災三県のうち福島では、宮城、岩手よりも多くの人が今も亡くなり続けている。原発事故は、収束していない。（飯田孝幸、宮畑譲）

東日本大震災の被害

死者	15,881人
行方不明者	2,668人
震災関連死	2,554人
うち原発関連死	789人
避難者	315,196人

※死者、行方不明数は8日現在の警察庁まとめ。避難者数は、2月7日現在の復興庁まとめ。震災関連死は福島、宮城、岩手の3県分。原発関連死は福島で集計

統計なし　南相馬含め1000人超か

「今年こそ」

国会議事堂前で脱原発を訴える人たち。約4万人（主催者発表）が集会やデモに参加した＝10日午後6時13分（岩本旭人撮影）【記事31面】

仮設住宅の父・清玄さんの遺影の前で、遺品の時計を見つめる大和田晴美さん＝福島県いわき市で

東日本大震災から２年

放射能がなかったら 1

田畑と犬奪われ、逝った父

お笑い芸人のようにひょうきんだった父が突然、天国に旅立ち一年あまりになる。広い家や庭を駆け回った二砕かれた。福島県いわき市の仮設住宅に避難している大和田晴美さん（こ）は今も現実を受け止められずにいる。

[震災３年後]

12版山手　第25625号　東京新聞　2014年（平成26年）3月11日（火曜日）　©中日新聞東京本社2014　（日刊）

死者１万5884人　行方不明2633人　震災関連死2993人　避難者26万7419人

東日本大震災3年

海を取り戻す

相馬の漁師 松本浩一さん 59歳

やっぱり海はいいな。開放感があっぺし。家にいると、何していいんか。

今日かかったのは、キアンコウ、ノドグロ、ヒイカ、アカガレイ。この網の先の底引き網を上げてさ、いっぱいだと喜ぶよな。上げてみないと分がんないから、宝くじみてえだ。

「常磐もの」でも相馬（福島県・相馬原釜漁港）で揚がる魚は特にうまいよ。どこ行っても俺の魚よりうめえの、食ったことないな。松葉ガニの季節は観光バスがたくさん来たもんだ。

中学を卒業してすぐおやじの船に乗ったから、人生の半分以上が海の上だ。俺で三代目。きつくても、夜明けに水面からぽっと日が昇ったりすっと、一日楽しい。漁師の特権だべさ。

手？ 漁師って感じじゃないな。原発事故からの三年で筋肉がだいぶ落ちてしまった。放射能汚染で、週一度の試験操業でしか船を出せなぐなったから。

大震災の津波では、自宅が目の前で流されて死ぬ思いした。その上、原発事故だ。これはあきらめがつかないよ。天災ではないんだからな。

汚染された海は人間の力ではどうにもなんねえ。自然の浄化力に頼るしかないのに、原発は汚染水漏れを繰り返してるだろ。あきれる。いくら海の懐が深くても限界あっぺし。若いころ、福島第二原発を建てる話し合いに出た。東電は「安全」「絶対大丈夫」って。事故でどうなるかなんて説明、何もねえ。甘かった。

相馬には若い漁師も多い。息子もそう。臨時雇いの仕事と掛け持ちしていつかは本格操業って。海を取り戻して、相馬の魚の味を孫にも伝えたい。俺の残りの人生、そのためにあるんだ。

絆を結び直す

死者・行方不明者1万8517人を出した東日本大震災から、11日で３年を迎えた。仮設住宅などで暮らす避難者は26万7419人に上り、人々の奪われた暮らしはいまだ戻ってこない。

公営復興住宅の建設は遅れ、東京電力福島第一原発事故は収束にはほど遠い。年月がたつほどに、家や故郷をなくした被災者に絶望が広がる。

震災直後、計画停電や節電で東京の街は暗くなった。地方の痛みの上に、首都の「輝き」が成り立っている構図は今も変わりはない。あの日から３度目の３・11。「絆」という言葉は、今こそ胸に刻みたい。

写真・嶋邦夫
文・柏崎智子

大震災関連ニュース

東京新聞
中日新聞東京本社
〒100-8505 電話03(6910)2211

紙面について
電話 03-6910-2201（土日祝日除く 9:30～17:30）
FAX 03-3595-6935
東京新聞ホームページ
TOKYO Web
www.tokyo-np.co.jp
東京新聞政治部
東京新聞けいざいデスク
東京新聞写真部
東京新聞鉄道クラブ
東京新聞文化部
東京ちゅん太（生活部）

［震災４年後］

1　12版山手　第25980号　東京新聞　2015年(平成27年)3月11日(水曜日)　©中日新聞東京本社2015

平和の俳句　戦後70年

今日もまた子どもの布団かけ直す

山本　博之(42)　東京都武蔵野市

〈いとうせいこう〉そのささいなひとつの事が平和の継続。継続が平和運動である。〈金子兜太〉こういう日常の普通の習慣がうれしい。気持ちの好いものなのだ。

2015.3.11

復興 途切れ途切れ

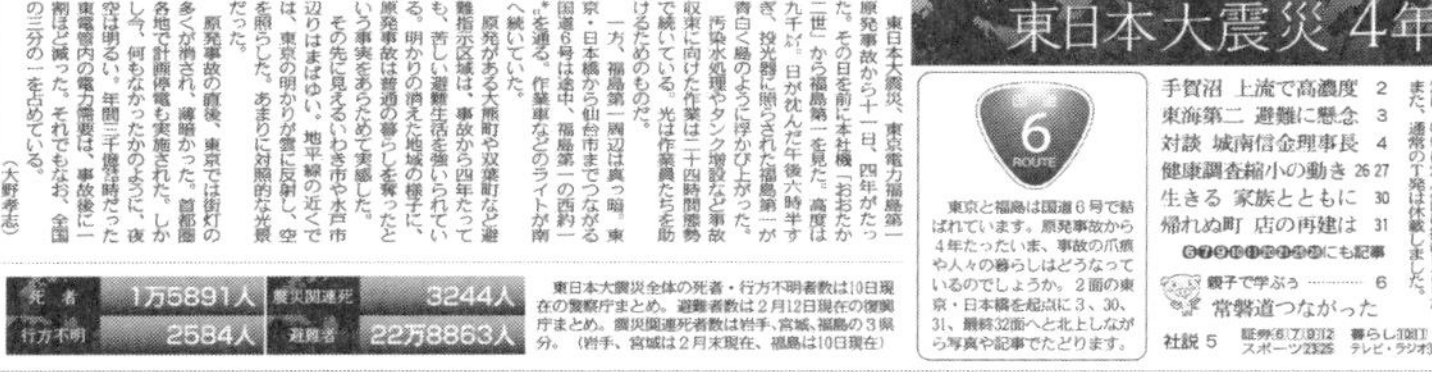

高度9000㍍から国道６号を望む

＝福島県沖で、本社機「おおたか二世」から（小沢徹撮影）

闇に包まれた町の中、照明で浮かび上がる東京電力福島第一原発（手前）。その横を国道６号を走る車のライトが南へ続く。はるか向こうで首都圏の光が夜空を照らしていた。

東日本大震災、東京電力福島第一原発事故から十一日、四年がたった。その日を前に本社機「おおたか二世」から福島第一を見た。高度は九千㍍。日が沈んだ午後六時半すぎ、投光器に照らされた福島第一が青白く島のように浮かび上がった。

汚染水処理やタンク増設など事故収束に向けた作業は二十四時間態勢で続いている。光は作業員たちを助けるためのものだ。

一方、福島第一周辺は真っ暗。東京・日本橋から仙台市までつながる国道6号は途中、福島第一の西約一㌔を通る。作業車などのライトが南へ続いていた。

原発がある大熊町や双葉町など避難指示区域は、事故から四年たっても、苦しい避難生活を強いられている。明かりの消えた地域の様子に、原発事故は普通の暮らしを奪ったという事実をあらためて実感した。

その先に見えるいわき市や水戸市辺りはまばゆい。地平線の近くでは、東京の明かりが雲に反射し、空を照らした。あまりに対照的な光景だった。

原発事故の直後、東京では街灯の多くが消され、薄暗かった。首都圏各地で計画停電も実施された。しかし今、何もなかったかのように、夜空は明るい。年間三千億㌗時だった東電管内の電力需要は、事故後に一割ほど減った。それでもなお、全国の三分の一を占めている。

（大野孝志）

死者	1万5891人	震災関連死	3244人
行方不明	2584人	避難者	22万8863人

東日本大震災全体の死者・行方不明者数は10日現在の警察庁まとめ。避難者数は２月12日現在の復興庁まとめ。震災関連死者数は岩手、宮城、福島の３県分。（岩手、宮城は２月末現在、福島は10日現在）

東日本大震災 4年

6 ROUTE

東京と福島は国道６号で結ばれています。原発事故から４年たったいま、事故の爪痕や人々の暮らしはどうなっているのでしょうか。２面の東京・日本橋を起点に３、30、31、最終32面へと北上しながら写真や記事でたどります。

本日は特別紙面とし、地域版は20・21面、特報は26・27面に掲載しました。また、通常のＴ発は休載しました。

(第3種郵便物認可)　東京新聞　2015年(平成27年)3月11日(水曜日)　12版　32

黒い壁 果てしなく

東日本大震災 4年

国道6号から海側に約五百㍍入った福島県富岡町のJR富岡駅周辺では、トラックが次々と到着し、霧雨の中で大きな黒い袋の積み降ろし作業が続いていた。

袋の中は、同町の田畑や住宅地の除染で出た放射能に汚染された土や草木。一袋で乗用車一台分ほどの重さがある。作業員数人が、クレーンで仮置き場に袋を積み上げていた。少し前までは、駅の東側は津波で流されたままの荒れ地が広がり、海岸近くの松並木も見えたが、真っ黒な壁に変わっていた。

既に袋は県内に六百万以上ある。汚染度の高い地域の除染はこれからで、国は現在の五倍近い袋が発生すると見込む。県内各地の千カ所近い仮置き場で保管した後、原発周辺の双葉、大熊両町に造られる中間貯蔵施設に運ばれる予定だが、地権者との交渉は難航を極めている。

国は「貯蔵開始後三十年以内に福島県外で最終処分を完了する」と約束しているものの、処分場は候補地さえ決まっていない。

文・大野孝志
写真・梅津忠之

運勢

11日(先負)

ね年　思う事あっても決せず、願う事ありても遂げず。苦労の後に吉となる時　うし年　月光は前途を照らす。昼は左程劣しからず。夜間に到り思わぬ吉事あらんか　とら年　人生を努めるは木に根があるが如し。遊び心を慎み精進の根を張れ　う年　人は万物の霊長と知る。教育が失われると頽退する　たつ年　善悪邪正をいくら論じても解決のつかぬ事多し　み年　物が多くなれば心も雑然。事を整理して世界泰平　うま年　思いもよらず事が成就する。天の恵みなり　ひつじ年　粗末な服を着てその懐に美玉を抱く。才能を隠して吉　さる年　物事がまだ起こらない先を見通して物事を処理する大吉日　とり年　学問も活きているなり。活かすはその人にあり　いぬ年　大いなる岩に坐して水の流れを見る。往時を

［震災５年後］

1　12版山手　第26336号　東京新聞　2016年（平成28年）3月11日（金曜日）

5年　私、変わったよ。

平和の俳句　戦後71年

入り口も出口も見えず原発忌

横井　隆和（72）　千葉県野田市

〈いとうせいこう〉出口はおろか入り口も、というのが胸に迫る。なぜそれが起こったかさえわからないし、知らされない。明らかにしてほしい。

2016.3.11

東北・関東大地震　仙台で10メートル津波

死者300人超

首都圏の機能マヒ

気仙沼で大火災

2011.3.11

（紙面は12日付です）

読者から募集した「あなたの東日本大震災」の投稿を「あの日々」として紹介していきます。１面は、５年前の震災発生翌日からの朝刊１面とともに17日まで掲載。社会面、発言面、メトロポリタン面でも随時紹介します。

私の東日本大震災　母の思い出と被災地重ね

読者とともに

東京都世田谷区　佐藤　寿美（としみ）さん（38）

当時、病気で思うように動けなかった母（64）が心配で、職場から何度も電話してもつながらず。私も家に帰れず心配なまま翌朝を迎え、電話がつながり安心して大泣き。「怖かった」と言っていた母が翌年の３月10日に亡くなったとき、あの日をもう繰り返したくなかったのかな、と思いました。何年たっても、この日が近づくと、母の思い出とともに震災で亡くなられた方と遠い復興の日を思います。

あの日々

書は矢野きよ実さん

東日本大震災、東京電力福島第一原発事故から11日で５年を迎えた。津波と放射性物質は日々の暮らしや社会のありようを激しく変えたはず。しかし、５年後の今、前に戻ろうとする流れは強い。「あの日々」を思い起こすことから、もう一度。本紙は読者とともにあの日々を刻みます。

高浜原発３号機停止

2面

昨年３月12日、佐藤さん（右）と再会＝金城さん提供

救急救命士となった金城万里奈さん＝Ｘ撮影　背景は2011年３月13日の宮城県南三陸町

東日本大震災５年

お断り　本日は特別紙面のためＴＯＫＹＯ発、４面「未来へつなぐパラリンピック」は休みました。金曜付ほっとなびは１日繰り上げ昨日掲載しました。また通常カラーのテレビ欄などはモノクロ印刷となりました。ご了承ください。

被災地の出会いが、救命士の夢を後押しした

神奈川　金城（きんじょう）万里奈（まりな）さん（26）

「頑張ったなあ」。二〇一四年四月に小田原市消防本部の救急救命士になった私を見て、宮城県気仙沼市の佐藤誠悦さん（６２）は、涙ぐんで喜んでくれました。暗闇で迷っていた私に、進むべき道を照らしてくれた人です。

五年前、私は救命士養成課程の大学生でした。奨学金やアルバイトですべて賄っていましたが、四年進級時に学費を工面できなくて休学することに。もやもやした気持ちのまま、ボランティアで南三陸町を訪れた時、津波にのまれた消防署が、トレーラーハウスの仮庁舎で業務を再開していました。そこへ突然訪ねた私を、温かく迎えてくれたのが副署長の佐藤さんでした。

３・11当時、佐藤さんは津波火災現場の指揮隊長。行方不明者リストに奥さんの名前があったこと、人命救助のプロなのに妻を助けられなくて悔しいこと…。私も涙ぐんで、つらいのになぜ現場に向かえるのか、遠回しに尋ねました。

私は四歳の時、住んでいた神戸で阪神・淡路大震災を経験しました。救命士を志したのも、その時の恩返しがしたかったから。けれど、休学で心が折れて、大学をやめてしまおうかとも考えていたんです。

「命を守ること。それが、残された消防官の使命なんだよ」。佐藤さんの答えに、ぱっと光が差したようでした。何を迷っているんだ、って。

救命士になった今、一分の仮眠すらできない日もあります。経験を積んで、いつか国際緊急援助隊にも参加したい。災害は世界中で起きていますから。（石川修巳）

［震災６年後］

12版山手　第26691号　東京新聞　2017年（平成29年）3月11日（土曜日）　©中日新聞東京本社2017　（日刊）

東京新聞

中日新聞東京本社
東京都千代田区内幸町二丁目1番4号
〒100-8505 電話03（6910）2211

東日本大震災 6年

死者1万5893人　行方不明2553人　震災関連死3518人　避難者12万3168人

苦しみの根源 ここに

福島第一原発2号機 炉内の推定図

34.44m
格納容器
圧力容器
2カ所から冷却水を注入
溶け落ちた核燃料（デブリ）
圧力容器の底は高熱で損傷
制御棒を動かす機器
デブリに触れた冷却水は高濃度汚染水に
内部撮影用カメラ
足場が脱落
鉄製の足場にはデブリの熱で溶けたような穴
最大で毎時650シーベルトを計測
作業員の部屋へ
30センチほどたまった汚染水
底まで落ちたデブリの一部はコンクリートを侵食の可能性
継ぎ目などから建屋地下に漏水

※東京電力の図面を基に、約1／113スケールで本紙が内部の様子を推定　作図・高橋達郎

東日本大震災は十一日、発生から六年を迎える。政府主催の追悼式のほか、全国各地で慰霊行事があり、午後二時四十六分の発生時刻に合わせ、犠牲者へ鎮魂の祈りがささげられる。

最終面に詳報
暗い穴 40秒で死の現実
震災関連目次❸面に

南スーダンPKO撤収へ

政府発表 治安悪化は否定

5月末めど

政府は十日、国家安全保障会議（NSC）の閣僚会合を開き、南スーダン国連平和維持活動（PKO）に派遣中の陸上自衛隊の施設部隊を、五月末をめどに撤収させることを決めた。安倍晋三首相は同日夕、記者団に「自衛隊が担当する施設整備は一定の区切りをつけることができる」と説明した。南スーダン派遣は二〇一二年一月の開始から五年あまりで終了する。

―核心・日報に「戦闘」リスク明白❷国連たびたび警告❸
首相発言全文❼ボランティアの声⓾家族安堵と不信⓬面

首相「施設整備に区切り」

首都ジュバ周辺の道路や建物を整備するため派遣中の第十一次隊は、一五年に成立した安全保障関連法に基づき、武器使用の範囲を拡大する「駆け付け警護」などの新任務を初めて付与された。

ジュバ周辺では昨年七月、政府軍と反政府勢力の大規模衝突が発生するなど情勢は不安定で、憲法が禁じる海外での武力行使につながらないよう定めたPKO参加五原則に活動が抵触していないかどうか、たびたび国会で議論となった。

菅義偉官房長官は十日夜の記者会見で「活動終了は治安の悪化を理由とするものではない」と述べた。

首相は、今後も南スーダンに「平和と発展のためにできる限りの貢献を行う」とし、国連派遣団司令部への要員派遣の継続、人道支援の充実を行うと強調。撤収方針は既に南スーダン政府や国連にも伝えたと明らかにした。

遅すぎた判断

【解説】南スーダンでは、自衛隊がいる首都ジュバを含め全土で大統領派と反大統領派との「戦闘」が続き、隊員の安全確保が懸念されていた。安倍晋三首相の判断は遅すぎたと言わざるを得ない。

日本は戦後、憲法の平和主義を貫き、一九九二年から参加したPKOでも施設整備など武器を使わない活動に徹してきた。

安倍政権は、集団的自衛権行使を認めた安全保障関連法に、PKOで「駆け付け警護」や治安維持活動など武器使用前提の任務を盛り込み成立させ、昨年三月に施行した。直後の七月にジュバでは大規模戦闘が発生。戦車やロケット砲なども使われた。官邸筋は「九月から撤収を検討していた」と明かす。

だが、安倍政権はPKO参加五原則は事実上崩れているとの指摘の中でも撤収を判断せず、十一月には初の安保法適用となる駆け付け警護の任務を付与した。

安保法に基づく新任務付与という「メンツ」のため派遣を半年間だけ引き延ばしたのではないか、と批判されても不思議ではない。しわ寄せを受けるのは、使命感を持ち、過酷な状況に置かれた派遣隊員や家族。状況は今も予断を許さないだけに、派遣の役目を終えたと判断したら、五月を待たずに早く撤収すべきだ。（金杉貴雄）

平和の俳句　戦後72年

草や木と四方山話平和かな

宮川　一樹（68）兵庫県伊丹市

〈金子兜太〉作者は端的に「僕は草や木が好きです」と言い切る。この言い切れるところに本音が爽やかに伝わる。この

7.3.11

ニュースピックアップ

▶きょうの目次は③面

友 申請取り下げ ⑦㉘
学校法人「森友学園」が
阪府豊中市に予定してい
小学校設置の認可申請を
り下げた。

国大統領罷免 ③⑦⑨
韓国の朴槿恵（パク・ク
大統領は、同国史上初
て、憲法裁判所の決定に
り罷免され、失職した。

良企業56社を表彰 ⑦
優れた中小企業をたたえ
優良企業表彰式で、東京
台東区の「マザーハウス」
東京新聞賞を受賞した。

１面トップは譲らない

この間、「大きなニュースが飛び込んできたら、どうする気ですか」という問いかけが、毎年のごとく整理部から私のもとにあった。「自分たちの物差しで決めればいい」などとはぐらかしていたが、内心は１面トップを崩す気はなかった。だから締め切り時間まで席にいるようにした。読者に「３・11」の節目を刻むメッセージを伝えることより価値のあるニュースなど、考えられなかったのである。

朝刊１面を中心に紙面を作り込む日は他に国際女性デー（３月８日）、憲法記念日（５月３日）、こどもの日（５月５日）、終戦記念日（８月15日）が該当する。これで東京新聞が何を大事にしているかが、分かってもらえると思う。

被災地の復興に女性の力を

「３・11」を風化させないことに加え、東北の被災地を支援するために紙面で何かできないかと考えていた時、「結結（ゆいゆい）プロジェクト」を立ち上げた木全（きまた）ミツさんから協力を頼まれた。

木全さんは旧労働省の官僚として国連公使などを務めた後、女性リーダーの育成や政治改革に熱心に取り組んでいた。「結結」は東北の被災地と首都圏双方の女性リーダーが連携して復興を

2012年（平成24年）8月10日（金曜日）　11版　4

東北復興日記　1

皆と土に触れ 励みに

NPO法人「ザ・ピープル」吉田恵美子理事長

真夏の日差しの下、川風を受けて笑いさざめくようにコットンの葉が揺れています。福島県いわき市の中ほどを流れる夏井川。その河川敷に「いわきオーガニックコットンプロジェクト」の栽培地のひとつ、木田ファームがあります＝写真。

プロジェクトは東日本大震災後苦境に立たされているいわき市の農業を再生する試みの一つとして、昨年十二月から本会が主催し動きだしました。いわき市の農業は、震災以前からも後継者不足による耕作放棄地の増加という悩みを抱えていました。そこに追い打ちをかけた福島第一原発事故による放射能汚染と風評被害。農業に真剣に向かい合っていた人ほど、大きなダメージに見舞われています。

市内十五カ所おおよそ一・五㌶ほどの畑で、市民や双葉郡からの避難者、そして首都圏からいわきの農業を応援しようと駆けつけてくださるボランティアの方たちも一緒に、農薬や化学肥料を使わずに栽培しています。東京のオーガニックコットン製造・販売会社アバンティも協力しています。秋冬に収穫し、来年六月ごろTシャツができる予定です。

木田ファームは、農作業による障がい者のメンタルケア「園芸療法」を実践する農場として七年前に開設されました。しかし原発事故後、働いていた障がい者は「いわきは危険だ」と家族に呼び戻され、有機栽培の野菜も販路が狭められ、苦しい経営を強いられています。

今は、近くに建設された大熊町の仮設住宅から約十五人の女性たちが車に乗り合わせてやってきて、野菜をつくっています。コットンの栽培も手伝ってくれています。楽しみは一仕事終えた後のお茶の時間。丹精した野菜でつくった自慢の漬物の数々が並びます。皆と一緒に土に触れ農作業することが励みになっているのだそうです。

この連載は、東京のNPO法人「女子教育奨励会」と、被災地の女性たちが協力して復興に取り組む「結結プロジェクト」の協力を得て、掲載しています。

目指すことに特長があった。オーガニックコットンを扱う東京の会社の渡邊智恵子社長が被災地の女性たちの仕事を作る「東北グランマプロジェクト」を始めるなど、10以上の新しい事業が動いていた。

木全さんや渡邊さんら7人の主要メンバーを東京新聞の本社に招き、座談会を開催したことを機に、活動を紙面で紹介する「東北復興日記」と名付けた企画を週に1回、展開することにした。読者に支援の輪を広げたかっただけでなく、復興に取り組む人たちへの紙面を通じてのエールだった。

初回は新設した「3・11後を生きる」面を使って、12年8月10日朝刊（紙面）に福島県いわき市での「いわきオーガニックコットンプロジェクト」を取り上げた。「東北まだまだ復興日記」と途中でタイトルを変えながら、200回以上続く連載となった。木全さんの「お互いに寄り添って、復興の完成までご一緒して行けたら」との言葉に感銘を受けたのである。

「測定報道」の開発者

原発事故報道では「特命」チームの強さ、魅力を知ったわけだが、その力の源泉が記者一人一人の「個」の力にあることは言うまでもない。問題意識を持って、自分一人で長期の取材を続けている2人の記者の原発報道にスポットライトを当ててみたい。

一人目は「測定報道」と社内で呼んでいる新たな権力監視の手法を開発した山川剛史記者だ。放射能は見えないし、におわない。これでは今、何が起きているのかを読者に伝えることができない。そこで事故が起きた当時は、線量計を持って福島県内を回り、自分の被ばく量を調べて報道した。屋内の方が安全だと言われているが本当なのか。必ずしもそうとは言えないことを数値で示した。

それだけでは満足できず、次は本格的な測定器や鉛の「遮蔽体（しゃへいたい）」などを自費で購入した。放射線衛生学の専門家と協力して福島県内や東京湾、都心部を流れる隅田川などの放射能汚染の状態を自ら調査するためだ。

測定報道を一つ例示すると、14年12月1日の朝刊1面トップ（紙面はP78）記事は、「海洋汚染収束せず」「本紙調査でセシウム検出」という見出しだった。東電が精度の低い海水測定によって「検出せず」と安全を強調していた福島第一原発至近の海の放射能汚染について、自分たちで採取した海水と海底土（砂）の測定数値をもって「本当のこと」を明らかにしたのである。

福島県飯舘村と楢葉町での山菜のセシウム汚染など、独自の測定報道は今も続いている。一度

©中日新聞東京本社2014　（日刊）

海洋汚染 収束せず

本紙調査でセシウム検出

福島第一

東京電力福島第一原発至近の海で、本紙は放射能汚染の状況を調べ、専用港の出入り口などで海水に溶けた状態の放射性セシウムを検出した。事故発生当初よりは格段に低い濃度だが、外洋への汚染が続く状況がはっきりした。一方、東電は精度の低い海水測定をしていながら、「検出せず」を強調する。事故当事者としての責任を果たしているのかどうか疑問がある。

（大野孝志、山川剛史）＝核心②面

福島第一原発　本紙が測定した海のセシウム汚染　※丸数字は原発の号機

低精度の測定で 東電「安全」強調

本紙は十月二十日、地元漁協の漁船をチャーターし、独協医科大学の木村真三准教授（放射線衛生学）と合同で原発周辺五カ所の海水と海底土（砂）を採取。後日、同大の高性能のゲルマニウム半導体検出器を使い、それぞれ二十四時間、八時間かけ計測した。海水はろ過し、ちりなどに付着したセシウムは除去した。

結果は図の通りで、水、砂とも港の出入り口が最も濃度が高く、ここから拡散していることがうかがえる。注目されるのは、同地点の海水から一リットル当たり一・〇七ベクレルのセシウムを検出したことだ。「一ベクレルの海水＝食品基準の一〇〇ベクレルの魚が捕れる可能性」が一つの目安としてあり、決して無視できない汚染といえる。

東電は原子力規制委員会が定めた基準に沿って海水モニタリングをしているが、日々の公表資料は「検出せず」の記述が並ぶ。計測時間はわずか十七分ほどで、一ベクレル前後の汚染はほとんど見逃すような精度しかない。大型魚用の網で小魚を捕ろうとするようなものだ。

東電の担当者は「国のモニタリング基準に沿っている」と強調する。

原子力規制委事務局の担当者は「高濃度汚染がないか監視するのが目的。迅速性が求められ、精度が低いとは思わない」としている。

しかし、かつての高い汚染時なら、精度が低くても捕捉できたが、現在のレベルなら、やり方を変えないと信頼できるデータは出ない。汚染が分からないようにしているのではないかとの疑念を招きかねない。

地元、相馬双葉漁協の高野一郎・請戸支所長は「何度調べても汚染が検出されなければ、私たちも消費者も安心できる。しかし、国や東電がきちんと調べてくれないと、誰も信用できない」と語った。

木村准教授は「高性能な測定機器を使っても、短時間の測定では、国民や漁業関係者から信頼される結果を得られない。海の汚染は続いており、東電は事故の当事者として、汚染の実態を厳密に調べ、その事実を公表する義務がある」と指摘している。

東京新聞
中日新聞東京本社
東京都千代田区内幸町二丁目1番4号
〒100-8505 電話03(6910)2211

だけ福島県内の取材先を案内してもらったが、民家の一室が記者の取材拠点になっていた。信頼関係がなければ、そんなことはできない。

「ふくしま作業員日誌」から見える世界

もう一人は「ふくしま作業員日誌」とのタイトルを付けて、今も続くロングラン企画を担当している片山夏子記者だ。「3・11」直後から福島県内に足しげく通い、福島第一原発で働く作業員が宿に帰ってきた後に話を聞いた。やはり作業員と信頼関係を作らないとできない取材だ。記者は希望して、後述する福島特別支局の4代目の支局長になった。

ふくしま作業員日誌

マスク内は汗との闘い

47歳男性

今日は暑かった。体力を使うけど、暑さには強い。元気です。

防護服は風を通さないから、移動中の車でエアコンが効いていても暑い。汗が噴き出てきて、下着までびしょびしょになって気持ち悪い。タオルで汗をぬぐいたいけど、作業中に防護服を脱ぐと放射性物質が入ってしまうからぬぐえない。

一番つらいのは顔。マスクの中は熱がこもって汗で水滴がいっぱいつき、ボタボタ落ちてくる。目に汗が入ると、しみてとても痛い。そんなときは下を向いて目をぱちぱちして汗を落とす。

何かの拍子でマスクがずれたりすると、わーっと真っ白に曇って前が見えなくなる。もちろん現場でマスクを拭くことはできず、作業にも支障が出るので、班長とかの指示で作業から外れる。その分、作業が遅れるから班長も怒られるみたい。

だから、曇らないよう、自分たちでもいろいろ工夫し始めた。

最初は眼鏡用のレンズクリーナーを試したけど、あまり効果がなかった。行き着いたのが、車の窓ガラスの曇り止めスプレー。泡をつけて白手袋でぬぐうとばっちりだ。百円ショップで買える。

ただ、話が広まってみんなが買うもんだから、近くの百円ショップでは売り切れ状態になっているよ。

いま、一日で一番ほっとする瞬間は、福島第一を出てたばこを吸う時。その一服のうまさといったら、スキーに行って山の頂上で新鮮な空気を吸っているような感じ。帰ってきたんだ、通常の人が入れない所で作業をしてきたんだっていう達成感がある。

今回の原発事故は日本の運命を左右するもの。生まれたからには誰かの役に立ちたいという気持ちがある。被ばくへの恐怖は、今は実感しきれてないのかもしれない。

息子は父親のことを誇りに思ってくれているようだ。これまでメールなんて送ってこなかったのに、「仕事がんばって」ってメールがきた。うれしかった。息子や将来の孫たちのため、一日も早く事故を終わらせたい。

◇　◇

事故収束まで長い道のりが予想される福島第一原発。放射能の怖さや暑さと闘いつつ、収束作業を担っている作業員たちの肉声を、随時お届けします。

（原発事故取材班）

マスクの曇り止めとして作業員の間で重宝されている車用のスプレー＝作業員撮影、提供

第1回の作業員日誌は11年8月19日の朝刊社会面の掲載となった。47歳の男性が「息子や将来の孫たちのため、一日も早く事故を終わらせたい」（紙面）と思いを語っている。作業員の知られざる肉声からは、政府や東電が何をしているのか、できていないのかが、見えてくる。

2人に共通しているのは、他の記者にも言えることだが、読者に「本当のこと」を知らせたいという使命感と執念に違いない。だから「現場」に向かうのである。

「果敢なるジャーナリズム精神」に対して菊池寛賞

原発事故取材班は福島第一原発事故から1年9カ月後の12年12月に第60回菊池寛賞を受けた。東京新聞としては特報部のロッキード事件裁判の全録報道以来、2回目だ。故菊池寛氏が日本文化の各方面に遺した功績を記念するための賞として知られ、1952年に創設された。文学、演劇、映画、新聞、放送、雑誌・出版、および幅広い分野での活躍を対象にしており、受賞は全くの「想定外」だった。受賞理由には「福島第一原発事故はなぜ起きたのかを調査報道の手法で探り、情報を隠蔽(いんぺい)しようとする政府・東京電力を告発し続けた果敢なるジャーナリズム精神に対して」とあった。

読者からの支持が新聞にとっては最大の喜びであり、読者の支持があるからこそ取材を続けることができる。読者への賞と思って贈呈式に臨んだ。

「気構え」の違い

その時、主催者の日本文学振興会の幹部から選考の舞台裏を知らされた。東京新聞は当初2番手だったが、東海林さだおさん、半藤一利さん、平岩弓枝さん、養老孟司さんの4人による選考顧問会の席上、顧問の一人が「東京新聞の原発報道は気構えが違う」と発言したことから、流れが変わったという。

「気構え」が何を指しているかは説明がなかったが、東京新聞の原発記事が、新聞の「顔」である1面トップを中心とした展開だったことと無関係とは思えない。例えば連載「レベル7」は全10回、1面トップを貫いたが、企画の扱いとして過去に例はない。「本当のこと」を一人でも多くの読者に伝えるためには、読者の目に一番とまりやすい1面トップでスクープを、企画の連載を続けるしかない。権力側からどう思われようと関係ない。権力に忖度(そんたく)しない。これが編集局の意思だったのである。

安野(あんの)光雅さんからのメッセージ

菊池寛賞の受賞の折に配布された日本文学振興会作成の小冊子には、画家の安野光雅さんが「受賞を喜ぶ　涙ぐましい」と題した原稿を寄せている。ジャーナリズム精神とは何かを指し示している文章として、全文を引用したい。「東京新聞」という表記の部分は、「新聞」と置き換えて読むことが可能である。

＊

この受賞に涙ぐましい感じがしている。取材班のこれまでの努力を思うのはもちろん、菊池寛賞に選んだ英断にも敬意を表したい。わたしの友達で、政治的な話をしたことのない者でも、原発に関心をもたぬものはない。しかし、世論調査で、官邸周辺の集まり（いわゆるデモと混同してはならぬ）で、あがり始めた切実な民の声は、届くべき所に届かず消されている。悲しい。そんなとき、東京新聞は本当に心強い姿勢を貫いていた。

東日本大震災のときメディアは「国難」といった。福島原発のメルトダウンは、まさに国難であった。「国難」とは、日本人の誰もが心を一つにして立ち向かうことを言うと思っていた。そうではないのか。他のメディアに聞きたい。

福島は尊い犠牲だった。わたしたちは福島によって原発のもたらす、沢山の弊害を知った。若者の命に関わることなのにまだやめようとしないのはなぜなのか。

この前の戦争のとき、メディアはどのように動いたかを思うといい。東京新聞の涙ぐましい報道は、後世において（いやいまでも）必ず評価されるときがくる。わたしたちは東京新聞のおかげで、まだ希望をつないでいるのだ。

＊

東京新聞の使命に、「希望」をつなぐことが加わった。局長時代、ジャーナリズムの賞をいくつか受けたが、それは贈る側の思いを受け継ぐことだと肝に銘じている。

新聞発行エリア外で初の支局を福島に

菊池寛賞の贈呈式から間もなくして、福島民報の本社ビル内に特別支局を設置した。新聞を発行していないエリアに取材拠点を設けるのは中日新聞社として初めてだったから、支局に特別の2文字が付いている。

2カ月ほど前に社内で原発報道の表彰式が行われた際、特報部のデスクが社長に「これからはディティールが大事。福島に支局を」と訴えたことを発端に、社長が福島民報の会長に協力を要請し、編集局長間で具体案を詰めた。

原発事故が起きた時と同様、何かあった時に即座に記者の支援態勢を敷けない地域だけに、誰を派遣するかが最大の問題だったが、悩んでいると、一つ年長の局次長が手を挙げた。科学部での取材経験が長く、原発は安全だと書いてきた。その責任を感じているから福島の「無念」を現場から伝えていきたい。そんな気構えを伝えられると、頭を下げるしかない。

ジャーナリズムは継続によって

ジャーナリズムには『広辞苑』によれば「新聞・雑誌・ラジオ・テレビなどで時事的な問題の報道・解説・批評などを行う活動。また、その事業・組織」という意味がある。語源はラテン語の「日々」にあり、定期刊行物や日記を意味する「ジャーナル」を経てジャーナリズムに至ったと言われている。

本書ではジャーナリズムの根幹は「権力を監視し、本当のことを伝えて警鐘を鳴らす」活動にあるととらえている。その活動を「かけがえのない命」や人権を守ることを目標に地道に続けていくことによって「ジャーナル」に「イズム」（主義）の要素が加わり、ジャーナリズムになるのだと思う。

第3章 「戦える国」の権力監視

「主権在官」の構造を告発

誰に何をテーマにインタビューして、どの面で記事にするか、編集局では毎日のように議論している。２０１２年２月５日の朝刊１面トップ（紙面）は元新聞記者で弁護士の日隅一雄さんへのインタビュー記事だった。なぜこれにしたのか。

日、月曜付の朝刊１面トップ候補は金曜日の段階で決めており、特に日曜日はじっくり読んでもらいたい記事を用意する。その打ち合わせで日隅インタビューを日曜朝刊１面トップに強く推した。原発事故報道をめぐり私も現場の記者たちも、嫌と言うほど感じていた内容だったからである。

日隅さんは末期がんと闘いながら、「資料もろくに用意せず、記者の質問を意図的にはぐらかす。国民に必要な情報が出ていないと感じ、ならば自分でただそうと思った」ことから、原発事故の政府と東電の記者会見に出席していた。記者のインタビューに対し、「政治家は選挙もあり個人名で動くが、官僚は匿名。だから責任を取らない。彼らに有利な情報しか出さず、常にメディアをコントロールしようとする。日本の民主主義は上っ面だけ。『主権在民』ではなく『主権在官』なのです」と言い、主権を国民が取り戻すためには「情報の流通と共有が何より大事」と強調した。

3種郵便物認可　東京新聞　2012年（平成24年）2月5日（日曜日）　©中日新聞東京本社2012　（日刊）

東京新聞

中日新聞東京本社
東京都千代田区内幸町二丁目1番4号
〒100-8505　電話03(6910)2211

「主権在官」打ち破れ

官僚の情報隠し　震災機に表面化

東電・政府の会見監視　弁護士・日隅一雄さん

国民が知るべき情報を官僚が隠し、残さず、ときには操る。東日本大震災と福島第一原発事故以降、あらわになったのは憲法の国民主権を骨抜きにする「主権在官」の構造だ。三年前の政権交代を経ても、その構造は生き延びている。末期がんと闘いながら、東京電力と政府の記者会見を監視してきた元新聞記者で、弁護士の日隅一雄さん（48）に日本の病巣を聞いた。（聞き手・小幡麻友美）

―昨年三月の事故直後から、東電と政府の会見に通い続けたのはなぜですか。

資料もろくに用意せず、記者の質問を意図的にはぐらかす。国民に必要な情報が出ていないと感じ、ならば自分でただそうと思ったからです。がんの治療で途中、約一カ月入院しましたが、延べ百回ほど足を運んだでしょうか。

とにかく情報を隠そうという姿勢でした。国民主権の理念など全く感じられない。政治家、特に当時首相補佐官だった細野豪志さんは割ときちんと答えようとしていた。問題は官です。政治家は選挙もあり個人名で動くが、官僚は匿名。だから責任を取らない。彼らに有利な情報しか出さず、常にメディアをコントロールしようとする。日本の民主主義は上っ面だけ。「主権在民」ではなく「主権在官」なのです。

―国民が必要な情報を得られない。問題の根っこは。

制度です。隠す余地のある制度だから、彼らは隠そうとする。政府の原子力災害対策本部などで議事録を作っていなかった問題も、公文書管理法に反するかと言えば、難しい。会見で「文書に残してくださいよ」と何度も指摘してきたが、官僚は「法令上の作成義務はない」という姿勢です。法律で細かく定め、解釈の余地をなくさなければいけない。

―制度を変えるためにも政治主導が期待されたはずですが。首相の交代もめまぐるしい。

鳩山由紀夫さんは、沖縄の基地問題も含め頑張ったと思う。でも官僚の抵抗でつぶれてしまった。菅直人さんも倒れ、野田佳彦さんになり、自民党時代と同じ官僚主導の政策決定になってしまった。結局、官僚は強いんです。

他国には民主主義の優れた制度がたくさんある。日本の小選挙区制は、少なくとも先進国では最悪です。小選挙区でも米国には予備選挙があり、有権者が候補者選びに関与できる。情報公開制度も、例えばニュージーランドでは、文書自体が残っていなくても行政は回答しなければいけない。官僚は各国の制度を研究しているはずなのに、変えようとしません。

―主権を国民の手に取り戻すにはどうすれば。

情報の流通と共有が何より大事だと思います。海外の制度を知れば、日本ではいかに国民が主権者として扱われていないのか、よく分かる。分かれば「主権を行使しよう」という機運が高まり、政治家も変わり、国民に必要な政策が採用され―という具合に回っていくはずです。

政権交代で民主党がやるべきことは、民主主義を実のあるものにすることだった。国会内に民主主義を検討する委員会をつくるべきです。根本の制度が変われば、個別の問題も変わりやすくなる。

国民が政治家を変えることも必要です。現状は投票に行く以外、何もしていない。毎日、政治家の事務所に行って「ムダを削って」などと盛り上げていれば、民主党も市民の側についたでしょう。でもそれができ

国民が主権を行使するには、①判断に必要な情報を得る②判断に基づいて国会議員らを選ぶ③議員の政策決定に国民意思を反映させる④行政をチェックする制度がある⑤主権者としてのあり方―の五つの視点を日隅さんは提示する。

審議会委員公募　透明性の確保を

官僚が政策を操る一例が、再生可能エネルギーの買い取り価格を算定する有識者委員会の人事の問題だ。資源エネルギー庁が内々で決めた委員の多くが原発維持論者だと分かり、委員会の中立性が疑われている。

政府の審議会や委員会は本来、第三者の立場から政策に民意を反映させる役割を期待されている。だが実態は、事務局を務める行政当局が御用学者や官僚ＯＢを委員に選び、事務局案の追認になりがちだ。

これに対し英国が採用しているのが、審議会や独立行政法人などの委員を実力本位で選ぶための「公職任命コミッショナー」制度だ。

日隅さんによると、採用基準を明らかにした上で公募し、任命するまでの手続きで透明性を確保。手続きが適正に行われたかどうかをチェックする監査人もいる。

インタビューに答える弁護士の日隅一雄さん＝東京都新宿区で（神代雅夫撮影）

ひずみ・かずお　第二東京弁護士会所属。元産経新聞記者。ＮＨＫ番組改変訴訟、沖縄返還密約情報開示訴訟などに携わる一方、弁護士やジャーナリストらで設立したインターネット市民メディア「NPJ（News for the People in Japan）」編集長を務める。昨年５月、末期の胆のうがんと告知され、闘病中。今年１月、共著で「検証　福島原発事故・記者会見」を出版。近く「『主権者』は誰か　原発事故から考える」を刊行予定。

紙面について
電話
03-6910-2201
（土日祝日除く　9:30～17:30）
FAX
03-3595-6935
購読お申し込み
0120-026-999
1カ月定価税込み（朝・夕刊）3250円
配達・集金について
03-6910-2556

まさに新聞の出番であり、記事の見出しはそのまま「『主権在官』打ち破れ」とした。記者は記事の前文（リード）に、「国民が知るべき情報を官僚が隠し、残さず、ときには操る。東日本大震災と福島第一原発事故以降、あらわになったのは憲法の国民主権を骨抜きにする『主権在官』の構造だ。３年前の政権交代を経ても、その構造は生き延びている」と問題点を明示した。

前文（リード）とは記事の冒頭部分を指している。ここに記事の重要なポイントを簡潔に盛り込み、本文に続けている。記事は重要な順に書かれているため、そのスタイルは「逆三角形」と呼ばれている。長い記事の場合は見出しと前文を読めば、必要最小限の内容を理解できるように構成してある。

安倍首相という「最高権力者」

日隅さんのインタビュー記事が載ったのは野田政権下だったが、約10カ月後の12年12月の衆院選で自民党が公明党とともに勝利し、安倍晋三元首相が返り咲いた。06年9月に初の「戦後生まれ」の首相となったが、約1年後に体調を崩して退陣していたのである。

安倍首相こそ、「国のかたち」を大きく変えた権力者だった。私は政治部での取材が長く、官房副長官当時の安倍首相と一度だけ話したことがある。1歳年少の同世代であることを告げると、「私は同世代に人気はないけれど、それでかまわない」と、真顔で答えてきた。自分の信じた道を突き進むタイプだと感じた。

衆院選での勝利に続き、翌13年7月の参院選でも自公の与党は勝利し、衆・参の「ねじれ」を解消させた。安倍首相は「国民の支持を得た」として、ついに権力を振るうことが可能になったのである。

野党時代に「安保」「秘密」で重大な決定

第1次安倍内閣では愛国心を盛り込んだ教育基本法の改正や防衛庁の省昇格を実現しており、安倍首相がその先に見据えていたのが、自民党が野党時代の12年7月6日、総務会で決定した

党者
加に含み

は「小沢元代表に言わせれば『オリーブの木』のような連合を築き、国民の政治を実現していく」と述べた。

増税法案に反対、離党し、民主党内に残った衆院議員のうち、福田衣里子氏ら当選一回の十三人は六日、「真一期生の会」を結成。政局に左右されずに政策提言していくことを確認した。

党執行部は、離党者が続出した党内の混乱を収拾するため、十二日に野田佳彦首相も出席して両院議員総会を開くことを決めた。十三日には全国幹事長会議も開催する。

「集団的自衛権」
自民が行使容認
安保基本法案で概要

自民党は六日の総務会で、同盟国などが攻撃を受けた場合、武力で応戦する「集団的自衛権」の行使を容認することを柱にした国家安全保障基本法案の概要をまとめた。次期衆院選の公約に盛り込み、選挙後に法案を国会提出する方針。

概要では、集団的自衛権を行使できる条件として「わが国と密接な関係にある他国に対する、外部からの武力攻撃が発生した事態」と明記。武力攻撃を受けた被害国からの支援要請も条件に加えた。

行使の程度は「わが国の安全を守るため必要やむを得ない限度」と制限。行使の場合は「国会の適切な関与」や、国連安全保障理事会への報告も順守事項に盛り込んだ。

谷垣氏が総裁選
立候補なら支持
石原自民幹事長

自民党の石原伸晃幹事長は六日のBS朝日番組収録で、九月の総裁選対応について、谷

「国家安全保障基本法案」の概要を実現させることだった。

翌日の朝刊6面に「『集団的自衛権』自民が行使容認　安保基本法案で概要」という見出しの記事を載せた（紙面）。記事の大きさは「野党の動きだから」と2段だった。当時の新聞は15段で構成されており、2段は小さい扱いだったが、概要の内容は極めて重要だった。

自国が直接攻撃されていないのにもかかわらず、密接な関係にある外国への攻撃を実力で阻止する権利である集団的自衛権の行使を容認するとともに、「我が国の平和と安全の確保に必要な秘密保護措置」を法律上、制度上取ることを国に求めていたのである。

同じ日に野田政権側に同じ動き

自民党総務会と同じ日に、政権側にも動きがあった。国家戦略会議のフロンティア分科会（座長・大西隆東大教授）が野田首相に対して、集団的自衛権の行使容認を盛り込んだ報告書を提出したのだ。政治取材の「常識」として、この手の報告書の内容は政権側の意向を踏まえており、翌日

1　12版　第25029号　（明治25年3月12日第3種郵便物認可）

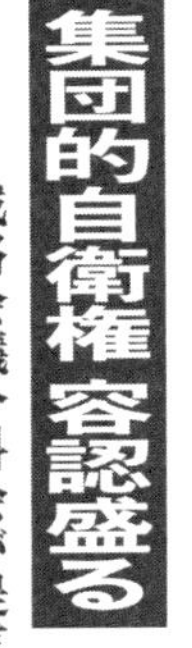

集団的自衛権 容認盛る
政府 戦略会議分科会が提言

中長期的な国家ビジョンを検討している政府の国家戦略会議のフロンティア分科会は六日、集団的自衛権の行使容認を提言する報告書を野田佳彦首相に提出した。政府は、集団的自衛権の行使は憲法で禁じられているとの解釈を堅持してきたが、政府が報告書を基に近くまとめる日本再生戦略に盛り込まれれば、将来的な解釈変更に道を開きかねない。＝関連６面

報告書は二〇五〇年の日本のあるべき姿を提言した。安全保障分野では、同盟国などが武力攻撃を受けた場合、応戦する集団的自衛権に関し「解釈など旧来の制度・慣行の見直しを通じて協力手段の拡充を図るべきだ」と明記した。

野田首相は報告書提出を受け「考え方を日本再生戦略の中に存分に反映させたい。社会全体で国づくりに向けた議論を喚起することにつながることを期待したい」と述べた。首相は就任前、著書で集団的自衛権の行使を主張していたが、今年二月の国会答弁では「政府としては行使できないという解釈をしてきた。現時点でその解釈を変えることは考えていない」と述べている。

きょうの紙面
大震災関連ニュース
2 26　雨中の抗議デモ
官邸前では雨の中、大飯原発運転停止を求めるデモ。
4　地盤よりも耐震性
24 25　東電総会公開を
総合 7
シニア男性用下着人気
国際 8
破壊されたカダフィ邸
王位戦特集 9
羽生に藤井が挑む

の朝刊1面で5段と大きく扱った（紙面P89）。

衆院選の前には「野党第1党の自民党が政権に復帰することを想定して、今から監視の強化を」と局内で話していたのだが、大飯原発の再稼働をめぐる動きなどに対応するため、編集局の態勢は原発の取材に軸足を置いたままだった。自民党と野田政権側が同時に同じ方向で動いた背景に何があったか不明だが、「主権在官」の国らしく、外務省や防衛省など「官」の働きかけが双方にあったことが推察できる。

特定秘密保護法案で「秘密主義」を強化

特定秘密保護法案は、自民党総務会での決定から1年3カ月ほど後の13年10月25日、閣議決定のあと直ちに国会に提出された。政権の説明をなぞれば、防衛、外交、スパイ防止、テロ防止の4分野をめぐり、安全保障上の政策判断や自衛隊の活動に必要な秘匿性の高い情報が流出しないようにする法律だ。米国などから日本の秘密保持は不十分だと指摘され、その改善、特に日米での情報共有の強化が狙いだという。

原発事故の取材の経験から、そんな説明に納得できるはずがない。「主権在官」の構造を維持するための大きな「武器」として、国民に「本当のこと」を知らせない「秘密主義」があることは痛いほど分かっていた。戦後初めて、権力側の秘密を暴く記者の取材を罪の対象にする内容が

東京新聞　2013年（平成25年）10月26日（土曜日）

政府が秘密独占

秘密保護法案国会審議へ

恣意的に指定　市民にも厳罰　半永久化懸念

首相官邸前では25日夜、原発再稼働への抗議活動の後、特定秘密保護法案にも反対する人々が声を上げた。

国民に情報閉ざすな

論説委員　桐山桂一

金曜日の声　脱原発＋秘密保護法反対　原発も隠蔽 怖い

「特定秘密保護法案」問題点の例

含まれていることにも、「秘密主義」をさらに強める意図が見て取れた。憲法21条が前提なしで保障している「表現の自由」を狭めることにつながりかねない。

首相が特定秘密保護法を成立させた後に、集団的自衛権の行使容認に動くことは明白だった。取材態勢を組み直す時が来たのである。原発の取材班を維持しながら、ここから先は局長が主導する「編集局を挙げて」の権力監視態勢にシフトした。

振り返れば原発事故直後の編集日誌に「全ての体制、仕組みへの疑問、批判を受けているかのよう」と記した。文芸評論家の斎藤美奈子さんは「3・

11」を「2度目の敗戦」と位置付けているが、同じような感覚だった。だから事故の反省と教訓から、時代の流れは「脱原発」をシンボルに、かけがえのない命や暮らしを守ること、人々に「本当のこと」を知らせる方向に切り替わるものだと思っていたが、権力側からすると、そんな気は全くなかったのである。

特定秘密保護法案が国会に提出された翌日の朝刊1面トップ記事（紙面はP91）は、「政府が秘密独占」と大きな見出しを付けることによって警鐘を鳴らし、「恣意的に指定」「市民にも厳罰」「半永久化懸念」と問題点を並列した。その記事の近くには首相官邸前の「金曜日の声」と題した企画を配置し、「原発も隠蔽が怖い」という人々の声を伝えた。

社説は「戦前を取り戻す」のかと反対

社説は国会に提出される2日前に、特定秘密保護法案を取り上げた。「『安全保障』の言葉さえ、意図的に付けたら、どんな情報も秘密として封印されかねない」「最高10年の懲役という厳罰規定が公務員を威嚇し、一般情報も公にされにくくなろう。何が秘密かも秘密だからだ」「根本的な問題は、官僚の情報支配が進むだけで、国民の自由や人権を損なう危うさにある」「民主主義にとって大事なのは、自由な情報だ。それが遠のく」などと畳みかけた。普段は2本載せる社説を1本に絞ったことにより、長文での丁寧な問題提起と主張が可能になったのである。

5　社説・発言　第11版　2013年（平成25年）10月23日（水曜日）

社説　2013・10・23

「戦前を取り戻す」のか

特定秘密保護法案

特定秘密保護法案が近く提出される。「知る権利」が条文化されても、政府は恣意的に重要情報を遮蔽する。市民活動さえ脅かす情報支配の道具と化す。

「安全保障」の言葉さえ、意図的に付けたら、どんな情報も秘密として封印されかねない。

最高十年の懲役という厳罰規定が公務員を威嚇し、一般情報も公にされにくくなろう。何が秘密かも秘密だからだ。情報の密封度は格段に高まる。あらゆる情報が閉ざされる方向に力学が働く。情報統制が復活するようなものだ。一般の国民にも無縁ではない。

米国は機密自動解除も

秘密保護法案の問題点は、特段の秘密を要する「特定秘密」の指定段階にもある。行政機関の「長」が担うが、その妥当性は誰もチェックできない。

有識者会議を設け、秘密指定の際に統一基準を示すという。でも、基準を示すだけで、個別案件の審査はしない。監視役が不在なのは何ら変わりがない。

永久に秘密にしうるのも問題だ。三十年を超えるときは、理由を示して、内閣の承認を得る。だが、承認さえあれば、秘密はずっと秘密であり続ける。

米国ではさまざまな機会で、機密解除の定めがある。

一九六六年には情報公開を促す「情報自由法」ができた。機密解除は十年未満に設定され、上限の二十五年に達すると、自動的にオープンになる。五十年、七十五年のケースもあるが、基本的にずっと秘密にしておく方が困難だ。

大統領でも「大統領記録法」で、個人的なメールや資料、メモ類が記録され、その後は公文書管理下に置かれる。

機密指定の段階で、行政機関の「長」は特に「説明しなさい」と命令される状態に置かれる。機密指定が疑わしいと、行政内部で異議申し立てが奨励される。外部機関に通報する権利もある。

名ばかりの「知る権利」

注目すべきは、機密は「保護」から「緩和」へと向かっている点だ。機密指定が[illegible]になり、警察の現場レベルに情報が届かず、テロを招くことがある…。つまり情報は「隠す」のではなくて、「使う」ことも大事なのだ。

日本は「鍵」をかけることばかりに熱心だ。防衛秘密は公文書管理法の適用外なので、国民に知らされることもなく、大量に廃棄されている。特定秘密も同じ扱いになる可能性がある。

特定秘密の指定事項は①防衛②外交③特定有害活動の防止④テロリズムの防止―の四つだ。自衛隊の情報保全隊や公安警察などがかかわるだろう。

四事項のうち、特定有害活動とは何か。条文にはスパイ活動ばかりか、「その他の活動」の言葉もある。どんな活動が含まれるのか不明で、特定有害活動の意味が不明瞭になっている。いかなる解釈もできてしまう。

テロ分野も同様である。殺傷や破壊活動のほかに、「政治上その他の主義主張に基づき、国家若しくは他人にこれを強要」する活動も含まれると解される。

これが「テロ」なら幅広すぎる。さまざまな市民活動も考えているのか。原発がテロ対象なら、反原発運動は含まれよう。まさか軍事国家化を防ぐ平和運動さえも含むのだろうか。

公安警察などが社会の幅広い分野にも触手を伸ばせるよう、法案がつくられていると疑われる。

「知る権利」が書かれても、国民に教えない特定秘密だから名ばかり規定だ。「取材の自由」も「不当な方法でない限り」と制約される。政府がひた隠す情報を探るのは容易でない。そそのかしだけで罰する法律は、従来の取材手法さえ、「不当」の烙印を押しかねない。

公務員への適性評価と呼ぶ身辺調査は、飲酒の節度や借金など細かな事項に及ぶ。親族ばかりか、省庁と契約した民間業者側も含まれる。膨大な人数にのぼる。

主義主張に絡む活動まで対象範囲だから、思想調査そのものになってしまう。警察がこれだけ情報収集し、集積するのは、極めて危険だ。国民監視同然で、プライバシー権の侵害にもあたりうる。

何しろ国会議員も最高五年の処罰対象なのだ。特定秘密を知った議員は、それが大問題であっても、国会追及できない。国権の最高機関を無視するに等しい。

目を光らせる公安警察

根本的な問題は、官僚の情報支配が進むだけで、国民の自由や人権を損なう危うさにある。民主主義にとって大事なのは、自由な情報だ。それが遠のく。

公安警察や情報保全隊などが、国民の思想や行動に広く目を光らせる。国民主権原理も、民主主義原理も働かない。まるで「戦前を取り戻す」ような発想がのぞいている。

見出しの「『戦前を取り戻す』のか」は、「公安警察や情報保全隊などが、国民の思想や行動に広く目を光らせる。国民主権原理も、民主主義原理も働かない。まるで『戦前を取り戻す』ような発想がのぞいている」との文中から取った。編集局には見出しを付ける整理部という専門部署があるが、社説の見出しは論説室が自ら付けている。

「床の間の天井」ではない社説

400字詰め原稿用紙で約2枚半の分量となる社説は、東京と名古屋の本社にある論説室が担当しており、毎日昼に約1時間、合同で論説会議を開いて取り上げるテーマとその内容を議論している。政治や経済、憲法、人権など論説委員の専門分野は分かれており、テーマに詳しい論説委員が「起草者」となって、議論の内容も反映させて社説を書き上げ、論説主幹の最終チェックが入って完成する。社説は個人の意見ではなく「社論」であるため署名は入らない。今回の社説は掲載予定日から逆算し、かなり前から議論を尽くして論を組み立てていた。

東京新聞の主張は「権力監視」「脱原発」「不戦」「弱者に寄り添う姿勢」などを明確にしている。日刊の一般紙で唯一なのが、１９７９年7月から原則として毎日曜日に「週のはじめに考える」と題し、「ですます」調の長文の社説を載せていることだ。社説は権力側にものを言うことが通常だが、問題の底流も探りながら読者と語り合う姿勢で社説を書いていきたいと考えたのが始まりだった。読者だった作家の井上ひさしさんと会合で同席した折に、「やさしく書くということが一番です」と、「週のはじめに考える」を評価されたことを思い出す。

社説は「床の間の天井」に例えられることがある。そこまで見る人はいない、つまり読者が少ないという冷やかしなのだが、東京新聞では読者調査をすると、実はよく読まれている。

論説主幹と2人だけの会話

原発事故報道以降、特定秘密保護法案もそうだが、東京本社の論説主幹と私の席で意見交換する機会が増えた。立ち位置が同じだったことから、意見をすり合わせるというわけではなく、政治情勢や各紙の論調などを分析しながら雑談するという感覚だった。

社会部時代の先輩であり、司法担当が長い読書家である。そんな彼からは「社内で嫌われても

1　12版山手　第25505号　東京新聞　2013年（平成25年）11月8日（金曜日）

秘密保護法案条文　ちりばめられた懸念

36の「その他」で指定無限

政府拡大解釈に道

機密を漏らした公務員らへの罰則を強化する特定秘密保護法案が七日、衆院本会議で審議入りした。漏えいなどの場合に最高懲役十年の対象になる「特定秘密」が政府の一存で指定され、意のままに広がっていく恐れがある。政府は「特定秘密の範囲は限定している」と説明するが、条文にちりばめられた三十六の「その他」の文字が、特定秘密の範囲を無限に広げる根拠となる懸念をはらんでいる。（金杉貴雄）

法案は二十六の条文と付則、別表などで構成されている。まんべんなく使われている「その他」の中でも、政府が特定秘密の対象を「限定列挙した」と説明する別表で十一カ所も登場するのが目を引く。

別表は特定秘密の対象を①防衛②外交③特定有害活動（スパイ活動）の防止④テロリズムの防止…の四つの事項と位置付け、さらにそれぞれ四～十の項目に分けて内容を説明している。

例えば「外交」のうち、「イ」の外国政府との交渉内容などの情報に関する項目には「生命および身体の保護、領域の保全」とあり、一見すると国民の命や安全に関わる情報に限定しているように読める。だが、その後に「その他」がある。

法案を担当する内閣情報調査室は「その他」の前の「生命および身体の保護～」は、単なる「例示」と説明する。つまり範囲は…

特定秘密保護法案の「その他」の例

12条

テロリズム（政治上その他の主義主張に基づき、国家もしくは他人にこれを強要し、または社会に不安もしくは恐怖を与える目的で人を殺傷し、または重要な施設その他の物を破壊するための活動）

別表

二　外交に関する事項

イ　外国の政府または国際機関との交渉または協力の方針または内容のうち、国民の生命および身体の保護、領域の保全その他の安全保障に関する重要なもの

ハ　安全保障に関し収集した条約その他の国際約束に基づき保護することが必要な情報その他の重要な情報

※12条はテロリズムを定義した部分、別表は「特定秘密」の対象になる事項として記載された一部を抜き出し

特定秘密保護法案
記事で36あると指摘した「その他」は、全文では反転文字に…

関連
③反対論乏しい国会
⑤社説

秘密保護

安倍晋三首相は七日の衆院本会議で、特定秘密保護法案について「知る権利は十分尊重されるべきものと考える。秘密を保護する必要性とのバランスを考…

首相官邸前で特定秘密保護法案に抗議する人たち＝7日、東京・永田町で（安江実撮影）

「国民の目、耳、口ふさぐな」　官邸前で市民抗議

特定秘密保護法案が衆院本会議で審議入りした七日夜、法案に反対する集会が東京・永田町の首相官邸前で行われ、約四百人（主催者発表）が参加した。

マイクを握った市民団体のメンバーは「私たちの知る権利が脅かされ、（秘密を）知ったことで罪にも問われる。このままでは日本の民主主義は壊される。法案は絶対に廃案にしなくてはいけない」と強調した。

デモの参加者らは「国民の目と耳、口をふさぎ、憲法・民主主義を否定する」などと書かれた横断幕やプラカードを掲げ、「都合の悪いこと、秘密にするな」「原発問題、秘密にするな」などとシュプレヒコールを上げて法案に反対した。国分寺市の無職斉藤美智子さん（××）は「主権者としてものごとを正しく判断するには、正しく把握することが大事。基本的な知る権利を侵す法案は許せない」と語気を強めた。

平気なんだから、信じることをやればいい」と、局長になった当時から言われていた。平気ではないのだが、応援してもらっていることは分かっていた。

帰り際には時折、「存在価値がない新聞を作るくらいなら、（会社は）つぶれた方がいい」と言い放っていた。「存在価値がある新聞を作れ」と、特有の言い回しで伝えたいのだと思って、「つぶすわけにはいかないでしょ。心配には及びません」といつも答えていた。

法案にある36の「その他」を明らかに

特定秘密保護法案が持つ秘密の「恣意的な指定」への懸念を裏付ける事実を、政治部の記者が見つけた。政権側は「特定秘密の範囲は限定している」と説明していた。しかし政治部内の打ち合わせで法案全文を見ていた記者が「やたら『その他』が多い

な」とつぶやいたことをきっかけに全員で数えてみると、その数が36カ所にも上ったのである。

これは特定秘密の範囲を広げるための権力側の「武器」になりかねない。２０１３年11月８日朝刊１面トップ記事（紙面はＰ95）として、「秘密保護法案条文　ちりばめられた懸念」「36の『その他』」で指定無限」と報じた。法案全文も「その他」が目立つように工夫し、一つの面すべてを使って伝えた。法案は要旨での掲載が多く、異例の扱いだ。衆院で前日、法案の審議が始まったことを意識し、「しっかり審議して」と訴えたつもりだ。

「その他」は他の法案を見ても、権力側が自分たちの都合のいいように法律を運用するための「武器」の一つになっている。日常の取材を通してそれを知っている政治部の記者だからこそ、気付くことができた。権力監視には相手の思考や手法をよく知っていることが役に立つのである。

反対の声を1面で可視化

特定秘密保護法案の報道は、読者からすると原発事故のように「自分事」と直ちにはとらえにくい。国民の「知る権利」や「表現の自由」などを制限する仕組みであるとは、政権は決して説明しない。

憲法・メディア法と刑事法の研究者がそれぞれ、特定秘密保護法案に反対する声明を表明した時は、その記事を迷わず朝刊１面トップに据えた。研究者の数は合計で２６５人に上り、反対する声の大きさを可視化できたからである。

呼びかけ人の記者会見は「法案は憲法の３原則の基本原理である基本的人権、国民主権、平和主義と真っ向から衝突し侵害する」「(軍事機密を守る目的で制定された）戦前の軍機保護法と同じ性格。戦前の影響を考えれば、刑事法学者は絶対反対しなければならない」などと、言葉に力があった。読者に法案の「本当のこと」が伝わると思った。

ノーベル賞受賞者２人を含む31人の分野を超えた学者も「特定秘密保護法案に反対する学者の会」を結成した。

「海外派兵」の分水嶺と警鐘

それでも国会では与党が根幹部分を変えることなく、11月26日夜、衆院で採決を強行した。「その他」は与野党の修正協議で３カ所削除されたが、新たに追加された条文に３カ所盛り込まれ、元の36カ所に戻るという経緯をたどった。「指定無限」の懸念は残ったままである。

採決翌日の朝刊１面には社会部長による「海外派兵への分水嶺」という見出しの解説記事を載せて、秘密保護の強化が持つ意味を明示した（紙面はＰ98）。▽安倍政権は米国との軍事同盟を「知る権利」より重視している▽延長線には専守防衛を超え、海外での武力行使につながる集団的自衛権の行使容認がある▽憲法９条が骨抜きにされ、米国とともに戦争ができる国になるかど

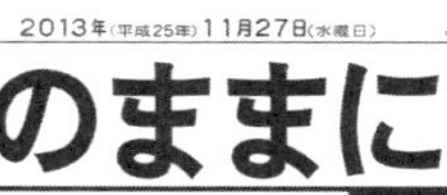

東京新聞 2013年(平成25年)11月27日(水曜日)

秘密 政権意のままに

秘密保護法案 採決強行

衆院通過 修正案 危険性は同じ

「情報出ていれば被ばく防げた」

脱原発837万人署名

海外派兵への分水嶺

社会部長 瀬口晴義

うか、の分水嶺に立っている。―これが論旨である。

法案は衆院通過から今度はわずか10日ほど後、与党が参院で採決を強行して成立した。国会の会期末の13年12月6日のことだ。法案の審議が始まってから1カ月しかたっていない。重要な法案は十分な審議時間を取ることが国会の本来の姿である。ましてや今回は「知る権利」や「表現の自由」など国民の根本的な権利に関わる法案なのに、安倍政権は直近の衆院選と参院選で獲得した「数の力」で採決を強行した。

そうした経緯を全く顧みず、のちに首相となる自民党の石破茂幹事長は「単なる絶叫戦術はテロ行為と変わらない」と、自身のブログで国会周辺などでのデモ活動を批判した。「問題発言」として12月1日の朝刊1面トップなどで取り上げた。

短い審議時間ありき

参院は「数の力」と距離を置き、衆院の行き過ぎや怠慢を正す機能が期待されたことから「再考の府」と呼ばれていた時期もあった。不十分な衆院のさらに半分という極端に短い審議時間での採決強行は、参院が自ら役割を放棄したようにも見えた。

安倍政権は外交・防衛の司令塔として内閣に置く新しい組織、日本版「国家安全保障会議（NSC）」の年内発足を「最重要課題」として動き、12月4日に思惑どおり発足させた。この新組織を機能させるために不可欠と政権が位置付けていたのが、特定秘密保護法の成立だった。米国など他国との機密情報の交換を緊密にするためとしており、成立はNSC発足から2日後と時間を置かなかった。国会の閉会時期も合わせて考えると、初めから1カ月という短い審議時間で成立させるつもりで国会に法案を提出していたのである。

揺るがぬ権力監視を見出しで明示

成立翌日の12月7日朝刊1面トップ（紙面はP100）には東京本社の論説主幹による論説「権力

12版山手　第25533号　明治25年3月12日第3種郵便物認可　東京新聞　2013年（平成25年）12月7日（土曜日）　©中日新聞東京本社2013　（日刊）

脱原発を求め、金曜日に首相官邸前に集まる人々の声を紹介しています。声の記録は東京新聞ホームページで読むことができます。

東京都小金井市の大学２年　梶修登さん（20）　大学の先生に聞いて初めて来た。原発の再稼働はもとより輸出もすべきではない。特定秘密保護法ができて知らない情報があるかないかも分からない状況で生きるのは怖い。

東京都稲城市の飲食業　渡辺太郎さん（45）　原発に対する関心が薄れてきているようで危機感を感じる。与党の強引な国会運営には、国民がすぐ忘れるだろうという思い上がりがあると思う。

東京都足立区のケアマネジャー　伊東雅子さん（59）　夫と交代で来ている。再稼働反対が民意なのに、政府は反映させずにどんどん再稼働の方向に向かっている。特定秘密保護法も全く同じ。放っておけない。

2013-12-6

秘密保護法が成立

国のかたち 変えてはいけない

権力監視 ひるまず

論説主幹　山田哲夫

特定秘密保護法は重大機密の漏えいを防ぐという法の目的を大きく逸脱して、表現の自由や国民の知る権利を脅かすどころか国の在り方を変えかねない。国民主権、民主主義と平和主義―国際的な信任を得た戦後のこの国のかたちを変えてはいけないと思う。

北朝鮮の核開発や中国の軍備拡大など厳しさを増す安全保障環境のなかで、同盟国との重要情報交換、共有のために必要だとされる秘密保護法制。安倍政権になって一気に進められているのが日米の軍事協力だ。

日本の安全保障の要はもちろん日米同盟だが、この同盟関係は二〇〇五年十月の日米安保協議委員会（２プラス２）で、極東の安全確保から世界の課題へ対処する同盟へと質的な転換がはかられている。米軍と自衛隊の一体化もうたわれた。

四日発足した国家安全保障会議（日本版ＮＳＣ）や特定秘密保護法は、この時の世界の課題に対処する日米同盟の具現化といえ、さらに集団的自衛権行使容認や憲法改正が目指されている。

安全保障環境の厳しさや日米同盟の重要さは理解するし、防衛も重要課題だろう。しかし、そのためにこの国が「戦争ができない国からできる国へ」「戦争をしない国から戦争をする国へ」と向かっているなら、その進路は誤りだし、国民への裏切りだ。

憲法九条の戦争放棄は理想や願望とは違う、人間の愚かさをみつめての合理的な自己拘束だ。安倍首相の唱える積極的平和主義がそのことばとは裏腹の米軍と自衛隊の軍事行動の一体化を指すなら論外である。日本は専守防衛の非軍事路線に徹し、世界最強であるがゆえに誤ることもある米軍を止すべきだ。

軍事情報共有のために伴う危うさに加え、特定秘密保護法は国民の知る権利を奪う。秘密に指定される範囲が広く、何が秘密なのか、その秘密の指定が適正かどうかもわからない。いったん秘密に指定されたら半永久的に秘密にされてしまうこともあるのだから国民は真実に触れようもない。国民不在の法といえるだろう。

もとより情報は国民のものだ。十分な情報を提供された国民の良識によって健全な民主主義が営まれるだろうからだ。

罰則強化によって公務員が萎縮し、口を閉ざす社会になるかもしれない。その時こそ記者は粘り強く公務員を説得して公益のための情報を入手しなければならない。それこそが最高裁判決も認める記者の職責だからだ。果敢なるジャーナリズム精神が発揮されなければならない。その真価が問われる時がくる。

戦前の歴史は、新聞が満州事変でそれまでの権力監視を放棄、翼賛報道に転じてから敗戦までわずか十四年足らずだったことを教える。言論・報道が滅べば、国が滅ぶ。権力の監視を肝に銘じたい。

官邸前

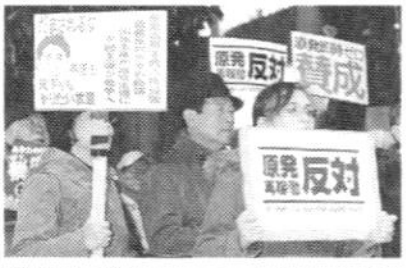

秘密保護法などに反対を訴える人たち＝6日、東京・永田町で（淡路久喜撮影）

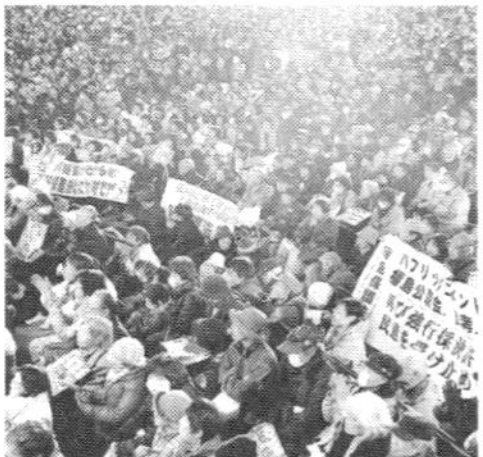

日比谷

秘密保護法に反対し、集会に参加する大勢の人たち＝6日、東京・日比谷公園で（嶋邦夫撮影）

福島

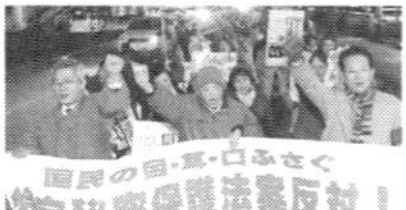

秘密保護法に反対しデモ行進する市民ら＝6日、福島市で

中日新聞東京本社
東京都千代田区内幸町二丁目1番4号
〒100-8505　電話 03(6910)2211

紙面について
電話 03-6910-2201（土日祝日除く 9:30～17:30）
FAX 03-3595-6935
購読お申し込み
0120-026-999
1カ月定価税込み（朝・夕刊）3250円
配達・集金について
03-6910-2556
TOKYO Web
www.tokyo-np.co.jp

9日朝刊 休みます

あす8日（日）は新聞製作を休み、9日（月）の朝刊は休刊します。ご了承ください。　東京新聞

廃止へ新たな闘い

日比谷に1万5000人

特定秘密保護法が六日夜の参院本会議で採決され、自民、公明の与党の賛成多数で可決、成立した。国会正門前や議員会館前には多くの人が集まり、最後まで特定秘密保護法への反対を訴え続けた。

「本案は可決しました」。午後十一時二十分すぎ、国会中継のスピーカーが法案成立を伝えると、正門前で耳を傾けていた市民からは「採決撤回」のシュプレヒコールが上がった。三百㍍ほど先の国会を見つめながら、怒りのコールは約五分間続いた。

主催者が「くやしい結果が出てしまいましたが、こんなことでは負けない。明日以降も声を上げていきましょう」と呼び掛けると拍手がわき、「これからだ」という決意の声があちこちから飛んだ。

市民たちは六日、国会周辺や首都圏各地で、抗議の声を上げ続けた。一万五千人（主催者発表）が集まった東京・日比谷野外音楽堂の反対集会では、主催者代表の海渡雄一弁護士が「法案が成立しても決してあきらめない。翌日から廃止のための活動を始めよう」と呼び掛けた。

福島原発告訴団の武藤類子団長は新幹線で福島県から駆けつけた。壇上で「政権の横暴さに背筋が寒くなる。でも自分たちで自分たちを守らなければならない。それは市民ひとりひとりの責任です」と訴えた。

政府「原発ゼロ」撤回

3面

知る権利 侵害恐れ

特定秘密保護法が成立した六日夜の参院本会議の投票結果は賛成百三十票、反対八十二票。自民、公明の与党は賛成。民主、共産、社民、生活の各党が反対。みんなの党と日本維新の会は退席し棄権した。民主などは決議案連発で抵抗したが、与党は「国民の知る権利」を侵害する恐れのある法案の採決を強行した。

秘密保護法は①防衛②外交③スパイ活動の防止④テロの防止―の四分野のうち「国の安全保障に著しい支障を与える恐れのある情報」を行政機関の長が特定秘密に指定する。政府の一存で指定できるため、際限なく広がる恐れがある。

公務員や民間の契約会社従業員などが漏えいした場合、未遂も含めて最高懲役十年に厳罰化する。欺きや脅迫など不正な手段で取得した側も懲役十年。漏えいや取得をそそのかし、あおりたて、共謀した場合も罰則の対象となる。

参院審議では、安倍晋三首相が秘密指定の妥当性を点検する第三者機関として保全監視委員会を内閣官房に、菅義偉官房長官が情報保全監察室を内閣府にそれぞれ設置すると答弁した。しかし、法律

監視　ひるまず」を掲載した。社としての姿勢を明確に打ち出そうと、論説主幹と２人で事前に見出しを決めていた。

戦前の歴史に学べば、「新聞が満州事変でそれまでの権力監視を放棄、翼賛報道に転じてから敗戦までわずか14年足らずだった」と論説は指摘した上で、「言論・報道が滅べば、国が滅ぶ。権力の監視を肝に銘じたい」と断固たる決意を読者に伝えた。私も全く同じ思いだった。論説を載せた1面の横には、反対の声を上げ続けようと日比谷公園などに集まった人たちの動きを取り上げた。

政治部長による翌日朝刊の原稿も1面に掲載して、見出しは事前に打ち合わせたとおり、「12・6を忘れない」とした。「権力監視ひるまず」「12・6を忘れない」と、歴史に残る重大局面での東京新聞の意思を、二つの見出しを通じて読者に伝えたかったのである。

特定秘密保護法が成立した日、実はもう一つ重大なニュースがあった。経済産業省が総合資源エネルギー調査会基本政策分科会の席上、エネルギー基本計画の素案を示したのだが、原発を「重要なベース電源」と明記していた。

野田政権は閣議決定をしていないが、「革新的エネルギー・環境戦略」を策定し、２０３０年代に原発稼働ゼロを目指すことを盛り込んでいた。その目標を撤回し、原発を活用する方針を安倍政権として鮮明にしたのだ。本来は1面トップの記事だが、特定秘密保護法成立の記事を優先させ、3面で「『原発再稼働推進』明記」と目立つように扱った。

国民の批判が高まりそうな政権の動きを新聞の1面に載せないように、メディアに大きく扱わせないように、わざと同じ日に日程を組んだのではないか、という疑念に駆られた。いつも政権側からは偶然だと否定されるが、この手の情報操作は何度も経験している。

社会全体から情報源を守る信頼を

安倍首相は特定秘密保護法の審議の過程で「報道が抑圧される例があったら（首相を）辞める」と強調した。だが米国との軍事上の協議事項など国の秘密を暴いたら、取材した記者と編集局に捜査の手が入ることを想定しないといけない。

法律が成立した後に専門家を招いて「報道の自由」を守るための勉強会を開き、アドバイスを受けた。何よりも大事だと言われたことは、「報道機関は取材源を絶対に守る」という信頼感を取材先だけでなく、社会全体からも受けることだった。そのためには記者個人による取材源を特定させない努力だけでなく、編集局が責任を持って態勢を整える必要があり、「特命」チームを作って議論を重ねた。権力監視の使命を果たすには、今まで以上の努力と覚悟が必要になったのである。

「戦争の最初の犠牲者」を出さない使命

最高懲役10年などと厳罰化がなった特定秘密保護法下では、公務員の口が今まで以上に堅くなる、または接触を拒むことが考えられる。

ここで記者が相手に迷惑をかけられないし、成果も期待しにくいし、捜査対象になるリスクもあるからと萎縮しては、それこそ何が秘密か分からないまま秘密が人知れず恣意的に拡大していきかねない。そしてやがて誰も秘密の存在を気にしなくなる。これが、権力側が描く理想の展開だろう。

それに抗うのが、国民の「知る権利」に奉仕する記者の使命である。「ジャーナリズム」の世界には「戦争の最初の犠牲者は真実」という言葉がある。特定秘密保護法によって真実への道が閉ざされたとしたら、最初の犠牲者が出たのと同じことであり、戦争が始まってから真実が分かったとしても、それは手遅れというものだ。

桐生悠々の言「言わねばならない事」

特定秘密保護法が成立した後も、市民や学者、文化人らが廃止を求めて声を上げ続けた。その思いをどう読者に伝えたらいいのか議論を重ね、「言わねばならないこと」と題した連載企画を始めることにした。政治部のデスクが、明治から戦前にかけて軍部と権力者を痛烈に批判し続けた新聞記者、桐生悠々の「言いたい事と言わねばならない事と」という題の文章を読んでおり、敬意を表して題の後半部分を活用させてもらったのである。

「言いたい事」と「言わねばならない事」の違いは一体何なのか。編集局と論説室は「言わねばならない事」を日々、書いているつもりだ。違いが分かる部分を引用したい。

＊

私は言いたいことを言っているのではない。徒(いたずら)に言いたいことを言って、快を貪(むさぼ)っているのではない。言わねばならないことを、国民として、特に、この非常時に際して、しかも国家の将来に対して、真正なる愛国者の一人として、同時に人類として言わねばならないことを言っているのだ。

言いたいことを、出放題に言っていれば、愉快に相違ない。だが、言わねばならないことを言うのは、愉快ではなくて、苦痛である。何ぜなら、言いたいことを言うのは、権利の行使であるに反して、言わねばならないことを言うのは、義務の履行だからである。

（中略）

しかも、この義務の履行は、多くの場合、犠牲を伴う。少くとも、損害を招く。現に私は防空演習について言わねばならないことを言って、軍部のために、私の生活権を奪われた。

＊

桐生悠々は中日新聞社の前身である新愛知新聞や信濃毎日新聞（本社・長野市）で「主筆」というポストを務めるなど、複数の新聞社で活躍した。信毎の主筆時代に、木造家屋の多い東京上空で敵機を迎え撃つ想定の陸軍演習の無意味さを「関東防空大演習を嗤ふ」との見出しを付けた社説で批判した。これが陸軍の怒りを買い、退社に追い込まれたのだ。晩年は愛知県で個人誌「他山の石」を刊行し、「言いたい事と言わねばならない事と」の文章はここに掲載された。

桐生悠々の名を私が初めて知ったのは、中日新聞社に入社した後の研修期間だった。私も含めた記者志望の社員に、「読んだ方がいい」と人事部長から井出孫六著『「抵抗の新聞人桐生悠々』を渡されたのだ。正規の研修の時間外のことで、読んで心打たれたことを鮮明に覚えている。それから長い月日が過ぎたが、政治部のデスクが企画の題の提案をしてきた時は、「今こそ、桐生悠々の出番」と思った。

１１０回に及ぶ言論のバトンリレー

企画の取材に応じてくれた人には、桐生悠々が言うところの義務を課すことになり心苦しかっ

1　12版 都心　第25886号

「戦後の精神」つなぐ

35

特定秘密保護法が成立してから、六日で一年。施行は十日に迫った。集団的自衛権の行使容認の問題と合わせ、作家の大江健三郎氏に聞いた。

作家　大江健三郎さん

おおえ・けんざぶろう　1935年生まれ。東大在学中に「死者の奢り」で作家デビュー。代表作に「個人的な体験」「万延元年のフットボール」など。94年、日本人として2人目となるノーベル文学賞を受賞。護憲派の市民団体「九条の会」の呼びかけ人。

政府が言う「積極的平和主義」は、憲法九条への本質的な挑戦だ。米国の戦争の一部を担う立場に変えていこうとするために「積極的平和主義」という言葉をつくった。だから、何よりも特定秘密保護法が必要になる。

集団的自衛権を行使できることを日本の態度とするなら、米国が起こしうる軍事行動に踏みとどまる建前を失う。どういう戦闘が行われるか、戦況はどうなるか。米軍と自衛隊のやりとりは何より秘密でなければならない。秘密保護法を一番要求しているのは米国だろう。

日本政府は「積極的平和主義」を内外に宣伝している。最初、それは誰にも滑稽な言葉だった。しかし、半年、一年とたつと、国民は慣れて反発しなくなった。政府が国家の方針として提示し続ければ常態となる。市民は抵抗しなくなるということではないか。いま日本は、かつてなかった転換期にあると感じる。

「積極的平和主義」という言葉に対比すると、いままで日本が取ってきた態度は憲法九条に基づく「消極的平和主義」になる。

日本は平和を守るために戦うとは決して言わなかった。軍備を持たない、戦争はしないと世界に言い続けた。平和という場所に立ち止まる態度だ。僕は尊重されるべき「消極的平和主義」だと考えている。

「積極的平和主義」は言い換えれば「消極的戦争主義」になる。米国の戦争について行く。戦場で網を組んで行けば「消極的」か「積極的」かは関係なくなってしまう。自衛隊員が一人でも殺される、あるいは自衛隊員が一人でも殺すことになれば「消極的戦争主義」というフィクションも一挙に消えてしまう。憲法九条を残したまま、すっかり別の国になってしまう。後戻りはできない。それは明日にも現状になる。

僕が十二歳のときに憲法ができた。学校で九条の説明をされて、もう戦争も軍備もないと聞いて、その二年前まで戦争をしていた国の少年は、一番大切なものを教わったと思った。自然な展開として、作家の仕事を始めた。九条を守ること、平和を願うことを生き方の根本に置いている。われわれは戦後七十年近く、ずっとそうしてきた。次の世代につなぎたい。

僕も、すぐ八十歳。デモに参加すると二日間は足が痛むが、集会で話すこともする。そのような自分ら市民を政府が侮辱していると感じるから。「戦後の精神」を持ち続ける老人でいたい。

たが、「言わねばならないこと」の連載は途中で「集団的自衛権」「共謀罪」「憲法9条を変える動き」とテーマを加えながら、最終的に110回に及んだ。

作家の大江健三郎さん、映画監督の山田洋次さん、日本ペンクラブ会長で作家の浅田次郎さん、精神科医・作詞家の北山修さん、作家の半藤一利さん、社会学者の上野千鶴子さん、俳優の木内みどりさん、劇団「こまつ座」社長の井上麻矢さん、講談師の神田香織さんら多彩な顔触れになった。

第1回には憲法学者の小林節さんが登場し、秘密を漏らした公務員とそれに協力した民間人に厳罰を科すのに、行政官や政治家が不正な隠ぺいをしても裁かれないことについて、「国民を威嚇する法律をつくりながら自分たちは安全地帯にいる」と糾弾した。

大江健三郎さんの生き方の根本

大江さんには特定秘密保護法が成立して1年になろうとする14年12月に、次のテーマの集団的自衛権の行使容認と合わせて話を聞くことができ、5日の朝刊1面（紙面）に掲載した。

大江さんは政権が唱えていた「積極的平和主義」を、憲法9条への「本質的な挑戦」だと強調した。その上で「集団的自衛権を行使できることを日本の態度とするなら、米国が起こしうる軍事行動に踏みとどまる建前を失う。どういう戦闘が行われるか、戦況はどうなるか。米軍と自衛隊のやりとりは何より秘密でなければならない。秘密保護法を一番要求しているのは米国だろう」と憂い、「9条を守ること、平和を願うことを生き方の根本に置いている。われわれは戦後70年近く、ずっとそうしてきた。次の世代につなぎたい」と訴えた。記事の見出しは、その思いをくんで「『戦後の精神』つなぐ」とした。

井上麻矢さんからは、大江さんと同世代だった父である作家の井上ひさしさんから聞かされていたことを教えてもらった。「憲法は戦争で亡くなった人たちが命を懸けて勝ち取った言葉」「戦争で亡くなった人は語れないが、代わりに語っているのが憲法」などは、大江さんの言う「戦後の精神」なのだろう。

安倍首相の「立憲主義否定」発言

特定秘密保護法の成立から2カ月ほどたった14年2月12日の衆院予算委員会は、記録にも記憶にも強く残るものになった。安倍首相が集団的自衛権の行使を認める憲法解釈の変更をめぐり、

東京新聞　2014年（平成26年）2月13日（木曜日）　©中日新聞東京本社2014　（日刊）

東京新聞

中日新聞東京本社
東京都千代田区内幸町二丁目1番4号
〒100-8505 電話03（6910）2211

首相、立憲主義を否定

解釈改憲「最高責任者は私」

集団的自衛権で国会答弁

安倍晋三首相は十二日の衆院予算委員会で、集団的自衛権の行使を認める憲法解釈の変更をめぐり「（政府の）最高責任者は私だ。政府の答弁に私が責任を持って、その上で選挙で審判を受ける」と述べた。憲法解釈に関する政府見解は整合性が求められ、歴代内閣は内閣法制局の議論の積み重ねを尊重してきた。首相の発言は、それを覆して自ら解釈改憲を進める考えを示したものだ。首相主導で解釈改憲に踏み切れば、国民の自由や権利を守るため、政府を縛る憲法の立憲主義の否定になる。

―関連③面

首相は集団的自衛権の行使容認に向けて検討を進めている政府の有識者会議について、「（内閣法制局の議論の）積み上げのままで行くなら、そもそも会議を作る必要はない」と指摘した。

政府はこれまで、集団的自衛権の行使について、戦争放棄と戦力の不保持を定めた憲法九条から「許容された必要最小限の範囲を超える」と解釈し、一貫して禁じてきた。

解釈改憲による行使容認に前向きとされる小松一郎内閣法制局長官も、昨年の臨時国会では「当否は個別的、具体的に検討されるべきもので、一概に答えるのは困難」と明言を避けていた。

今年から検査入院している小松氏の事務代理を務める横畠裕介内閣法制次長も六日の参院予算委員会では「憲法で許されるとする根拠が見いだしがたく、政府は行使は憲法上許されないと解してきた」と従来の政府見解を説明した。

ただ、この日は憲法解釈の変更で集団的自衛権の行使を認めることは可能との考えを示した。横畠氏は一般論として「従前の解釈を変更することが至当だとの結論が得られた場合には、変更することがおよそ許されないというものではない」と説明。「一般論というのは事項を限定していない。集団的自衛権の問題も一般論の射程内だ」と踏み込んだ。

元内閣法制局長官の阪田雅裕弁護士は、首相の発言に「選挙で審判を受ければいいというのは、憲法を普通の政策と同じようにとらえている。憲法は国家権力を縛るものだという『立憲主義』の考え方が分かっていない」と批判した。

横畠氏の答弁にも「憲法九条から集団的自衛権を行使できると論理的には導けず、憲法解釈は変えられないというのが政府のスタンスだ。（従来の見解と）整合性がない」と指摘した。

立憲主義　国家の役割は個人の権利や自由の保障にあると定義した上で、憲法によって国家権力の行動を厳格に制約するという考え。日本国憲法の基本原理と位置付けられている。

紙面について
電話
03-6910-2201
（土日祝日除く 9:30〜17:30）
FAX
03-3595-6935
東京新聞ホームページ
TOKYO Web
www.tokyo-np.co.jp
東京新聞政治部
東京新聞けいざいデスク
東京新聞写真部
東京新聞鉄道クラブ
東京新聞文化部
東京ちゅん太（生活部）

「（政府の）最高責任者は私だ。政府の答弁に私が責任を持って、その上で選挙で審判を受ける」と明言したのだ。

歴代の政権は、集団的自衛権の行使は戦争放棄と戦力の不保持を定めた憲法9条から許容された最小限度の範囲を超える、と判断してきた。その判断を突然無視するかのような「最高責任者」発言だった。安倍首相としては、集団的自衛権の行使容認は既定路線なのだろうが、だからと言って国会での発言の重みも考えると、看過できるはずがない。

予算委を取材していたのは政治部の記者だった。記事の前文には「憲法解釈に関する政府見解は整合性が求められ、歴代内閣は内閣法制局の議論の積み重ねを尊重してきた。首相の発言は、それを覆して自ら解釈改憲を進める考えを示したものだ。首相主導で解釈改憲に踏み切れば、国民の自由や権利を守るため、政府を縛る憲法の立憲主義の否定になる」と発言の問題点を明示した。整理部はこれを受けて朝刊1面トップ（紙面）に記事を置き、「首相、立憲主義を否定」とインパクトある見出しを付けたことから、「立憲主義」はその後の国会などの論戦の場で大きな焦点になった。

立憲主義とは、日本弁護士連合会の「立憲主義の堅持と日本国憲法の基本原理の尊重を求める宣言」（05年）から引用すると、もともと権力者の権力乱用を抑えるために憲法を制定するという考え方のことを言い、広く「憲法による政治」のことを意味している、とされる。日本国憲法の根本にある立憲主義は「個人の尊重」と「法の支配」原理を中核とする理念であり、国民主権、基本的人権の尊重、恒久平和主義などの基本原理を支えている。

新聞の役割を示すスクープに

首相が立憲主義を否定したことを翌日の朝刊1面で報じたのは東京新聞だけだった。局長としては政治部のニュースの「感度」とともに、記事の書き方を評価した。発言の持つ意味を、一つの文章として伝えることの重要さを示すことができたからである。

読者からは記事への感謝の手紙をいただいた。そこには「ぼんやり国会中継をテレビで見ていました。新聞で発言の意味を知らされたのでした。ある事実を見ても、いつもの日常として流し

東京新聞 2014年(平成26年)5月16日(金曜日)

「戦地に国民」へ道

解釈改憲検討 首相が表明

集団的自衛権 法制懇が報告書

勝手に決めるな

平和主義 根幹変わる

論説主幹 山田哲夫

てしまいます。それをこうなんじゃないのと切り口を鮮明にしてくれるのが、新聞の役割だと思います」と書かれていた。

新聞は読者から購読料をいただいており、記者は読者の代わりに取材をしている。その関係性を常に意識しないといけない。読者からの投稿を読むたびに、そう思う。反響に応えようと「揺らぐ立憲主義」と題した企画を朝刊1面で3回展開した。

解釈改憲の本質を突く見出し

安倍首相は「最高責任者」として、5月15日の記者会見で解釈改憲の検討を表明した。閣議決定、そして法制化へとつながる第一歩である。

翌日朝刊１面トップの記事は約３カ月前の「立憲主義否定」の時と等しく、集団的自衛権の行使を容認する解釈改憲の持つ意味、本質を前文によって「海外の戦場に国民を向かわせることにつながる」と伝え、見出しはそのまま「『戦地に国民』へ道」とした（紙面）。

解釈改憲による「集団的自衛権の行使容認」が記者会見の内容だが、それを忠実に大きな見出しにして伝えても、恐らく読者にとっては何を意味するのか、即座に分からないだろう。それでは新聞の存在理由がないし、何よりも権力側の思うつぼである。読者に「本当のこと」を分かりやすく伝える見出しにすることを最優先にした。従って、「集団的自衛権の行使容認」を大きな見出しにすることは、この先の紙面でもなかった。

社説を異例の１面引き上げ

閣議決定当日の７月１日朝刊１面トップ（紙面はＰ112）の見出しは紙面の横幅全部を使い、「海外で武力行使　可能に」と警鐘を鳴らした。局長として一番大事な仕事は論説主幹と協議して、５面が「定位置」の社説を１面に引き上げることだった。これまでも社説の責任者である論説主幹の論説を１面で何度か掲載してきた。事実上の社説と言えるが、社説そのものを１面に置くことによって、社としての主張と覚悟をより明確にしたかったのである。

「自衛隊の国軍化　許さぬ」。この見出しこそ、言わねばならないことだった。社説は冒頭から

12版都心　第25734号　東京新聞　2014年（平成26年）7月1日（火曜日）

海外で武力行使　可能に

集団的自衛権　憲法解釈を変更

安倍内閣は一日、臨時閣議を開き、集団的自衛権の行使を禁じてきた憲法解釈を変え、行使を認める新たな解釈を決定する。これに先立ち、公明党は三十日、執行部が党内の一任を取り付け、事実上了承した。集団的自衛権は自国が攻撃されていないのに、武力で他国を守る権利。自衛隊は海外での武力行使が可能になる。専守防衛を基本方針としてきた日本の安全保障政策は大きく転換する。

官邸前1万人超

公明了承　きょう閣議決定

社説　2014・7・1

自衛隊の国軍化　許さぬ

立憲主義ないがしろ

「発足60年という節目の日に、自衛隊の本質が変わろうとしている。『集団的自衛権の行使』を認めれば、交戦権を行使する『軍隊』への道を開いてしまう。現行憲法の下で認めてはならない」と主張した。

戦後日本の「国のかたち」は「平和国家」である。だから憲法9条は国権の発動たる戦争と武力による威嚇、武力の行使を「国際紛争を解決する手段としては」永久に放棄することを定め、国の交戦権も認めていない。閣議決定はこれを根本的に変えるものであり、「認めてはならない」というのが社説の言わんとするところだった。

解釈改憲に対する抗議の声は高まっていた。社説と同じ1面に「官邸前1万人超」という見出しとともに、抗議する人たちの写真を掲載した。この組み合わせはかつてないことだが、東京新聞の報道姿勢を示すことができたと思う。

「明白な危険」に具体的説明なし

7月1日の臨時閣議は新たな憲法解釈として、自衛権の発動を判断する新たな「武力行使の3要件」を決定した。それには「日本と密接な関係にある他国に対する武力攻撃が発生し、日本の存立が脅かされ、国民の生命、自由および幸福追求の権利が根底から覆される明白な危険がある場合」などが該当し、安倍首相は「従来の憲法解釈の基本的な考え方と変わらない。明確な歯止めとなっている」と強調した。

これに対し翌日朝刊1面トップの記事の見出しは「戦争の歯止めあいまい」と異議を唱えた。なぜならば、従来の憲法解釈は「日本への攻撃があった場合」という自衛権の行使に明確な基準があったが、新3要件では「明白な危険」に変わり、それがどのような状態か具体的な説明がないからである。特定秘密保護法によって「明白な危険」の根拠が国民に知らされない可能性も高い。

閣議決定が、憲法上の国権の最高機関である国会での議論や、人々の反対の声を気にすることなく国を動かすための便利な決定手段になったことも、大きな問題だった。これが起点となって、安倍政権では武器輸出を容認する「防衛装備移転三原則」が同じ道をたどった。のちの岸田文雄首相の下では「敵基地攻撃能力」の保有を打ち出した安保関連3文書や、次期戦闘機の第三国輸出など安全保障に関わる重要案件が、閣議によって決定されてしまう政権運営が常態化した。

忘れていけないのは、閣議決定とは閣僚の合意事項に過ぎず、法律を超える法的拘束力はないことだ。もし閣議決定に法的拘束力を認めるとすれば、内閣が勝手に法律を作るのと同じことになってしまう。

閣議決定から10カ月の「空白」

安倍政権が臨時閣議を開き、集団的自衛権の行使容認を柱とした「安全保障関連法案」を決定したのは翌年の15年5月14日と、閣議決定から10カ月以上の長い時間を費やした。政府による法案の略称は「国際平和支援法」と「平和安全法制整備法」だが、紙面では「安全保障関連法案」「安保関連法案」か「安保法制」で通した。

閣議決定を急いだのに、一転して長い「空白期間」を作ったのには訳がある。与党である自民党と公明党との法案協議に時間をかけたと表向きはなっているが、取材から見えてきたのは、法案審議の開始を15年4月の統一地方選後にしたいという政治日程絡みの思惑だった。国民に強い反発がある安保関連法案の審議を先送りさせることによって有権者の関心をそらし、統一地方選への悪影響を最小限にとどめたかったのだ。

もう一つ、国会審議の前に集団的自衛権の行使容認を既成事実化して、反対意見を抑え込む狙いがあったことも外交日程からは見えてくる。

「主権在米」の影

日米両国政府は「空白期間」の15年4月に、解釈改憲の閣議決定を踏まえて日米防衛協力指針（ガイドライン）を再改定し、米国に対する日本の軍事協力の内容を大幅に拡大させた。具体的には▽自衛隊は米艦の防護や戦時の機雷掃海、臨検、米国への弾道ミサイル防衛、戦闘現場での米軍支援などを実施▽日米による米軍支援の地理的制約を撤廃▽国際的な活動での日本の他国軍支援を明記―などで日米が合意したのだ。戦時の機雷掃海は、公明党が集団的自衛権行使の事例として認めることに難色を示している任務だった。

「主権在官」に加えて「主権在米」という言葉が頭をよぎる。野田政権が2030年代に原発ゼロを目指すことを盛り込んだ「革新的エネルギー・環境戦略」は閣議決定に持ち込めていないが、その背景にも米国の影がちらついていた。12年9月22日朝刊1面トップの記事は、米国政府の高官から「変更余地残せ」との要求があったことを伝えている。

外国特派員協会から「年間最優秀出版賞」

東京新聞にとっては「空白期間」の間に、またも「想定外」のことがあった。15年5月3日に、日本外国特派員協会が創設した「報道の自由推進賞」の「年間最優秀出版賞」を受賞したのである。受賞理由には「原発問題などで調査報道を各部署で果敢に展開した」と書いてあった。菊池寛賞の受賞理由と同じく「果敢」という表現が使われていたことは、外から見ても報道姿勢がぶれていない証しだと受け止めた。

こちら特報部

集団的自衛権 全国紙 是非 互角のようでも… 朝日・毎日 VS 読売・産経

39紙 反対 VS 賛成 3紙

集団的自衛権の行使容認を批判する各紙の社説や論説

賞創設の背景には、特定秘密保護法などをきっかけに日本の報道の自由が脅かされているとの危機感が、外国メディアの日本の特派員の中に広がったことがある。協会の「報道の自由委員

東京新聞

こちら特報部

国民の声を反映

主な地元紙の社説・論説の見出し（2日付）

北海道新聞　違憲状態だ

河北新報　民権を無視

新潟日報　黙するな

中国新聞　被爆地から

高知新聞　不誠実

西日本新聞　試される

琉球新報「悪魔の島

会」委員長の米国人ジャーナリストは取材に対し、「政権の威嚇にひるまず、自ら調べてどんどん書いてほしい。政権の威圧の問題も積極的に追及すべきだ」と語気を強めた。

地方紙は圧倒的に「反対」多数

安保関連法案の国会審議に備えて、改めて政治部や社会部を中心に「編集局を挙げて」の取材態勢を整えた。国会は与党が衆・参とも過半数を占めており、局面を変えることができるのは世論、すなわち国会の「外」からの力だけであり、新聞がどう報じるかも問われていたのである。

新聞は発行エリアから全国紙、広域なブロック紙、県紙などに分類され、全国紙の場合、集団的自衛権行使の容認に関する賛否は「読売・産経VS朝日・毎日」の構図が示すように、互角に見えた。これに対してブロック紙と県紙という地方紙の場合、反対の論陣を張っている社がほとんどだった。閣議決定後に特報部が取材して7月8日に紙面化（紙面）した時は反対39紙、賛成

3紙だった。

閣議決定翌日の各紙の社説の見出しをたどると、「日本を誤った方向に導く」（北海道）「9条踏みにじる暴挙だ」（秋田魁新報）「主権者の意思を顧みよ」（岩手日報）「重い選択、あまりに軽く」（河北新報）「平和国家の根幹が揺らぐ」（新潟日報）「政府の暴走を許すな」（信濃毎日）「9条空洞化の責任は重大だ」（京都）「憲法を骨抜きにする閣議決定」（神戸）「これで歯止めかかるのか」（山陽）「平和主義を踏みにじる」（中国）「将来に禍根を残す暴挙だ」（徳島）「平和国家を危うくする暴挙だ」（愛媛）「『限定的容認』の危うさ」（高知）「試される民主主義の底力」（西日本）「『9条』の信頼捨てるのか」（熊本日日）「日本が『悪魔の島』に」（琉球新報）「思慮欠いた政権の暴走」（沖縄タイムス）などと、手厳しい論調だった。東京新聞・中日新聞は「9条破棄に等しい暴挙」と見出しを付けた。

地方紙の地元での影響力

なぜ、全国紙と違って地方紙は反対が圧倒的なのか。特報部が2人の識者に取材している。一人の大学教授（ジャーナリズム論）は「全国紙の記者は当局の話を聞く時間が長く、いつの間にか官僚的な物の見方になってしまいがちだ。一方、地元紙の記者は相対的に読者に近いため、全体状況を客観的に見やすいのではないか」と分析した。

もう一人の大学教授（メディア論）は「国会開設や憲法制定を求めた自由民権運動や政党新聞に起源を持つ新聞が多い。伝統的に自由を重んじ、反権力の姿勢を取っている。特に今回は憲法にかかわることだったため、より敏感に反応したのではないか」と、地方紙の成り立ちから読み解いた。

当時の地方紙は、47都道府県のうち首都圏や関西圏などを除く37府県で販売部数、普及率のトップを占めていた。その構図は今も変わっていない。

独自調査では憲法学者の９割が「違憲」判断

安保関連法案の議論では、15年6月4日の衆院憲法審査会に参考人として呼ばれた憲法を専門とする有識者３人全員が、安保関連法案を「違憲」と断定する展開になった。与党の推薦者も含めた驚きの全員一致であり、翌日朝刊１面トップで報じたが、菅義偉（よしひで）官房長官は「違憲ではないという憲法学者もたくさんいる」と主張した。

特報部長に「本当はどうなのかな」と聞くと「違憲が多いはず」との答えだった。部長は司法分野の取材が長く、「３・11」当時は社会部長だった。「自分たちで調べますか」「大変だけど価値はある」とのやりとりを経て、全国の大学で憲法を教える教授ら３２８人を対象に、法案の合憲性などを尋ねるアンケート調査を行った。現場の作業量が膨大だったため、「編集局を挙げて」

12版山手　第26098号　東京新聞　2015年（平成27年）7月9日（木曜日）

違憲184人　合憲7　その他13

憲法学者9割「違憲」

安保法案 本紙調査204人回答

本紙は、他国を武力で守る集団的自衛権行使を柱とする安全保障関連法案に関し、全国の大学で憲法を教える教授ら三百二十八人を対象に、法案の合憲性などを尋ねるアンケートを実施した。回答した二百四人（回答率62%）のうち、法案を「憲法違反」（違憲）としたのは、六月四日の衆院憲法審査会に自民党推薦で出席した長谷部恭男・早稲田大教授をはじめ、青井未帆・学習院大教授、愛敬浩二・名古屋大教授ら百八十四人。回答者の90%に上り、憲法学者の圧倒的多数が違憲と考えている現状が鮮明になった。

＝核心②関連③面

12日に憲法学者アンケート特集

「合憲」は百地章・日本大教授ら七人（3%）にとどまった。「合憲・違憲を議論できない」などとして、「その他」と回答した人も十三人（6%）いた。違憲と答えた人は、回答しなかった人も含めた総数三百二十八人でみても過半数を占めた。

違憲と回答した人の自由記述による理由では、集団的自衛権の行使容認が憲法を逸脱していることに言及した人が最も多く、六割を超えた。政府は安保法案で認めた集団的自衛権は「限定的にとどまる」と合憲性を主張する。だが「たとえ限定的なものであれ、改憲しない限り不可能」（阪口正二郎・一橋大教授）と、限定容認を含め否定する意見も多かった。

手続き上の問題や、集団的自衛権行使の判断基準となる「武力行使の新三要件」が明確でないことを理由に挙げた人も、それぞれ二十人程度いた。

手続きに関しては、安倍政権が昨年七月、閣議決定だけで憲法解釈を変更したことに関し「一内閣の閣議決定で変更した手法に問題がある」（高橋利安・広島修道大教授）との批判が目立った。

新三要件には「要件が不明確で、限定は事実上ないに等しい」（木下昌彦・神戸大准教授）といった疑念が示された。

一方、安保法案を「合憲」とした人は「個別的か、集団的かを憲法判断の基準とすることは自衛権保持という観点からは意味がない」（木原淳・富山大教授）などを理由に挙げた。

合憲性「数でない」

ただ違憲・合憲双方の回答者から「法制の合憲性が学者の意見の多寡で決まるわけではない」とする意見が複数あった。

九条改憲の是非については、75%の百五十三人が「改正すべきではない」と回答。「改正すべきだ」は十七人だった。「その他」や無回答が三十四人いた。

安保法案に対する違憲批判は、衆院憲法審で長谷部氏ら三人の憲法学者全員が違憲と表明して以降、全国的に広がっている。政府は当初「違憲でないという憲法学者もたくさんいる」（菅義偉官房長官）などと反論していた。

集団的自衛権 限定的でも「不可能」多数

「違憲」「合憲」と回答した主な理由

違憲 90%	▶集団的自衛権は憲法を逸脱 ▶立憲主義に反する ▶歴代政権の憲法解釈に反する ▶「存立危機事態」は政府の裁量次第 ▶「後方支援」は武力行使と一体化 ▶自衛隊の存在自体が違憲
合憲 3%	▶自衛権を「個別的」「集団的」に分ける必要はない ▶法令に反しない範囲の解釈変更は政府の裁量権限
その他 6%	▶まず政府見解の意義を国会が確定すべき。それなしに法案の合憲・違憲を議論できない

※四捨五入により100%にならない

アンケートの方法

「平成26年度全国大学一覧」（文教協会）が掲載している大学、大学院の法学系の学部、学科、研究科で、憲法を専門にしているか、憲法の講義をしていると確認できた教授、准教授、特任教授、客員教授、名誉教授の計328人を対象にした。

アンケートは6月19日に郵送し、204人から回答を得た。回答率は62%。

設問は3つ。問1は「安全保障関連法案は憲法に照らして合憲か違憲か」。（ア）合憲である（イ）違憲である（ウ）その他―の選択肢から選び、理由を記述してもらった。

問2は「憲法9条は改正すべきかどうか」。選択肢は（ア）改正するべきだ（イ）改正するべきではない（ウ）その他―で、その理由も尋ねた。

問3は、憲法をめぐる状況について、意見を自由に記述してもらった。

「立憲主義の危機」強い懸念

「今回の論議は単なる安全保障政策の憲法適合性の問題ではない。現政権の立憲主義への挑戦、憲法の否定ととらえねばならない」

アンケートの自由記述では、桐蔭横浜大の森保憲教授がこう記したように、安倍政権が憲法解釈を変更し、安全保障関連法案の成立を目指していることに「立憲主義の危機だ」と懸念の声が相次いだ。

政府の解釈変更

立憲主義は国民の権利や自由を守るため、憲法によって国家権力の暴走を縛るという考え方で、民主的な憲法を持つ世界各国で共有する。森氏は「『縛られている者』が自ら縛る鎖を緩和することは、明らかに立憲主義に反する」と政権による解釈変更を批判。富山大の宮井清暢教授は「安倍政権の憲法無視（敵視）は、過去のどの政権にも比しえない異常なレベル」と断じた。

安倍政権の姿勢に対しても、独協大の右崎正博教授は「安倍政権や自民党が数の力を背景に、自分の意見だけを一方的にまくしたて、他の言い分は聞かずに無視する態度は大いに疑問」と指摘。名古屋大の本秀紀教授は「立憲主義や民主主義と実質的に敵対する国政運営は、国論を一色に染め上げて侵略戦争に突入した戦前を想起させる」と危機感を強める。

龍谷大の丹羽徹教授は「安倍内閣は、対外的には『法の支配』の重要さを言うが、国内では憲法を頂点とする法に対する蔑視が甚だしい」とした上、「労働法制、社会保障法制、教育法制の多くは憲法が保障する権利を侵害する方向で改正が行われている」と警鐘を鳴らす。

山形大の今野健一教授はこう呼び掛けた。「国民の人権を守るための憲法を語る言葉を、権力担当者に独占させてはならない。主権者たる国民が憲法を積極的に語ることこそが、『憲法を国民の手に取り戻す』ことにつながる」

（鷲野史彦）

戦後70年　なぜあえて卑劣に壊す第九条

（金子兜太）国会の九条論議を見ていると、こう痛感するのだ。専守防衛の国を集団的自衛権で戦う国に切

15.7.9

東京新聞　中日新聞東京本社

紙面について　電話 03-6910-2201（土日祝日除く 9:30～17:30）　FAX 03-3595-6935

東京新聞ホームページ TOKYO Web www.tokyo-np.co.jp

の取り組みになった。

7月9日の朝刊1面トップ（紙面）を使って報じた。回答したのは204人（回答率62%）に上り、見出しは「憲法学者9割『違憲』」。権力側の発表をうのみにせず、自分たちの力で調べることを原発事故以来、徹底してきている成果だと感じている。

アンケートの自由記述では「今回の論議は単なる安全保障政策の憲法適合性の問題ではない。現政権の立憲主義への挑戦、憲法の否定ととらえねばならない」「安倍内閣は対外的には『法の支配』の重要さを言うが、国内では憲法を頂点とする法に対する蔑視が甚だしい」などと、立憲主義の危機への懸念の声が相次いだ。

専門家の意見を紙面に反映させる意味で

は、かつて政権中枢で安保政策に関わった元内閣官房副長官補の柳沢協二さんに「安保国会ウォッチ」というタイトルの企画で随時、登場を願った。政権内にいた人の分析は「内部告発」に通じるからである。安倍首相は「日米同盟が強固だと抑止力が高まる」「国民のリスクが低くなる」と強調したが、柳沢さんは「誤りだ」と言い切った。

国会議事堂前に民意が結集した日

安保関連法案に反対する人々が、国会周辺で最大規模のデモを行ったのは15年８月30日のことだ。その日のことは今でもはっきり覚えている。局長席の窓から人の波が国会に向かっているのが見えた。「ちょっと出てくる」と言って席を立ったが、会社の前の歩道は人があふれ返るような状態だった。

それでも何としても国会の正面前まで行きたかった。記事を書くわけではないが、「新聞は歴史の初稿を書く仕事」と言われており、そんな気分を少しでも味わいたかったのである。かなり遠回りしながら人の波の隙をついて、１時間くらいかけて到着した。主催者発表で参加者は12万人だが、国会周辺までたどり着けなかった人も少なくないと感じた。

がんの治療を続けていた音楽家の坂本龍一さんが予告なしに現れて、この日の抗議活動を「一過性にしないで」と訴えた。「ＳＥＡＬＤｓ（自由と民主主義のための学生緊急行動、シールズ）」の

12版 第26149号　東京新聞　2015年（平成27年）8月31日（月曜日）　（日刊）

東京新聞

8・30 安保法案反対、全国200カ所以上

届かぬ民意 危機感結集

安全保障関連法案に反対する人々が三十日、全国で一斉に抗議の声を上げた。国会周辺では、市民団体「戦争させない・9条壊すな！総がかり行動実行委員会」主催のデモに十二万人（主催者発表）が参加し、法案反対デモとしては最大規模となった。実行委によると、一斉行動の呼び掛けに応じた各地でのデモや集会は、少なくとも二百カ所以上に及んだ。

（関連②③㉕㉗㉙面）

国会周辺では、官庁街の歩道や日比谷公園など六カ所にステージや街宣車を置き、野党党首や学者、作家、法律家などが法案の廃案を訴えた。警視庁は参加者が車道に出ないよう機動隊の車両を並べ、柵で規制したが、メーンステージがある国会正門前は歩道に収まりきらず、車道も人の波で埋まった。

昨年七月に中咽頭がんを公表し今夏まで治療に専念していた音楽家の坂本龍一さんも、予告なしに国会前に現れた。「壊されようとしている民主主義と憲法を取り戻すことは、自分たちで血肉化すること」と訴え、この日のデモを「一過性のものにしないで」と呼び掛けた。

「SEALDs（自由と民主主義のための学生緊急行動、シールズ）」の奥田愛基さんもマイクを握り、「憲法は俺たち一人一人の権利。それを無視するのは国民を無視すること」と政権を批判した。

中心メンバー、奥田愛基（あき）さんもマイクを握り、「憲法は俺たち一人一人の権利。それを無視するのは国民を無視すること」と、政権を批判した。

編集局に戻ると、ヘリからの迫力ある写真が通称「センターテーブル」、当日の紙面作りの責任者である編集局次長らが陣取る机に、何枚も並んでいた。写真からは人々のエネルギー、傍観者ではいられないという決意が伝わってきた。整理部からは翌日朝刊1面トップは写真を大きく扱い、見出しは「届かぬ民意　危機感結集」（紙面）にしたいと提案があった。体感としてそのとおりだと思った。

寂聴さんの心からの叫び

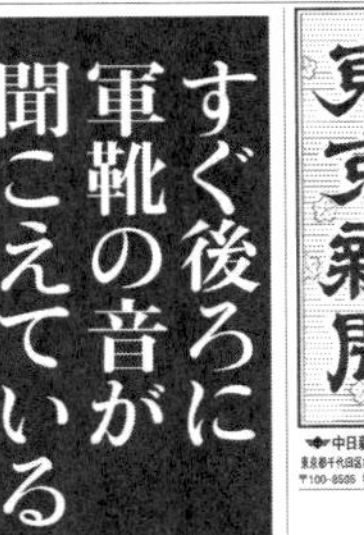

東京新聞　2015年(平成27年)6月19日(金曜日)　©中日新聞東京本社2015　(日刊)

東京新聞

中日新聞東京本社
東京都千代田区内幸町二丁目1番4号
〒100-8505　電話03(6910)2211

93歳 寂聴さん国会前に立つ

すぐ後ろに軍靴の音が聞こえている

安保法案に危機感

死を覚悟した訴えが、国会前に響きわたった…。十八日夜、東京・永田町の国会議事堂近くで繰り広げられた安全保障関連法案に反対する抗議行動に、作家で僧侶の瀬戸内寂聴さん(９３)が参加した。すぐれない体調と高齢を押して駆け付けた「命懸け」のスピーチは、主催者発表で二千人以上集まった参加者の心に深く刻み込まれた。
＝会見要旨②面

国会前で行われている抗議行動に参加し、安保法案反対を訴える瀬戸内寂聴さん＝18日午後、東京・永田町で

「どうせ死ぬならここに来て、『このままでは日本はだめだよ』と申し上げて死にたかった」。法衣姿の寂聴さんが車いすから立ち上がり、国会議事堂裏の歩道で語り始めると、抗議行動に集まった人たちからどよめきが上がった。

背骨の圧迫骨折や胆のうがんなどで昨年五月から療養生活に入り、ほとんど寝たきりだった。今年四月には法話を再開したが、完治にはほど遠い。

一九二二年に生まれ、太平洋戦争末期の空襲では母親と祖父を亡くした。自著で「戦争の生き残り老人は、嫌われてもののしられても、戦争反対を言い続けなければならない」と記すなど、戦争を憎む思いは人一倍強い。九一年の湾岸戦争、二〇〇一年の米アフガニスタン攻撃の際には断食も決行した。

「良い戦争は絶対ない。すべて人殺しだ」。この日も、反戦を訴える舌ぽうは衰えをみせなかった。約五分のスピーチを終えると、参加者たちは「ありがとう」と声を上げた。

抗議行動への参加を決意したのは二日前の十六日。スピーチ後、会見した寂聴さんは「年寄りを集めて国会前に座りたかった。必ず冷えて三人や四人は死ぬ。あなた方(報道陣)はほっとけないから大騒ぎする」と冗談めかして振り返った。

今の状況は開戦に向かっていた当時の日本の雰囲気に似ているという。「表向きは平和だが、すぐ後ろの方に軍靴の音が続々と聞こえている。そういう危険な感じがする」

療養中も法案をめぐる国会論議に注目していた。「このまま安倍(晋三)首相の思想で政治が続けば、戦争になる。それを防がなければならないし、私も最後の力を出して反対行動を起こしたい」と決意を語った。

参加者からは感激の声が相次いだ。東京都小平市のNPO法人役員保坂みどりさん(５３)は「あの年齢で、命を懸けて来てくださるなんて。すごく勇気をもらった」と声を弾ませた。

日本がだめに…せめて死ぬ前に訴えたかった

国会前スピーチ要旨

瀬戸内寂聴です。満九十三歳になりました。きょうたくさんの方が集まっていらっしゃったが、私よりお年寄りの方はいらっしゃらないのではないか。去年一年病気をして、ほとんど寝たきりだった。完全に治ったわけではないが、最近のこの状態には寝ていられない。病気で死ぬか、けがをして死ぬか分からないが、どうせ死ぬならばこちらへ来て、みなさんに「このままでは日本はだめだよ、日本はどんどん怖いことになっているぞ」ということを申し上げて死にたいと思った。私はどこにも属していない。ただ自分一人でやってきた。もし私が死んでもあくまでも自己責任だ、そういう気持ちで来た。だから怖いものなしです。何でも言って良いと思う。

私は一九二二年、大正十一年の生まれだから、戦争の真っただ中に青春を過ごした。前の戦争が実にひどくって大変かということを身にしみて感じている。私は終戦を北京で迎え、負けたと知ったときは殺されると思った。帰ってきたらふるさとの徳島は焼け野原だった。それまでの教育でこの戦争は天皇陛下のため、日本の将来のため、東洋平和のため、と教えられたが、戦争に良い戦争は絶対にない。すべて人殺しです。殺さなければ殺される。それは人間の一番悪いことだ。二度と起こしちゃならない。

しかし、最近の日本の状況を見ていると、なんだか怖い戦争にどんどん近づいていくような気がいたします。せめて死ぬ前にここへ来てそういう気持ちを訴えたいと思った。どうか、ここに集まった方は私と同じような気持ちだと思うが、その気持ちを他の人たちにも伝えて、特に若い人たちに伝えて、若い人の将来が幸せになるような方向に進んでほしいと思います。

紙面について
電話 03-6910-2201（土日祝日除く 9:30〜17:30）
FAX 03-3595-6935
東京新聞ホームページ TOKYO Web www.tokyo-np.co.jp
東京新聞政治部
東京新聞けいざいデスク
東京新聞写真部
東京新聞鉄道クラブ
東京新聞文化部
東京ちゅん太(生活部)
東京レター(外報部)
東京エンタメ(放送芸能部)
チョウカンヌ(次世代研究所)

これより前、作家で僧侶の瀬戸内寂聴さんも93歳の身ながら6月の国会周辺のデモに参加した。6月19日の朝刊1面トップの記事（紙面）を読むと、胸が熱くなる。「どうせ死ぬならここに来て、『このままでは日本はだめだよ』と申し上げて死にたかった」。法衣姿の寂聴さんが車いすから立ち上がって語り始めると、抗議活動に集まった人たちからどよめきが起きた。

1922年生まれ、太平洋戦争の真っただ中に青春を過ごし、末期の空襲で母親と祖父を亡くしたこともあり、戦争を憎む思いは人一倍強い。「戦争に良い戦争は絶対にない。すべて人殺しです。殺さなければ殺される。それは人間の一番悪いことだ。二度と起こしちゃならない」——。戦争体験

者の心からの叫びだった。

声に背を向け、「戦える国」に

安保関連法案の論戦では安倍首相や防衛相の答弁は変遷を重ね、事実上の修正を繰り返した。結果として「政権次第」で何でも決められてしまうのではないかとの懸念が高まった。柳沢さんが「安保国会ウオッチ」で国会審議について「議論は何も深まらず、議論するほど国民は分からなくなっただけ」と評したほどである。しかし政権が国会の「外」に目を向けることはなかった。この状況を9月17日朝刊1面トップ記事の見出しで「声に背を向け　安保法案成立へ　自公強行」と表現した。

戦後の日本の安全保障政策を180度転換させる法案は9月19日未明に成立した。戦後70年の間、平和憲法の下で専守防衛に徹してきた「戦えない国」はこれから、どんな国になるのか。それを言い表す言葉を、私も加わり編集局内で議論し、成立当日の朝刊1面トップ記事の見出しは「戦後70年『戦える国』に変質」とした（紙面）。

これが安保関連法案の本質を端的に表していると、最終判断したからである。「憲法違反」の見出しも本来はトップ記事に付ける大きさにして、法案反対を訴える人たちの写真も魚眼レンズを使って大きく掲載した。

1　12版山手　第26167号　東京新聞　2015年(平成27年)9月19日(土曜日)

東京新聞

平和の俳句　戦後70年

補聴器で蟬の声知る平和かな

坂部　富美男（86）　三重県四日市市

〈金子兜太〉補聴器を着けたら蟬の声が聞こえてきた。八十六歳の作者は、ああ、ありがたいなあ、平和だなあ、とおもう。夏の暑さも何のその。

2015.9.19

戦後70年「戦える国」に変質

安保法案 成立へ

憲法違反の疑い

戦後の安全保障政策を転換する法案が十九日未明の参院本会議で、自民、公明両党などの賛成多数で可決、成立する。歴代政権が禁じていた他国を武力で守る集団的自衛権の行使が解禁され、日本が攻撃を受けていない場合でも戦争に加わることが可能になる。戦後七十年の間、平和憲法の下で「戦えない国」の道を歩んできた日本は、憲法学者ら多数が憲法違反と指摘する法案が成立することにより、「戦える国」に大きく変質することになる。

集団的自衛権 可能に

成立阻止を目指した野党は十八日、衆院に安倍内閣不信任決議案、参院に首相問責決議案などをそれぞれ提出したが、いずれも与党などの反対多数で否決された。参院本会議の安保関連法案の採決では、与党のほか次世代、元気、改革の野党三党が賛成する。

安保法制では、米国など「密接な関係にある」他国への武力攻撃によって日本の存立が脅かされる「存立危機事態」と政府が認定すれば、集団的自衛権に基づいて武力を行使できる。首相は、法制で定めた武力行使の新三要件がどんな状況なら満たされるのかについて「総合的に判断する」との説明に終始し、基準を明確にしなかった。

これに対し、野党に加え、憲法学者や元内閣法制局長官らから、従来の政府見解と整合性がなく、専守防衛を逸脱しているとの批判が相次いだ。首相は「合憲と確信している」との主張を最後まで変えなかった。

戦闘活動中の米軍や他国軍への支援では、自衛隊活動地域を定めた従来の「非戦闘地域」の規定を撤廃。弾薬の提供などが解禁され、自衛隊の海外活動は飛躍的に拡大し、戦闘に巻き込まれる危険は高まる。日本周辺以外での国際紛争の際、そのたびに特別措置法を制定しなくても他国軍を支援できるようになる。

安保法制は、集団的自衛権行使の要件を定めた武力攻撃事態法など十本の現行法の一括改正と、国際紛争時の他国軍支援を目的に自衛隊派遣を随時可能とする新法の総称。来年三月までに施行される見通しだ。

立憲主義危機❷核心❸
社説❺割れた野党❻
特報㉘㉙不安・怒り㉚㉛
列島NO㉜法案全文⑭⑮
「金曜日の声」は㉛面に

国会前で安保関連法案反対を訴える人たち＝18日午後8時2分（隈崎稔樹撮影、魚眼レンズ使用）

不戦の意志 貫こう

論説主幹　深田実

新安保法制が成立しようとも、日本人の心には変わらぬものがあるにちがいない。それは戦後日本の精神、不戦の意志とでもいうべきものだ。

憲法第九条

❶ 日本国民は、正義と秩序を基調とする国際平和を誠実に希求し、国権の発動たる戦争と、武力による威嚇又は武力の行使は、国際紛争を解決する手段としては、永久にこれを放棄する。

❷ 前項の目的を達するため、陸海空軍その他の戦力は、これを保持しない。国の交戦権は、これを認めない。

振り返れば、冷戦が終わってPKO協力法が成立した。国際貢献の名の下「普通の国」へという声が出ていた。しかしながら反対も強かった。とりわけ戦争体験者は自衛隊が海外へ行くことに不安をもった。法律には武力不行使のタガがはめられた。ぎりぎりの不戦である。

そして今、安保法案に対し戦争世代は無論、戦争を知らない世代も多くが反対した。違憲の疑い、内容のあいまいさ、民主主義の軽視など理由はさまざまだ。だが底流には日本が築き上げてきた有形無形の不戦の意志が働いている。

有形の部分とは、たとえばアジアの国々への経済支援がある。支援は繁栄を生み、やがて信頼となる。平和醸成である。

無形の部分とは、不戦・非戦の精神である。武力不行使は世代を超えて引き継がれている。

アメリカを悪く言いたくはないが、トリガー・ハッピーと俗に呼ばれる。トリガー、引き金をひきたがるとは好戦的ということだ。巨大軍需産業国の宿命かもしれない。不戦の精神の反対だ。新安保法制は不戦の日本をアメリカの戦争の下請けにしかねない。

政府は日本周辺の緊張をしばしば持ち出した。中国は軍備を強大化させ、北朝鮮は核をもつ。日本は日米同盟を保持すると同時に東アジアの一員でもある。緊張をあおるより融和と秩序形成の役割を果たすべきだろう。

平和主義は、センチメント、情緒的という見方がある。逆に自衛隊の海外活動が高い評価を得てきたのは武力行使をしないからだという指摘もある。実際、武力はテロを拡散させている。そうならば武力不行使はセンチメンタルどころか平和創出のリアリズムではないか。

法律が成立しても国民多数が望まぬなら不用にできる。政治勢力は選挙で決まり、違憲の訴えは司法が裁く。不戦の意志を持ち続けよう。日本の針路を決めるのは私たちなのである。

来年参院選 国民が審判

安倍晋三首相は安全保障法制に関し、国民の理解が得られていないことを認めながら「成立し、時を経ていく中で間違いなく理解は広がっていく」と言い切っている。首相の方針に対する国民の判断は、来年夏の参院選での民意に委ねられることになる。

首相は安保法制の制定に関し、昨年十二月の衆院選で自民党が公約、勝利したとして、国会審議で「国民から強い支持をいただいた」と強調していた。だが、自民党が衆院選で主に争点にしたのは経済政策で、安倍政権の「アベノミクス」の継続を前面に掲げた。「安保法制の整備」は公約の片隅に短く載せただけだった。衆院選以降の各種世論調査でも一貫して法整備への反対が多く、首相も今なお国民への理解が浸透していないことを認めざるを得なかった。

参院選で安保法制が主要な争点となるのは確実。国会で廃案を目指してきた民主、共産などの野党は、参院選でも法制への反対を前面に出して選挙に臨む。その結果は、日本の安全保障政策を左右することになる。

きょうの紙面

▶⚽の父 クラマー氏死去　24 31

「新国立」2陣営軸に　6
年金で厚労相ら処分　7
対キューバ追加緩和　9

テレビ・ラジオ　15〜18

親子で学ぼう　動きだす川内原

＊特報　安保報道 地方紙は

証券	10 11	心
暮らし	12 13	スポーツ
小説	13	地域

名古屋本社の論説主幹の論説も「不戦の意志貫こう」という見出しで1面に掲載した。「戦える国」になっても、人々の意志によって「戦わない国」であり続けようという、読者へのメッセージでもあった。

憲法9条の条文を1面に

異例のことではあるが、憲法9条の条文を記事より大きい活字で1面に載せた。

＊

憲法第9条

【1項】日本国民は、正義と秩序を基調とする国際平和を誠実に希求し、国権の発動たる戦争と、武力による威嚇又は武力の行使は、国際紛争を解決する手段としては、永久にこれを放棄する。

【2項】前項の目的を達するため、陸海空軍その他の戦力は、これを保持しない。国の交戦権は、これを認めない。

＊

自衛隊を軍隊とせず、海外で武力を行使しないという誓いは、310万人もの国民の命を失い、周辺諸国に多大な損害を与えた先の大戦への痛切な反省があったからであり、それがどんな条文なのかをいま一度、歴史的な局面で読者に読み返してほしかったのである。

声を上げ続ける大切さ

「シールズ」の奥田さんは安保関連法成立の時、国会前抗議集会の熱気の渦の中にいて、声を上げ続ける大切さを訴えた。

「今日で終わりじゃない。これからも選挙以外でも声を上げることは意味がある。ていうか、当たり前のこと」「一人一人が自身のことを代表して、孤独に思考して判断して行動する。それだけですよ」「どっかの団体が主催しているとかよりも、自分がこう思ってこうやってみようかな、プラカード作ってみようかな、とかそういうことの方がずっと尊いと思うんですよ。そういうことが信じられているから、全国各地で若者が声を上げているんですよ」

社会面トップの記事として扱い、見出しは奥田さんから読者へのメッセージと位置付けて、「孤独に思考し行動。それだけです」とした。普段の暮らしの中での沈黙が、選挙で投票を棄権することが、権力側からすると、白紙委任されたこと、フリーハンドを得たことを意味する。それで民主主義が機能するはずがないのであって、新聞は声を上げる人たちを応援するメディアであり続けたい。

若者の反対急増69・7%に

集団的自衛権の行使容認をめぐっては繰り返し世論調査が行われているが、臨時閣議で憲法解釈の変更が行われた後の２０１４年８月４日の朝刊に掲載された共同通信の世論調査の結果を、食い入るように読んだ記憶がある。20～30代の若年層で反対が69・７％に上ったという記事だ。前回７月の調査から17・９ポイントも増えており、行使容認への不安感が強まっていることは明らかだった。

新聞は若い世代に「古いメディア」などと思われており、新聞を一度も手に取ったことがない人も増えている。安倍政権の安保関連法を新聞がどう報道しているか、ぜひチェックしてほしいと若い世代に呼びかけたい気分になった。憲法解釈の変更に反対している若年層と同じ思いのメディアがここにいるよと。新聞に対する期待感をつくり出すことができれば、若い世代が新聞を読む機会は増えるのではないだろうか。

４度目の「共謀罪」に早い警鐘

安保関連法が成立して約１年４カ月後の17年１月６日の朝刊１面トップには、東京新聞としては珍しい、いずれ分かる権力側の情報を先取りしたスクープが載った。見出しは「『共謀罪』通常国会提出へ」「野党・日弁連は反対」だった。

「共謀罪」は03年、04年、05年と小泉純一郎首相の下で3回、国会に提出されたが、いずれも世論の反発で廃案に追い込まれていた。東京新聞も特報部を中心に反対のキャンペーン報道を展開したが、それが再び、国会審議の場に出てくるのである。

前年の8月にも、安倍政権が「共謀罪」の国会提出を検討していることを1面トップで報じたが、当時はまだ提出時期が決まっていなかった。今回は20年の東京五輪・パラリンピックを見据えたテロ対策強化を大義名分にしていたが、特定秘密保護法、安保関連法、そして「共謀罪」によって、「戦える国」を一層強固にする狙いがあることは明白だ。その先の最終目標として安倍首相は憲法9条の改正を考えているというのが、政治部の見立てだった。

なぜ「共謀罪」の動きをいち早く記事にしたのか。特定秘密保護法、安保関連法とも成立に向から政権のペースについていく形になってしまったことへの反省があったからだ。政権側からすると、「共謀罪」にいち早く注目が集まってしまう不都合な「発表先取りスクープ」だったはずだ。1面の記事とセットで3面では「新『共謀罪』を考える」という連載を開始した。

「共謀罪」は犯罪の実行前の合意を処罰する内容であるため、「心の中の自由の侵害につながる」「市民団体や労働組合などの活動が対象となりかねない」という危険があった。政権がテロ対策を強調して呼称を「テロ等準備罪」としても、その本質は何も変わっていない。憲法19条には

「思想及び良心の自由は、これを侵してはならない」とある。人の「内心」には国が立ち入らないというのが、基本的な考え方なのだ。

東京新聞　2017年（平成29年）2月28日（火曜日）　©中日新聞東京本社2017　（日刊）

東京新聞
中日新聞東京本社

テロ準備罪「テロ」表記なし

「共謀罪」創設の改正案 全文入手

市民も対象 変わらず

政府が創設を検討している「共謀罪」の趣旨を盛り込んだ組織犯罪処罰法改正案の全容が二十七日、関係者への取材で明らかになった。政府はテロ対策を強調し呼称を「テロ等準備罪」に変更したが、法案には「テロ」の文言が全くないことが判明。捜査機関の裁量によって解釈が拡大され、内心の処罰につながる恐れや一般市民も対象になる余地も残しており、共謀罪の本質的な懸念は変わっていない。（山田祐一郎）＝根拠説明あいまい②要旨③減免規定「密告社会に」㉘面

「内心の処罰」恐れ残す

本紙が入手した法案全文によると、処罰されるのは「実行準備行為を伴う組織的犯罪集団による重大犯罪遂行の計画」で、「計画罪」と呼ぶべきものとなっている。政府が与党に説明するために作成した資料では、対象とする二百七十七の犯罪を「テロの実行」「薬物」など五つに分類していたが、本紙が入手した法案全文には「テロ」の文言はなく、分類もされていなかった。特定秘密保護法で規定されているようなテロリズムの定義もなかった。

法案は、共同の目的が犯罪の実行にある「組織的犯罪集団」の活動として、その実行組織によって行われる犯罪を二人以上で計画した者を処罰対象としている。計画に参加した者の誰かが資金や物品の手配、関係場所の下見、「その他」の実行準備行為をしたときに処罰すると規定。また「（犯罪）実行に着手する前に自首した者は、その刑を減軽し、または免除する」との規定もある。

政府はこれまでの国会答弁で「合意に加えて、準備行為がなければ逮捕令状は出ないように立法する」などと説明してきた。しかし、条文は「実行準備行為をしたときに」処罰するという規定になっており、合意したメンバーの誰かが準備行為をしなければ逮捕できないとは読み取れない。

準備行為がなければ起訴はできないが、計画や合意の疑いがある段階で逮捕や家宅捜索ができる可能性が残ることになる。合意の段階で捜査できるのは、本質的には内心の処罰につながる共謀罪と変わらない。

「組織的犯罪集団」は政府統一見解では、普通の団体が性質を変えた場合にも認定される可能性がある。団体の性質が変わったかどうかを判断するのは主に捜査機関。その裁量次第で市民団体や労働組合などが処罰対象となる余地がある。

「共謀罪」法案のポイント

- 目的は国連の国際組織犯罪防止条約の実施
- 犯罪を実行するために結合している「組織的犯罪集団」が対象
- 現場の下見や資金・物品調達などの「準備行為」が処罰の条件
- 実行に着手する前に自首した場合は刑を減免

解説　内心の処罰　複数の人が犯罪を行うことを合意しただけで、実際の犯罪行為がなくても処罰につながることが、今法案の大きな問題点とされている。現代刑法は、犯罪行為を実行（既遂）、あるいは、結果は生じていないが犯罪行為に着手（未遂）した場合に処罰することが大原則。日弁連は、未遂の前の段階まで罪に問うと刑法の体系を根底から変えてしまうと批判している。過去に共謀罪が国会審議された際には「内心の処罰は表現の自由を脅かす」「捜査機関が乱用する恐れがある」との批判が大きく、廃案の一因となった。

多くの法律家「反対」

「市民の内心の自由を侵害する」と法律家6団体のメンバーが共謀罪に反対する声明を発表した＝27日午後、東京・霞が関の司法記者クラブで（安江実撮影）【記事29面】

読者とともに
紙面へのご意見 お問い合わせは
TEL 03-6910-2201
土日祝日除く9:30〜17:30
FAX 03-3595-6935
TOKYO Web
www.tokyo-np.co.jp

東京新聞編集局

東京新聞は「共謀罪」と紙面で一貫して表記しているが、法案としては組織犯罪処罰法の改正として、「テロ等準備罪」の条項が新たに加わった形である。

肝心の「テロ」表記がない「共謀罪」

「テロ準備罪『テロ』表記なし」という見出しのスクープが朝刊1面トップになったのは17年2月28日（紙面）のことだ。記者が改正案の全文を独自に入手して読んでいたら、「テロ」の文言が全くなかったという内容だ。特定秘密保護法で規定されるようなテロリズムの定義もなか

った。特定秘密保護法では「その他」の問題を浮き彫りにしたが、法案は全文をチェックしないと、監視したことにはならないことを学んだ。

「テロ」の表記がなくて、一体誰を処罰するのか。一般市民まで処罰対象を拡大する気ではないかと、懸念を持つのは当然のことだ。後日、修正の形で処罰対象に「テロリズム集団」が加えられたが、懸念の解消にはつながっていない。そもそもテロは重大犯罪であり、当時すでに爆発物使用共謀罪などの法整備はできていた。

国連からの警告

「共謀罪」の採決が衆院法務委員会で強行されたことを伝える5月20日の朝刊1面（紙面はP132）では、プライバシーの権利に関する国連特別報告者であるケナタッチさんが安倍首相に書簡を送ったことを、「『恣意的運用』国際視点から警告」というトップ記事に匹敵する大きな見出しを付けて伝えた。書簡はプライバシーや表現の自由を制約する恐れがあると強い懸念を示し、特に法案の「計画」や「準備行為」の文言が抽象的であるため、恣意的に適用されかねないなどと警告していた。

国会周辺での抗議活動も1面で「戦争させない。自由にものが言える。この二つを守らなくては」との見出しを付けて伝えた。特定秘密保護法、安保関連法、そして「共謀罪」と法律名は違

東京新聞
中日新聞東京本社
東京都千代田区内幸町二丁目1番4号
〒100-8505 電話03(6910)2211

「共謀罪」採決強行

衆院委で可決

犯罪の合意を処罰する「共謀罪」の趣旨を含む組織犯罪処罰法改正案は十九日の衆院法務委員会で、与党と日本維新の会の賛成多数で可決された。民進、共産両党は「審議が尽くされていない」と抗議したが、与党が採決を強行した。二十三日の衆院本会議で可決し、参院に送付する構え。民進など野党は成立阻止に向け徹底抗戦する方針だ。

法案の審議時間は、十九日の衆院法務委で予定された質疑が終わった時点で、与党が採決の目安とする計三十時間を超えた。

これを受け、自民党議員が採決の前提となる質疑終局動議を提出。審議続行を求める野党議員の怒号が響く中、鈴木淳司委員長（自民）は、「共謀罪」法案、与党と維新提出の修正案の採決に踏み切った。

金田勝年法相は採決後、「テロ対策、国民の安全に重要な法案だ。私も誠実に対応した」と記者団に語った。野党筆頭理事の逢坂誠二氏（民進）は「採決は言語道断だ」と批判した。

採決に先立つ質疑で、枝野幸男氏（民進）は、同法案に関し「デモや座り込みに萎縮効果をもたらす」と指摘。山尾志桜里氏（同）は無料通信アプリ「LINE（ライン）」のやりとりに対しても、権力による監視が進むと懸念を示した。

与党は二十四日の参院審議入りを目指す。同法案を今国会で成立させるため、来月十八日までの会期を延長する可能性もある。

衆院法務委で組織犯罪処罰法改正案が可決され、起立する金田法相（右）＝19日午後1時13分、国会で（小平哲章撮影）

「共謀罪」規定のポイント

- 対象犯罪は277
- 適用対象はテロリズム集団などの組織的犯罪集団
- 現場の下見などの準備行為も構成要件
- 実行前に自首した場合は刑を減免
- 組織的犯罪集団の不正権益の維持・拡大を目的とした計画も処罰

「共謀罪」関連

捜査は既に横行 ❷
ぶれる国会答弁 ❸
続出する迷言 ㉔㉕
廃案まで抗議 ㉖㉗
論戦ポイント❼社説❺

「恣意的運用」国際視点から警告

プライバシー権の国連特別報告者 首相に書簡送る

プライバシーの権利に関する国連特別報告者ケナタッチ氏が、「共謀罪」法案に対し、プライバシーや表現の自由を制約する恐れがあると強い懸念を示す書簡を安倍晋三首相あてに送付した。法案の「計画」や「準備行為」の文言が抽象的で恣意的に適用されかねないなどと警告しており、国際的な視点から問題点を明示された形だ。

書簡は十八日付で、法案で対象となる犯罪が幅広くテロリズムや組織犯罪と無関係のものを含んでいると指摘。どんな行為が処罰対象となるか不明確で、刑罰法規の明確性の原則に照らして問題があるとした。

さらに書簡は、プライバシー保護の適切な仕組みが欠けているとして、懸念事項を列挙。「国家安全保障のために行われる監視活動を事前に許可するための独立機関の設置が想定されていない」と問題視した。

政府は、犯罪の計画だけで強制捜査はできないが、令状がいらない任意捜査は必要性などがあれば認められる、としている。これに対し、書簡は「法案では令状主義の強化が予定されていない」と批判する。

その半面、「警察がGPS（衛星利用測位システム）や電子機器を使った捜査で裁判所に令状請求する際、司法の監督の質が憂慮される」とも記述。政府側が歯止めとして強調する裁判所のチェック機能にも疑問を呈した。

ケナタッチ氏は、情報技術（IT）に関する法律の専門家で、マルタ共和国出身。国連の人権理事会が二

声 国会前

「戦争させない。自由にものが言える。この二つを守らなくては」

「共謀罪」法案に反対する市民らは十九日午後、衆院法務委員会での法案可決後も、国会周辺で「まだ、あきらめない」と訴えた。

相模原市の橋本寿子さん（七〇）は「政府は国民をなめている」と怒った。「戦争をさせない。自由にものが言える国。この二つは、子や孫のために何としてでも守らなくては。そうでなければ死にきれ

の関心が低いから、すんなり決まってしまうのではないか。ちゃんと反対しているという意思を示したい」。大学院生是恒香琳さん（二五）は、深夜まで抗議を続けた。

秘密廃棄 初

内閣府 防衛

特定秘密保護法の運用状況を検証する内閣府の佐藤隆文独立公文書管理監が二〇一五年十二月から一七年三月までの運用を調査した結果、特定秘密が含まれる防衛、経済産業両省の計九十三文書の廃棄を妥当だと判断したことが分かった。内閣府が十九日公表した。廃棄妥当の判断が示されるのは初めて。

―公文書は誰のもの❹面

公文書管理監の判断を踏まえ、両省は内閣府の公文書管理課と協議し、廃棄の手続きを進める見通しだ。

秘密保護法は政府による恣意的な秘密指定の懸念が指摘されている。廃棄前に公文書管理監が運用状況を点検しても政府内部の調査にとどまる。外部のチェッ

84号　(明治25年3月12日第3種郵便物認可)　東京新聞　2017年(平成29年)6月15日(木曜日)　©中日新聞東京本社2017

「共謀罪」成立へ強行

自公　委員会採決を省略

参院本会議　早朝にも可決

国会前で「共謀罪」に反対する人たち＝14日夜、東京・永田町で（隈崎稔樹撮影）

自民、公明両党は十四日、「共謀罪」の趣旨を含む組織犯罪処罰法改正案について、参院法務委員会での採決を省略し、参院本会議で「中間報告」を行った後に採決する方針を野党に伝えた。委員会採決を飛ばすのは極めて異例で、野党は拒否したが、与党は十五日早朝にも、本会議で中間報告と採決を強行し、「共謀罪」法案を可決、成立させる構え。民進、共産、自由、社民の野党四党は内閣不信任決議案を提出、成立阻止を図った。

野党が内閣不信任案

「中間報告」は国会法に定められた手続きだが、委員会で採決せず本会議で採決するのは通常はない。国会を会期内に閉じることで、学校法人「加計学園」（岡山市）問題を巡る野党の追及をできるだけ避け、二十三日に告示される東京都議選への影響を最小限にとどめる狙いがある。

安倍晋三首相は、自民党の下村博文幹事長代行と官邸で会談し「緊張感を持って最後までしっかりやってほしい」と指示。菅義偉官房長官は中間報告について「決める時に決めるのは当然のことだ」と主張。民進党の野田佳彦幹事長は「とんでもない暴挙。極めて乱暴な国会運営だ」と批判した。

十四日夜の参院本会議では、中間報告を行うための手続きに入った。

民進党の安住淳代表代行は十五日未明、衆院本会議での内閣不信任決議案の提案理由説明で「『共謀罪』法案の審議はまだ終わっていないのに、中間報告という姑息な手段で強行採決を行おうとしている。参院法務委でしっかりとした質疑を行い、民主的ルールにのっとった議会運営を行うよう求める」と訴えた。「共謀罪」法案を巡っては、一般市民が処罰対象になる恐れや、内心の自由が侵される恐れが指摘されている。

民進党は十四日、自民党の山本順三参院議院運営委員長の解任決議案を参院に提出し、否決された。山本幸三地方創生相に対する問責決議案は十四日の参院本会議で、与党などの反対多数で否決された。「共謀罪」法案を巡り、民進、共産両党が提出した金田勝年法相の問責決議案は与党などの反対多数で否決された。

民進党など野党四党は「加計学園」問題を巡る対応が背信的だとして、松野博一文部科学相の不信任案を衆院に提出した。

多くの論点　残したまま

政府・与党は「共謀罪」を創設する法律の成立を強行しようとしているが、詰められていない論点が多く残っている。特に、政府が「限定した」と強調する点が議論を重ねるほど曖昧になった。

犯罪の実行に着手する前の計画段階を処罰するにもかかわらず、どんなことが「計画」や「準備行為」に当たるかが不明確なままだ。準備行為が犯罪計画のために行われたのかという主観を捜査することになり、心の中で考えたことが処罰の対象になる過去の法案と本質的に変わらない。

政府は「組織的犯罪集団」の構成員以外の一般人も捜査対象になることを認めた。市民監視が強まり、表現活動が萎縮するとの懸念は拭えていない。

テロを未然に防げるかどうかの具体的な議論はなく、政府が強調する「テロ対策」になるのかも疑問だ。

まだ審議が必要な論点

「心の中」の処罰	犯罪を構成する「計画」や「準備行為」の定義は曖昧なままだ。「限定した」という政府の説明は途中で変わり、「何をしたら罪になるのか」も明確でない。日常の行為が準備行為とされる恐れは依然として払拭（ふっしょく）されていない
一般人の処罰	「組織的犯罪集団に限定されており、一般人が対象にならない」との当初の説明は、審議を経て大きく変わった。条文は対象を組織的犯罪集団に限定しておらず、環境保護団体でも「隠れみの」であれば処罰される。冤罪（えんざい）や誤認逮捕を生む恐れについても議論は深まっていない
「テロ対策」なのか	この法案はテロを未然に防止できるのか、政府は具体的な議論に応じず、抽象的な答弁に終始した。277もの犯罪を対象とする根拠は不明。国連特別報告者の指摘にも政府は非難を繰り返すだけで、懸念に対する反論はなかった

「9つの論点」詳報

■最終面に

民主主義ないがしろ

政治部長・金井辰樹

異常というしかない。「共謀罪」の趣旨を含む組織犯罪処罰法改正案の扱いは、参院の委員会の採決を省いて本会議採決に持ち込む展開となった。安倍政権下では、採決の強行はさほど珍しくなくなってしまったが、今回ばかりは足元の自民党内からも「全くの想定外」という声が漏れる。国会の基本的な手続きを飛ばして成立を急ぐ光景は、民主主義がないがしろにされたと言わざるを得ない。

本紙が繰り返し指摘するように、法案を審議するたびに政府の説明は左右し、新たな疑問や懸念が生まれている。民進党は審議入りを前に「四十項目の疑問」を示した。大部分は疑問のまま。同党の「疑問」は今、約百八十項目にふくらんだ。

本会議を前にした十四日夕、菅義偉官房長官は記者会見で「法案は与野党の協議の中で決めるときは決める。当然のことではないか」と語った。民主主義は最後には多数の力で決するが、それは考えの異なる者が徹底した熟慮を行うことが前提だ。民主主義は時間がかかる。

今回、参院法務委員会が十三日までに行った審議時間は十七時間五十分。衆院の委員会で審議された時間は三十時間二十五分だった。与党が目安とする「参院の審議時間は衆院の七割程度」にも、はるかに及ばない。審議時間の長短で採決時期を語ることには賛成できないが、質も量も、採決の機が熟していないのは明らかだ。参院は良識の府、熟議の府を標ぼうしている。看板が泣いている。

なぜ急いだのか。政府・自民党は今、「共謀罪」の逆風に加え、学校法人「加計学園」問題で批判にさらされている。各種世論調査では内閣支持率は下降カーブを描く。その状況下だからこそ、強引な手法を使って一日も早く幕を引き、七月二日の東京都議選の投票日のころには「忘れてもらいたい」と思ったという見方が広がる。

もし、そうだとしたら、私たち有権者は、「共謀罪」法案の採決で、どの党が、どの議員が、どんな行動をとったのか「忘れない」ことが大切だ。都議選の後には、遅くとも来年中には衆院選もある。

東京新聞　2017年（平成29年）6月15日（木曜日）　28

「共謀罪」9つの論点　国会論戦と取材班の目

数々の問題　置き去り

「心の中」の処罰（選者の恐れ）　一般人の処罰　「テロ対策」なのか

っていても、人々は全てが「戦える国」の基盤づくりだと考えて、反対の声を上げ続けていたのである。

強行採決に九つの論点で「待った」

「共謀罪」の成立は17年6月15日早朝と、警鐘を鳴らしてからわずか半年後だった。参院での委員会採決を省いて本会議での採決に持ち込むという、極めて異例の展開だった。15日朝刊の1面トップ記事の見出しは『「共謀罪」成立へ強行』（紙面はP133）とし、政治部長は論説で「国会の基本的な手続きを飛ばして成立を急ぐ光景は、民主主義がないがしろにされたと言わざるを得ない」と厳しく批判した。

最終面では国会論戦の内容を九つの論点ご

1　12版Ｓ山手　第26785号　東京新聞　2017年（平成29年）6月16日（金曜日）

「共謀罪」法成立　その日

廃止あきらめない

「共謀罪」法が十五日朝、成立した。同法は特定秘密保護法、安全保障関連法に続き、日本を「戦える国」に変質させる安倍路線の延長線上にある。二人の識者が「言わねばならないこと」の特別編として、この法律の問題点を語った。

弁護士の三澤麻衣子さんは「強行採決した政権のおごりを忘れてはいけない。廃止のため、あきらめないことが大事だ」と訴えた。市民団体が捜査、処罰の対象になる恐れがあるとし「これからはＬＩＮＥやメールのやりとりで、共謀罪を認定されるかもしれない」と危うさを指摘した。

憲法学者の水島朝穂さんは同法には「重大な憲法上の疑義がある」と述べた。憲法三一条は「国民の自由を制限する刑罰は抑制的であるべきだとの考え方」を定めているとし、二百七十七もの罪が合意段階で処罰されるこの法律はそれを逸脱すると訴えた。

詳報は③面

「共謀罪」法の成立に抗議の声を上げる人たち＝15日午後、東京・永田町で（安江実撮影）

採決強行　来月施行へ

犯罪の合意を処罰する「共謀罪」の趣旨を含む改正組織犯罪処罰法は十五日朝の参院本会議で、自民、公明の与党と日本維新の会などの賛成多数で可決、成立した。参院法務委員会での採決を省略し、本会議で「中間報告」を行う異例の手法で、十四日から徹夜の攻防が続いた後、与党が野党を押し切った。施行日は七月十一日の見通し。

採決の結果は、賛成一六五、反対七〇。参院で自民、公明と統一会派を組む日本のこころも賛成した。民進、共産、自由の各党は反対し、自由党の森裕子氏、社民党の福島瑞穂、又市征治両氏の計三人は採決を引き延ばす「牛歩戦術」をして、時間切れとみなされ「投票せず」とされた。

安倍晋三首相は成立を受け「適切、効果的に法律を運用していきたい」と官邸で記者団に強調。民進党の蓮舫代表は、採決に先立つ討論で「究極の強行採決に強く抗議する」と批判。成立

言わねばならないこと　2017.6.16　特別編

自由と人権は

いわゆる「共謀罪」の導入で、私たちは何を得て何を失うのだろうか。

得るもの。テロ防止に少しは役立つのかもしれない。政府の言う通りなら外国からテロ関連情報も来るかもしれない。もちろん想定上の話で具体的に示されているわけではない。イスラムテロを防ぐのなら貧困や失業の対策など本を絶つ方が効果的にも思われる。

では失うものは。一番は自由ではないか。

日本ペンクラブの集会などでは、内心の自由、表現の自由への侵害の恐れが口々に唱えられた。それらの自由なくして闊達な社会はありえず、おそらく豊かさや繁栄まで奪われてしまうだろう。

もう一つ恐れるのは人権が脅かされることである。起きてもいない犯罪を防ごうとすれば、捜査の網は必然的に広く深くなりプライバシーは密かに侵され、誤認逮捕や冤罪は不可避とな

「加計文書」一転「存在」

「総理意向」など14点

文科省再調査

安倍晋三首相の友人が理事長を務める学校法人「加計学園」（岡山市）の獣医学部新設計画で、内閣府が文部科学省に早期新設を働き掛けたとされる文書など計十九点の存否を再調査していた文科省は十五日、「総理のご意向」と書かれた文書など計十四点の存在を確認したと発表した。ただ、安倍首相の意向が実際にあったのかどうかなど文書内容そのものの真偽については確認を避け、真相究明に及び腰の姿勢は変わらなかった。

調査結果を受けて山本幸三地方創生担当相は同日、特区を担当する内閣府も再調査し、十六日に結果を公表する考えを示した。

当初の調査は、担当の専門教育課などの計七人から話を聞くなどして「存在を確認できなかった」と結論づけた。今回は対象を四部署など計二十六人に広げ、個人パソコンのフォルダーを調べるなどした結果、確認につながった。調査のずさんさについて松野博一文科相は会見で「大変申し訳ない」と謝罪。一方で学部新設計画の手続き自体に問題はないとの考えを示した。

再調査対象は、獣医学部設置を巡り「官邸の最高レベルが言っている」「総理のご意向」などと書かれた文書など十九点。存在した十四点のうち八点は、前回調査したフォルダーとは別

菅氏、結

きょう内閣府が

菅義偉官房長官は十五日の会見で、文部科学省の追加調査結果に関し「獣医学部新設はいずれのプロセスも関係法令に基づき適切に実施しており、圧力が働い

平和の俳句　戦後72年

戦争は大馬鹿者の大ゲンカ

酒井　芳生（70）　愛知県安城市

〈ミムラ〉双方に〝大〟がついたことでコミカルになり真意がすっと胸に入る。〈いとうせいこう〉これは痛快。利口者は外交と経済関係と市民交流で国家を利する。

2017.6.16

ニュースピックアップ

▶▶ きょうの目次は③面

加計文書は存在
- 萩生田氏が修正指示　②
- 再調査報告要旨など　㉖
- 「公益通報者」保護を　㉖
- 文書真偽はぐらかす　㉙

「共謀罪」法成立
- 強行、許されない　③
- 社説　⑤
- 経済活動萎縮の恐れ　⑥
- 条文と対象277の罪　⑦
- 特報　失ったものは　㉖㉗
- 「終わりではない」　㉘

野際陽子さん死去　㉘

数多くのテレビドラマや映画で活躍した俳優の野際陽子さんが死去したことが分かった。81歳。

とに「取材班の目」から振り返った（紙面）。違憲の恐れがある「『心の中』の処罰」をめぐっては「計画段階の捜査で人権侵害の恐れ」「何が『合意に当たるのか』」「何が『準備行為に当たるのか』」という三つの論点でチェックしたが、国民の不安や懸念を払拭できたとはとても思えなかった。

論点を置き去りしたまま、今回も反対の声を「数の力」で押し切ったのだから、採決は「強行」との見出しにした。

「加計文書」の存在を情報操作？

「共謀罪」が成立した翌日の16日朝刊１面（紙面）でも「廃止あきらめない」「自由と人権はどこへ」との見出しを付

けて「共謀罪」成立を受けた記事を展開したが、トップには全く別の記事を置いた。見出しは『『加計文書』一転『存在』」『『総理意向』など14点」。安倍首相の友人が理事長を務める学校法人「加計学園」の獣医学部新設をめぐり、「総理のご意向」と書かれた記録文書などが存在していたという文部科学省の再調査の結果を報じたものだ。当初の調査では「存在を確認できなかった」と結論付けていた。

「共謀罪」が成立した直後に事実を公表したのはなぜなのか。採決を強行したのは事実上の国会閉会日だったから、直後に公表しても国会での法案審議に影響を与えることはない。公表の時期を都合よく操作したとしか思えない。国会の閉会日に向けて、短い審議時間で重要法案を一気に成立させたのは、特定秘密保護法と同じやり方である。

忘れてもらいたい政権

採決を強行した理由としてもう一つ考えられたのが、東京都議選の投票日が7月2日に迫っていたことだ。批判にさらされている法案は少しでも早く採決し、投票日の頃には「忘れてもらいたい」という思いが政権内にはあった。安保関連法の「空白期間」の設定と同じ発想である。

私もかつて政治部で取材していた時に政権の幹部から、不都合なこと、国民に批判されていたことを選挙の時までには遠い過去の話にしたい、要は忘れてほしいという思いを「時がたてば収まる」との言い回しで何回も聞かされたことがある。

新聞が権力側の術中にはまらないためには、こうした権力の行使の仕方を過去のこととして終わらせずに、人々が忘れないように書き続けることが大事なのである。本書もそのためにある。

第4章 東京新聞流のジャーナリズム

４社の編集局長の思いは一つ

「平和国家」の日本が大転換期を迎えていた２０１４年の8月、高知新聞（本社・高知市）の編集局長から創刊１１０周年の記念に企画した座談会に参加してほしいという要請があった。他には信濃毎日、琉球新報（本社・那覇市）に声がかかっており、どこの社からも異議が出なかったことから、「新聞ジャーナリズムはいま　どうあるべきか」をテーマにした座談会が東京で行われた。

時期が時期だけに特定秘密保護法や集団的自衛権の行使容認の二つを軸に、報じる新聞の立ち位置や使命に関して時間を費やした。先の特報部の取材ではないが、お互い同じ志を持って各地で紙面を作ってきたことがよく分かった。

新聞の立ち位置についても「大事なのは風上に立つか、風下に立つか。不条理に立ち向かう、逆風にある人々とともにあるのが新聞」（高知）、「日本の針路に迷っている人々、無関心な人々、漠然とした不安を抱く人々の共感をいかに呼び起こすかが大事」（信毎）、「紙面に日々出る言葉が難しいと受け止められている。分かりやすさの追求で、もう一度読者を引きつける」（琉球）という発言には全く同感だった。新聞の立ち位置を「右」か「左」で議論する人がいるが、大事なのは読者、人々の側に立つかどうかであって、私は「庶民のリアリズムで権力を監視したい」

と持論を話した。

官邸での首相記者会見に「あぜん」

東京に本社を置く新聞としてつらかったのは、集団的自衛権の行使容認を閣議決定した後の安倍首相の首相官邸での記者会見に話題が及んだ時だ。高知の局長に「単刀直入に切り込む質問が出ず、あぜんとしました。あれで国民は信頼してくれると思いますか」と聞かれたのに対して、「権力を監視するメディアが、市民からは監視されているという意識がまだ弱い。そこを変えないと信頼を失いかねません」と答えた。

首相官邸の記者クラブには東京新聞も所属しており、その日の首相会見に記者も出席していたはずだ。時間の制約で質問者は限定され、当日もどこの社の記者が質問できたか覚えていなかったが、テレビ中継などで会見を見ている側からすると、その場にいた記者全員が役割を果たしていないと見えていることがよく分かった。政治部長には高知新聞の局長とのやりとりを伝えて、質問がいかに大事であるかを、現場にしっかり伝えるよう要請した。

官房長官と記者会見で戦う女性記者

東京新聞の社会部（政治部ではなく）の望月衣塑子記者が首相官邸の菅官房長官の記者会見に

連日のように出席し、食い下がる姿が知られるようになったのは、座談会から2年10カ月ほどたってからだ。首相の記者会見は節目にしか行われず、しかも自由に質問ができるわけではない。平日ならほぼ毎日行われている官房長官の記者会見は、権力者の声を聞き、表情を見るための現場として、足を運ぶ価値はある。

官房長官会見の取材が政治部の「独占」のような状態になっていたことは、政治部の記者の数が全国紙と比べて著しく少ない東京新聞としては、編集局長が率先して改めないといけなかった。首相会見で分かったように、官房長官がどう答えるかだけでなく、記者がどんな質問をしたかが、読者にとっては重要なのである。

原発事故の取材と同様、「物分かりが悪い記者」や「力ある者の情報を疑う記者」が記者会見に出席し、どんどん質問してほしい。望月記者も権力者が隠したがっていることを明るみに出したい思いから行動しており、政治部長には「首相官邸の圧力から守るように」と指示した。

横議・横結・横行の精神

座談会のやりとりに話に戻すと、琉球新報の局長からは「日本の社会をもう一度健全化させるべく、まさに、住民に身近な地方紙が踏ん張り、連携すべきは連携すべき時でしょう」と提案があった。

高知新聞の呼びかけによる座談会であることを意識し、私は「坂本龍馬が活躍した幕末期、『横議・横結・横行』という言葉がはやった。横のつながりで議論し、行動し…という維新の精神。今回の企画のように、新聞有志が連携する、記事やアイデアを交換し、情報統制の動きに対抗する。まさに龍馬がやったこと」と発言し、提案に賛同した。

東京新聞の役割の一つは、地方の声を、膨大な人口を抱えている東京圏で伝えることだと思っている。友好関係にある地方紙の編集局長には、東京新聞を自分たちの記事をアピールする場所と考えてほしいとお願いした。地方の問題が東京圏の問題に、そして全国の問題となって、世論が大きく動くサイクルを作りたかったのである。

局長に在任中、いろいろな場面で「時代が戦前に似てきた」と指摘された。多くの人が今で言う「新しい戦前」を感じていたのだろう。かつてと違うのは、読者を味方に権力を監視し、情報統制に抵抗する覚悟を持った新聞があることだと、３紙の局長と話していて実感した。

東京新聞が重視する沖縄報道

４紙の編集局長座談会から３カ月後の14年11月の沖縄県知事選では、米軍普天間飛行場（宜野湾市）の辺野古（へのこ）（名護市）移設阻止を訴える翁長雄志（おながたけし）さんが、推進派の現職を破って知事に就任した。日米両国政府の「防衛協力指針（ガイドライン）」の再改定に向けた中間報告から、自衛隊の米軍支援の「地理的歯止め」が消滅したばかりのタイミングだった。

東京新聞は、太平洋戦争末期に激烈な地上戦の舞台となったことを忘れてはいけないという思いと、その地に依然、多くの米軍基地が残っている問題を追及するため、沖縄県での取材を長年にわたり重視してきた。

米軍基地の負担割合は本土と沖縄県で3対7と、沖縄県民に過度に押し付けている構図だ。辺野古も県内移設であり、負担の抜本的な軽減にはならない。東京圏でも米軍基地を抱えており、沖縄県で起きていることは「自分事」だという問題意識もあった。

翁長知事の発言に共感しての全録報道

翁長知事が就任後初めて菅官房長官と会談した時の冒頭発言の全てを、15年4月11日の見開き2頁の特報面（紙面はP145～146）に掲載した。会談翌日（6日）も紙面展開しているが、全録は知事の発言に心を打たれた特報部の記者が、琉球新報の協力を得て企画した。「沖縄が基地を提供したことはない」と知事が訴えたくだりを中心に一部を紹介したい。

＊

今日まで沖縄県が自ら基地は提供したことはないということを強調しておきたい。普天間飛行

東京新聞　2015年（平成27年）4月11日（土曜日）　11版　特報

こちら特報部

菅官房長官との初会談

翁長沖縄県知事全発言を読み解く

「沖縄が基地を提供したことはない」「平和の中…日本のフロントランナー」

場もそれ以外の取り沙汰される飛行場も基地も全部、戦争が終わって県民が収容所に入れられている間に、県民がいる所は銃剣とブルドーザーで、普天間飛行場も含め基地に変わった。

私たちの思いとは全く別に全て強制接収された。自ら奪っておいて、県民に大変な苦しみを今日まで与えて、そして今や世界一危険になったから、普天間は危険だから大変だというような話になって、その危険性の除去のために「沖縄が負担しろ」と。「おまえたち、日本の安全保障はどう考えているんだ」と。「沖縄県のことも考えているのか」と。こういった話がされること自体が日本の国の政治の堕落ではないかと思う。

日本の国の品格という意味でも、世界から見ても、おかしいのではないかと思う。この70年間という期間の中で、基地の解決に向けてどれぐらい頑張ってこられたかということの検証を含め、そのスピードから言うと先にはどうなるのか。これもなかなか見えてこないと思う。

＊

当初は会談の冒頭5分だけの公開予定だったが、知事は事務方が用意した資料にほとんど目をやらず、県民の思い、琉球の歴史、基地負担の実情を30分近く語り続けた。

「粛々」対「あきらめない」

東京新聞　第3種郵便物認可

こちら特報部

基地問題で国の品格問う

沖縄では安倍政権「戦後レジーム死守」

話題の発掘

翁長知事の発言は明快だが、込めた意図などを大学教授らに読み解いてもらった。

まず最初の❶。「日米安保体制が重要…」は、海兵隊が使う普天間飛行場（宜野湾市）の辺野古（名護市）移設反対の主張と相いれないようでもあるが、琉球大の島袋純教授（政治学）は「県民には安保体制を壊す意思はないということを、はっきりさせておきたかったのでしょう」と話す。

重要拠点である米空軍嘉手納基地については「すぐに撤去できないという県民の共通認識がある」という。一九九五年の少女暴行事件以来、沖縄が求めているのは「米海兵隊の撤退や大幅縮小」だ。こうした前提の上で「翁長知事は海兵隊の抑止力に焦点を当て、全てが沖縄にある必要性はない、と言っている。海兵隊の規模が縮小されれば、かなりの基地問題は解決する」と島袋氏は指摘した。

❷の「沖縄県が自ら基地は提供したことはない…」については、「米国も加盟するハーグ陸戦条約は、敵国の領土における私有財産没収や略奪を禁じている。本来、接収した土地は返還されなければならなかった」（島袋氏）。

注目すべきは後に続く「自ら奪って」という表現で、「ここで主語が米軍から日本政府になる。沖縄復帰の直前、政府が公用地暫定使用法を成立させ、米軍の接収を合法化した。法の支配の逸脱、人権侵害でもある」と説明した。

翁長知事と菅官房長官が会談したホテル前で、「辺野古新基地建設を撤回せよ」などと声を上げる人たち＝5日、那覇市で

❸の「お祝いの式典…」は、サンフランシスコ講和条約が発効した四月二十八日を、沖縄県民が「屈辱の日」と認識していることへの発言だ。日本は独立を果たしたが、沖縄が米軍政下に置かれた。「かつての自民党幹部は四月二十八日など祝わず、沖縄の痛みを共有しているという相互の信頼関係があった。自民党の性質が根本的に変わってしまったと、知事は言いたかったのではないか」

❹の「普天間は固定化…」については、沖縄国際大の前泊博盛教授（基地経済論）は「協議が始まった時は普天間飛行場を撤去するという話だったのに、いつの間にか移設にすり替わってしまった」と解説する。「他国との問題は外交で解決する時代になっている。従来ほどの軍事力は必要はなくなっている」

❺の「73・8%が73・1%…」の指摘のように、辺野古に移設をしても、沖縄の負担はほとんど変わらない。前泊氏は「嘉手納より南にある米軍基地はもともと重要性が低い。実際に、遊休化している基地は多数ある」と指摘した。

❻の「戦後レジームの死守…」は沖縄県民にはそう映るのだろう。「対米追従でなく、対等な関係の構築こそが脱却。そこに触れずに何を言っているのか。結局、日本の政治家は基地問題をよく知らない。長年、米軍基地と向き合ってきた沖縄の住民からみれば『何も分かっていない人間が首相や官房長官をやっているのか』となってしまう」（前泊氏）

❼の「沖縄のソフトパワー…」は、本土にはない独自の文化が数多くあるという主張だ。

沖縄を訪れる観光客数は年々増え、昨年は過去最高の七百五万人。米軍基地の存在はマイナスでしかなく、ドキュメンタリー映画「圧殺の海　沖縄・辺野古」を撮影した影山あさ子監督は「9・11直後、（那覇市の繁華街の）国際通りは閑散としていたと聞く。何か事が起きれば攻撃対象になると皆が肌で感じているはず」と主張し、沖縄には別の役割を担わせるべきだと強調する。

「日本の端は、中国などアジアの国々と近いことを意味する。基地に反対する沖縄の住民の強いメッセージは各国にも伝わっている。アジア全体の平和を考えていく場所にするべきではないのか」

デスクメモ

最近、何度もテレビが放送したパラオの海の映像を見て思う。十年ほど前、慰霊の取材で訪れた硫黄島の海も美しかった。だが、戦前に暮らした島民は去り、自衛隊の基地しかない。沖縄は移住者も多く、戦前は五十八万人ほどだった人口が、いまや百四十万人超。しかし、米軍基地は一向に減らない。（文）

会談では菅官房長官が辺野古での新基地建設を「粛々と進める」と繰り返していることに対し、知事が「粛々という言葉を何回も使われ、問答無用という姿勢が感じられる」と不信感をあらわにした。政治は本来、あらゆる可能性を追求し、人々の思いを実現するためにある。「粛々」という言葉を使うことは、その否定に他ならない。権力側が「粛々」と物事を進める姿勢は、沖縄の米軍基地問題にとどまらない。全国各地で起きていることだととらえて取材をしないといけないと、発言を読んで思った。

新基地建設反対運動の現場を、琉球新報幹部の案内で訪れた時に、「勝つ方法はあきらめないこと　知事と共にガンバロウ！」という立て看板のキャッチコピーに感銘を受けて写真を撮った。「粛々」に対抗する「不屈の精神」を表しており、反対運動を東京圏で伝えていく責任の重さを感じた。

「論点明示報道」という新語

原発事故以来の東京新聞の一連の報道は、14年8月に第57回日本ジャーナリスト会議（JCJ）大賞を受けた。対象となったのは「憲法、安保、原発―ずばり核心を突く1面の『論点明示報道』」だった。受賞の知らせを聞いた時は正直、戸惑った。「論点明示報道」とは初めて聞いた言葉だったからだ。

受賞理由には「東京新聞は、以前から特報部をはじめ『記者クラブ』に依存しない報道を心掛けてきた。特に昨年来、『本記で報じて解説で論評する』という従来型報道から脱却。『新聞の顔』である1面で『解釈改憲、普天間・辺野古、原発』などの重要な争点を正面に据えて、ずばり問題の核心は何か！　読者に『論点を明示する』新たな報道姿勢を打ち出した。こうした紙面づくりは、ジャーナリズムとしての新聞の新たな可能性と方向性を示す画期的な試みで、高く評価したい」と記されていた。

確かに東京新聞が実践してきたことだ。「論点や問題点を分かりやすく伝えよう」「見出しは記事の本質、核心を伝えよう」などと編集局内で話しており、言われてみればなるほど「論点明示報道」である。ジャーナリズムの世界では基本的に記者が、その記事が表彰を受けてきている。紙面作りや報道姿勢まで評価を受けたことは、新聞のさらなる進化を編集局に促している気がした。

問題意識の共有で本質を突く

受賞の大きな要因となった紙面の中には、前述した「首相、立憲主義を否定」の朝刊1面トップがあった。紙面に至る経緯を詳しくたどると、衆院予算委での安倍首相の発言を聞いていた政治部の記者が、まずはニュース価値をどう判断するかが、記事になるか、ならないかの分かれ目だった。今回は「問題発言だ」と直ちに判断し、旧知の内閣法制局の元幹部に取材したところ、「立憲主義の否定」という答えが返ってきた。判断の背景には、政治部で常日頃から問題意識が共有されていたことがある。自民党が２０１２年4月に公表した憲法改正草案には、専門家から「立憲主義の否定」と指摘される条文が入っていたのだ。

では、どういう紙面にするか。首相の発言は解釈改憲をめぐり「最高責任者は私」と言い切ったことに問題がある。ニュースとしては発言の事実を淡々と伝え、解説記事で「これは立憲主義の否定につながる」と書くやり方もあった。その場合は「最高責任者は私」という発言が事実としてニュース扱いになって、首相の権力の誇示に手を貸すことになりかねないし、発言の本質、核心が読者に端的に伝わらない。

記事の前文に問題点まで書き込み、見出しに大きく「首相、立憲主義を否定」と明記することが、発言の持つ意味を示すには一番ふさわしかったと思う。

「定番」に縛られない書き方

新聞では記事は事実だけを記して、問題点や論点は解説記事などとして別途記すことが、東京新聞も含めて「定番」となっている。それを「客観報道」とも言ってきたが、権力側の発表に対して「大本営発表」という批判が付きまとう以上、そのまま伝える記事の書き方ばかりでは読者の信頼を失ってしまう。

読者にどうすれば「本当のこと」を分かりやすく伝えることができるのか。問題点や論点まで1本の記事で明示した方がそれにふさわしいのならば、書き方をどんどん改めていけばいい。ジャーナリズムの反対語はマンネリズムだと言われるくらいなのだから、「定番」に縛られる必要はないのである。

原発事故以来の自分たちの報道に「論点明示報道」という名前が付いたことを、私は編集局の部長会で報告し、引き続き「自分たちの力で本当のことを突き止め、自分たちの責任で大事な論点を世の中に明示し、警鐘を鳴らしていこう」と呼びかけた。「論点明示報道」とは何なのか。それを記事で示せる編集局であり続けるという決意を胸に秘めての発言である。

記事がない段階での見出しの議論

「論点明示報道」を貫くには、政治部や社会部、経済部など取材を担当する各部と、記事の価値を判定して見出しを付ける整理部が、記者の取材段階から問題意識を共有して、何がニュースの本質、核心かを議論することが大事になる。論点を明示する見出しに直結するからだ。本書に掲載した紙面の多くは、そういう経緯をたどっている。打ち合わせの時間が長くなるが、見出しの方向性が固まれば紙面作りは一気に加速する。

整理部長とともに「核心」という紙面のコーナーを担当する部長も、日々の1面トップ記事が何になるかを想定しながらセンターテーブル（写真）でいつも見出しの議論をしていた。2面か3面に載せる「核心」の候補となる記事が、得てして1面トップになるからだ。ニュースの核心を書くコーナーの記事だから、それは当然でもあった。見出し作りは記事の本質、核心に踏み込みながらミスリードは絶対にしないと自らを戒めており、「トップスピードで急カーブを巧みに回りきる」感覚だったという。

センターテーブルを囲んで話し合う編集局員たち（2011年3月12日撮影）

センターテーブルで延々と議論していると、他の部長やデスク、記者も自然に集まってくる。編集局は「大部屋」の中で「ワイワイガヤガヤ」と議論する「ワイガヤ」文化を大事にしてきた。みんなで新聞を作っていると誰かがいつか、いい知恵を出す。それが編集局という組織の強みであり、「論点明示報道」も、その文化の上に成り立っているのである。

核心を言葉でごまかす政権

「論点明示報道」がジャーナリズムの世界の新語になった背

景には、人々の批判を招きかねないことについて権力側が隠すだけでなく、「本当のこと」を言葉でごまかす「体質」をあらわにしてきたことがある。

安保関連法は政権側の略称では「国際平和支援法」と「平和安全法制整備法」だった。その名のとおりなら誰も異議を唱えない。15年4月23日の見開き2頁の特報面（紙面）は「平和」という言葉を用いた安倍政権による印象操作の問題を取り上げた。

東京新聞

こちら特報部

2月、米カリフォルニア州のキャンプ・ペンデルトンで行われた日米共同訓練で、水陸両用車から降りて銃を構える陸上自衛隊員＝共同

なぜ「国際平和支援法」なの？

新たな安全保障法制についての与党協議が事実上終わり、来月にも、国会に関連法案が提出される。その中で、他国軍支援のための新法の名称を、「国際平和支援法」と名付けようとしていることが、特に引っかかる。自衛隊を戦場に近づける恒久法なのに、なぜ「平和」なのか。「積極的平和主義」と同じで、先には「戦争」がある。どんなに良い印象を与えようとしても、ごまかされるわけにはいかない。（榊原崇仁、三沢典丈）

戦争に協力するのに

自衛隊 他国軍に給油、輸送…

ニュースの追跡

安倍政権が自衛隊海外派遣の恒久法を検討し始めたのは、昨年七月。だが、名称については何の言及もないまま突然、今月十四日の与党協議の場で、「国際平和支援法」と示された。

恒久法のため、自衛隊の海外派遣に際し、これまでのような有効期限を定めた特別措置法は不要となる。国会の事前承認は必要だが、法案審議をしなくてもよい。

国連決議を求めているほか、戦場での活動を禁止するなどの制限を設けてあるが、国際平和支援法ができれば、自衛隊による軍事行動中の他国軍への給油や輸送、医療が認められるようになる。こうした活動は「平和」とは、かけ離れたものになりかねない。

明治大の西川伸一教授（政治学）は「実際は戦争する国をバックアップするということだ。『国際平和支援法』という名称は本質を隠している。『国際戦争支援法』『外国戦争支援法』と呼ぶ方がふさわしい」と指摘した。

今月一日の参院予算委員会では、社民党副党首の福島瑞穂氏が、今国会に提出予定の国際平和支援法案を含む安保関連法案を、「戦争法案」と呼んで追及した。安倍晋三首相は強く反論した。「われわれが進めている安保法制にレッテルを貼り、議論を矮小化している。断じて甘受できない」。

ただ、十七日になって委員会理事の自民党議員が福島氏を訪ね、「戦争法案」から「戦争関連法案」への表現の修正を求めている。

重要影響事態？

こうした自民の動きについて、西川氏は「法案の本質をオブラートに包もうとしているのが分かる。一方で、法案が戦争と深く関連していることを、自民自身が認識していることもよくうかがえる」と分析した。

関連法でもう一つ引っかかるのが、「重要影響事態安全確保法案」だ。周辺事態法の内容を変え、名称も改める。こちらも国際平和支援法と同様、自衛隊派遣の条件が緩和され、戦争に近づくというニュアンスは法律名からはうかがえない。

周辺事態法の「周辺」は朝鮮半島有事を念頭に置き、米軍の後方支援を想定していた。新たな法案は、地理的な制約を取り除くことに主眼を置いている。

重要影響事態法が制定されれば、「わが国の平和および安全に重要な影響を与える事態」であれば、地球の裏側にも自衛隊は出向く。さらに、米軍以外の他国軍にも弾薬提供などの支援を行えるようになる。

西川氏は「『重要な影響を与える事態』の定義は曖昧。解釈次第でどんな状況でも、そうなり得る」と言う。地理的要因をふまえ、「『地球の裏側派遣法』がこの法の正体だ。国民の反発を招かないための仕掛けなのだろうが、あまりに卑怯な手法というほかない」。

例えば「積極的平和主義」は国会での安倍首相の所信表明演説で「わが国が背負うべき21世紀の看板」と強調されたが、実態は「積極的紛争介入主義」ではないか。閣議決定された「防衛装備移転三原則」も、本質は武器輸出を制限してきた方針を180度転換し、原則として認める「武器輸出促進三原則」ではないか。これが特報部の記者による問題提起だった。「新基地建設」を「移設」、「武力紛争」を「武

東京新聞

こちら特報部

巧妙な名称　本質包む

㊤米海軍と海上自衛隊の共同記者会見。第７艦隊のロバート・トーマス司令官は、日本の集団的自衛権行使を容認する動きを評価した＝３月、横浜市内に停泊中の米旗艦「ブルーリッジ」で
㊦２月、タイ中部のウタパオ海軍航空基地で行われた邦人退避訓練＝共同

安倍政権による「平和」という言葉を用いた印象操作は、いまに始まったことではない。専修大の山田健太教授（言論法）は「安倍政権はメディア対策の一環として巧みに言葉づくりを行っている」と指摘する。

二〇一三年九月、安倍首相が訪米中にスピーチで言及した「積極的平和主義」もそうだ。帰国直後の所信表明演説で、「わが国が背負うべき二十一世紀の看板」と強調し、安全保障戦略で「国際平和と安定、繁栄確保にこれまで以上に積極的に寄与する」ことを表明した。

この「積極的平和主義」も、「平和」とは裏腹に、集団的自衛権を行使し、自衛隊が米軍などと共に国際紛争などの解決に当たるという意味が込められている。つまり、「積極的紛争介入主義」と呼んだ方が実情に近い。

昨年四月に閣議決定した「防衛装備移転三原則」にもごまかしがある。字面からは、自衛隊の装備品を国内で移す際の原則のように読めるが、違う。武器輸出を制限してきた方針を百八十度転換し、原則として認める「武器輸出促進三原則」にほかならない。

山田氏は「国際支援や平和など、誰もが賛成しやすい言葉を織り込み、そこに別な言葉を加えることで新味を感じさせ、プラスの意味を作り出す狙いだろう」と指摘する。「行政・政治の言葉にこうした新しい言葉を組み込むことで、安倍首相は自分がやりたい政策を国民に浸透させようとしている」

原発事故関連でも　最終処分場を長期管理施設に

原発事故関連でも最近、名称変更があった。望月義夫環境相は十四日、東京電力福島第一原発事故で飛散した放射性物質を含む指定廃棄物を保管するための施設名を、「最終処分場」から「長期管理施設」に変えると発表した。最終処分をやめ、年月を経て廃棄物の放射線量が下がった後、廃棄物を搬出したり再利用したりするという。

永久に廃棄物を受け入れることに候補地の住民が反対し、受け入れ先が見つからないことが、背景にある。しかし、「長期」が何年なのか説明がない。

中間貯蔵施設の想定が三十年以内だから、それ以上なのは間違いない。結果として「半永久」の可能性も捨てきれず、住民からは「まやかしだ」と反発が出る。地方紙の河北新報は今後も「最終処分場」の名称を使い続けるという。

ほか、「高度プロフェッショナル制度」もそうだ。勤務時間ではなく、仕事の成果に応じて賃金を決める新しい労働制度というが、実態は「残業代ゼロ制度」で、「過労死が増える」と危ぶむ声が絶えない。

関東学院大の丸山重威教授（ジャーナリズム論）は自民と公明両党の安保法制協議について、「自公で対立点があるようなムード作りにすぎず、政府の方針を貫くためのパフォーマンスだ」と指摘した上で、マスコミ報道を批判した。

「安保法制では昨年の閣議決定の時点で、集団的自衛権に基づく武力行使は憲法違反との論点が既に示されている。にもかかわらず、与党がその後、出してきた新しい言葉に振り回されている。ほとんどの新聞、テレビ局は本質を報道できていない」

丸山氏は「何が問題なのか、論点を明確にして報道していくことが必要とされている」と訴え、国民も表面上の名称にだまされないように求める。「安倍政権による計算ずくの言葉は耳心地がよいかもしれないが、惑わされてはいけない。自分自身の頭で、個々の政策がどういうものなのか、判断しなければならない」

話題の発掘

デスクメモ

新たな安全保障法制によって、世界平和に貢献できるのなら、それもいいかもしれない。だが、事態が悪化することもありうる。自衛隊が、紛争に巻き込まれるだけにならないか。軍事力というハードパワーよりも、文化や政治、経済交流、貧困支援といったソフトパワーを磨いた方が平和につながると思う。（文）

力衝突」と言い換えるなど、安保関連で権力側の言葉による印象操作は少なくない。戦時中の「大本営発表」で「撤退」を「転進」にしたのと本質は変わらない。

防衛省は本当は「軍事省」？

集団的自衛権は、自国が直接攻撃されていないのにもかかわらず、密接な関係にある外国への攻撃を実力で阻止する権利だから、安保問題の取材が長い記者に言わせると自国防衛の「自衛」ではなく、他国防衛の「他衛」に当たるという。となると防衛省は本来、「軍事省」と名称を変えた方がいいのかもしれない。

時計の針がかなり戻るが、1981年1月の朝日新聞の「論壇」というコーナーに、国際政治学者である東大の坂本義和教授の論考が「『防衛』問題の落とし穴　言葉のまやかしにだまされるな」という見出し付きで載っている。「防衛力」に代えて「軍事力」、「防衛費」に代えて「軍事費」というように、より客観的な言葉を使って日本の「防衛」問題を議論する必要性を訴えながら、メディアに対しても、「政府のいう『防衛』にカッコをつける程度の冷静な眼を保つべきではなかろうか」と苦言を呈している。まさに今もなお、必要な論点である。

新聞は言葉の「翻訳業」

言葉のごまかしは安倍政権に限ったことではない。野田政権は2011年12月16日、原発事故の「収束」を宣言した。原発事故取材班の記事を読むと、サイト（福島第一原発の敷地）内に限っての収束であり、サイト外は収束していないという論法だ。ただしサイト内も現場の作業員は取材に対して「収束などとんでもない」と口をそろえた。記者は紙面で「本当の意味での収束は、廃炉が実現できて初めて言えることだ」と指摘した。

東京新聞が福島第一原発の1号機から4号機の状況を今なお定期的に紙面化しているのも、事故はまだ終わっていないからである。

「収束」宣言の根拠に使われた原子炉の「冷温停止状態」という言葉も意味があいまいだ。健全な原子炉に使われる「冷温停止」ではなく、「状態」の2文字が付いている。原発事故では、「事故」を「事象」、「汚染水」を「滞留水」、「老朽化」を「高経年化」など、言葉のごまかしが数えきれないほどなされた。

権力闘争の場面などでも「改革派」と「守旧派」、「抵抗勢力」などと、「レッテル」貼りによる印象操作が行われて、新聞も含めてメディアが「便乗」してきたことは記憶に新しい。新しい言葉や分かりにくい言葉が出てきたら、「本当のこと」を表しているのか、直ちにチェックすることが重要である。

東京新聞の名物コラム「時代を読む」の筆者の一人、専修大学の山田健太教授（言論法）の紙面に載った言葉を借りれば、「発表された言葉の本質を理解し、いかに翻訳し直して報ずるか」が新聞も問われている。難解な専門用語や行政用語によって、記者がけむに巻かれるわけにはいかないのである。

争点の設定で議論の土俵

安倍首相が強引な政権運営を続けることができたのは、衆院選と参院選でそれぞれ2回、合わせて4連勝した実績があったからだ。選挙は有権者にとって国民主権を具現化するための絶好の機会なのだが、権力側にとっては選挙後の「数の力」を作り出すための絶好の機会である。

凶弾に倒れた米大統領のリンカーンは「投票は弾丸より強い」という言葉を残しているが、編集局にとって選挙報道は、国民主権の具現化に向けて「編集局を挙げて」取り組む一大キャンペーンだ。常に心掛けていたのは、東京新聞としての争点という議論の「土俵」を作ることだった。

政党は公約を作って、自分たちにとって一番都合のいいことを争点に掲げる。政権を握る党は時に争点をあいまいにし、「現状維持」という名のあいまいな信任を求める。それに報道が従うだけでは何が今、争点なのか分かりにくく、投票率も低下しかねない。そう考えて三つか四つに絞り込んだ争点を設定し、与野党が同じ「土俵」で戦う姿を読者に見てほしかった。今にして思えば、これは論点明示選挙報道である。

憲法と原発は毎回、主な争点に設定

争点は政治部が中心の選挙取材班が原案を作り、私も加わって最終決定した（紙面）。たどってみると以下のとおりだ。

12年12月の衆院選は①原発政策②消費税増税③憲法9条の三つ。
13年7月の参院選は①憲法②原発③TPPの三つ。
14年12月の衆院選は①アベノミクス・くらし②安全保障・憲法③原発の三つ。
16年7月の参院選は①くらし・アベノミクス②安保法制③原発④憲法の四つ。

1　12版山手　第25176号　東京新聞　2012年（平成24年）12月5日（水曜日）

「脱原発」7党

衆院選公示第一声

自民、維新は容認鮮明

東日本大震災後、初の大型国政選挙となる第四十六回衆院選は四日公示され、十六日の投開票へ十二日間の選挙戦が幕を開けた。大争点は、東京電力福島第一原発事故を踏まえた原発・エネルギー政策。十二党の党首らの公示第一声では、七人が「脱原発」を掲げ、二人が容認姿勢を鮮明にした。

時期、プロセス 温度差

脱原発を訴えたのは民主、日本未来、共産、みんな、社民、新党大地、新党日本の各党。ただ、力の入れ方には温度差もあった。

民主党の野田佳彦首相（党代表）は、二〇三〇年代に原発稼働ゼロを目指す考えを強調。「脱原発か続原発か。時代を逆戻りさせない」と声を張り上げたが、取り上げ方は他の政策と横並びで、政権として判断した関西電力大飯原発の再稼働にも触れなかった。

これに対し、脱原発の本家を自負する党は、競うように聴衆に訴えかけた。

日本未来の党の嘉田由紀子代表は「日本から原発をなくす。日本の大地、子どもたちの未来に安心を埋め込みたい」と力説。再生可能エネルギーを普及させる必要性も説いた。

共産党の志位和夫委員長は、すぐに全原発の廃炉プロセスに入るとする公約「即時ゼロ」は可能だと指摘。即時稼働ゼロを打ち出した社民党の福島瑞穂党首も、脱原発基本法を成立させて二〇年までに全原発の廃炉手続きを終えると提案した。みんなの党の渡辺喜美代表は、電力市場自由化などで経済成長と二〇年代稼働ゼロは両立すると唱えた。

一方、原発容認派は自民党の安倍晋三総裁と日本維新の会の石原慎太郎代表の二人。

安倍氏は、自民党が安全神話の中で原子力政策を進めてきたことを陳謝。脱原発依存の必要性は認めた。しかし、三年以内に各原発の安全性を検証した上で「大丈夫だと判断したものは再稼働していく」と明言した。

石原氏はゼロにすれば、電気料金が上がって日本経済が大打撃を受けると主張した。

原発・エネルギー政策 各党首らの「第一声」

党	党首	第一声
民主党	野田佳彦首相	2030年代に原発稼働ゼロを目指し、再生エネルギー、省エネを推進
自民党	安倍晋三総裁	原発に頼らなくていい社会を目指すが、選挙目当ての標語は不要
日本未来の党	嘉田由紀子代表	原発ゼロ社会は決して後ろ向きでない。日本の自然の力を生かす
公明党	山口那津男代表	新しいエネルギー政策で成長力、新たな競争力を生み出す
日本維新の会	石原慎太郎代表	白か黒かでない。廃止で電気料金が20%上がれば経済は全滅だ
共産党	志位和夫委員長	即時ゼロが最も現実的。風力は2020年には火力より安くなる
みんなの党	渡辺喜美代表	電力自由化で料金はどんどん下がる。20年代に原発ゼロを実現
社民党	福島瑞穂党首	社会党時代からの元祖・脱原発政党として2020年に実現
新党大地	松木謙公代表代行	10年後の3・11に全て廃炉。代替エネルギー研究は大きな産業
新党日本	田中康夫代表	廃炉こそは新しい公共事業。10年かけて廃炉を行う

※「第一声」では、国民新党の自見庄三郎代表、新党改革の舛添要一代表は原発・エネルギー政策に関する言及がなかった

仮設からまなざし

衆院選が公示された四日、震災後二度目の冬を迎える福島県南相馬市鹿島区西町の仮設住宅では、立候補者が街頭演説を行った。夕暮れ間近で気温の下がる中、仮設住宅の住民たちは、街宣車の上で支持を訴える立候補者の声に、真剣なまなざしで耳を傾けていた＝写真、河口貞史撮影。

党派別確定立候補者数

定数480	合計	女性	小選挙区（定数300）前	元	新	計	比例代表（定数180）前	元	新	単独計	重複候補	公示前（欠員1）
民主	267	37	209	2	53	264	3	0	0	3	264	230
自民	337	27	105	70	113	288	1	3	45	49	277	118
未来	121	28	53	4	54	111	7	0	3	10	109	62
公明	54	4	2	4	3	9	13	2	30	45	0	21
維新	172	12	11	12	128	151	0	6	15	21	151	11
共産	322	80	2	2	295	299	6	0	17	23	12	9
みんな	69	3	7	0	58	65	1	0	3	4	64	8
社民	33	6	3	0	20	23	1	2	7	10	23	5
大地	7	2	3	0	4	7	0	0	0	0	7	3
国民新	3	0	1	0	1	2	1	0	0	1	0	2
日本	1	0	1	0	0	1	0	0	0	0	0	1
改革	2	0	0	0	0	0	0	0	2	2	0	0
諸派	67	22	0	0	25	25	0	0	42	42	0	0
無所属	49	4	6	8	35	49	-	-	-	-	-	9
計	1504	225	403	102	789	1294	33	13	164	210	907	479

（注）政党助成法などの政党要件を満たさない党派は諸派とした。公示前勢力で議長、副議長は出身政党に戻した

1504人が立候補

四日公示された第四十六回衆院選は同日午後五時に届け出が締め切られた。本紙の集計では、小選挙区（定数三〇〇）に千二百九十四人、比例代表（定数一八〇）への単独出馬に二百十人の計千五百四人の候補者が確定した。十二党乱立の選挙戦は原発政策、消費税増税、改憲を主要争点に論戦が繰り広げられ十六日に投開票される。

立候補者数は、現憲法下で最多だった一九九六年の千五百三人を上回った。ただ、日本未来の党の比例代表候補は、順位の調整難航などで届け出が大幅に遅れたため、総務省の名簿確定作業が四日深夜にずれ込む異例の事態となった。

民主党は小選挙区に二百六十四人、比例単独に三人の計二百六十七人が立候補。連立を組む国民新党は三人を擁立した。

自民党は小選挙区に二百八十八人、比例単独に四十九人の計三百三十七人を擁立。公明党は五十四人が立候補した。

未来の党は小選挙区に百十一人、比例単独に十人が立候補。日本維新の会は百七十二人が立候補した。

共産党は三百二十二人、みんなの党は六十九人、社民党は三十三人、新党大地は七人、新党改革は二人をそれ

衆院選3大争点

原発政策

昨年3月の東京電力福島第一原発の事故。「安全神話」は崩れ、いまだに収束していない。世論の多くが求める脱原発を目指すのか、経済を優先して維持するのか。国のかたちを決める重大な選択点となる。

消費税増税

現行5%の消費税率を2014年4月に8%、15年10月に10%へと引き上げる増税法。社会保障の全体像を示さぬまま、主導した民主、自民、公明3党の判断が問われる。税金を払う側はどんな意思を示すのか。

憲法9条

平和国家の象徴である憲法9条を変えようという動きが出ている。自民党は「国防軍」保持を打ち出した。改憲発議には、衆参両院の3分の2以上の賛成が必要。結果次第で改憲の流れが強まる可能性もある。

きょうの紙面

鳥取不審死で「死刑」　31
元禄地震伝える遺産　4
岩手に再生エネ拠点　7
韓国候補がTV舌戦　9
WBC代表候補34人　23
介護付き安心ツアー　24

「勝負するステージに立てない」。サッカー元日本代表・中山雅史選手が引退表明。23

特報　28 29
「落選運動」を考える

天気

西から気圧の谷が近づく。関東は昼ごろまで晴れるが、午後は雲が多くなる。昼間も震えるほどの寒さ。

選挙期間中は公正を期すため、写真の政党名や候補者名を消す場合があります。

憲法と原発を毎回、争点として設定し、その時々の焦点である安保法制やアベノミクスなどを加えていた。

結果は獲得議席からすると、いずれも安倍首相が「国民の支持を得た」と言えるようになった。しかしだからと言って、政権が強引な国政運営をしていいとは思えない。なぜか。

14年12月15日の朝刊1面トップは衆院選の結果（紙面）を報じており、見出しは「自公3分の2維持」だった。自民党は公示前から5議席減らしたものの、290議席を獲得し「1強」の座を守った。一方で投票率は戦後最低の52％台にとどまり、2人に1人が棄権したことになった。民主主義の危機であり、投票率の数字も見出しで大きく扱った。

比例代表での自民党単独の得票率は4割よりはるかに低く、投票率から考えると比例で「自民党」と書いた人は、全有権者の2割より少ない計算になる。

全有権者の2割の支持での「1強」

それでも「1強」になれたのは、1票でも多い方が議席を獲得できる小選挙区制中心の選挙制度では、「多弱」の野党が当選しにくいことや、安倍批判票の多くが棄権に回ったことが要因だろう。消極的選択によってもたらされた勝利とも言える。数少ない例外が米軍基地の問題がある沖縄県の結果で、自民党は四つの小選挙区で全敗した。

自公3分の2維持

衆院選開票結果

野党その他	与党
150 (-3)	325 (-1)

過半数238 定数 0増5減 475 公示前 定数480（欠員1）

民主	維新	次世代	共産	生活	社民	改革	減税	その他	公明	自民
73	41	2	21	2	2	0	0	9	35	290
+11	-1	-17	+13	-3	±0	±0	±0	-6	+4	-5

各党などの獲得議席数の下は公示前勢力からの増減

共産躍進 民主は11増

安倍政治の二年が問われた第四十七回衆院選が十四日投開票され、自民党は二百九十議席を獲得したが公示前を五議席下回った。公明党と合わせた与党は三百二十五議席で公示前から一減となったが、衆院定数の三分の二（三百十七議席）を維持し、安倍政権の継続が決まった。安倍晋三首相（自民党総裁）は同日夜の民放番組で「憲法改正は自民党にとって悲願。憲法改正への理解が高まるように努力したい」と、改憲に強い意欲を表明した。小選挙区の投票率は共同通信の推計で52・36％（十五日午前二時現在）と、前回二〇一二年衆院選を7ポイント近く下回り戦後最低。前回も、前々回の〇九年を約10ポイント下回って戦後最低だったが、二回続けて最低を更新した。

自民は全国の小選挙区で野党を引き離し比例代表も前回を超えた。すべての常任委員会で委員長ポストを押さえ委員の過半数を占めることができる絶対安定多数（二百六十六議席）も単独で上回った。一方、沖縄の四小選挙区はすべて敗れた。

公明党は、候補者を擁立した九小選挙区すべてで勝利するなど、公示前から上積みして三十五議席。与党は公示前も衆院で三分の二以上を確保していた。三分の二以上あると、法案が参院で否決されても衆院で再可決できる。

首相は民放番組などで「選挙で約束したことをしっかり実行したい」と述べ、経済政策「アベノミクス」や原発再稼働など安倍路線を推進していく考えを表明。集団的自衛権を行使できるようにする安全保障法制についても「次の通常国会で関連法案を成立させたい」と明言した。

民主党は七十三議席を獲得したが、海江田万里代表は落選。菅直人元首相も小選挙区で敗れるなど党勢は完全に回復には至らなかった。共産党は公示前から倍以上の二十一議席と躍進。十八年ぶりとなる小選挙区議席も沖縄1区で得た。

維新の党は公示前を一下回る四十一議席。次世代の党と生活の党はそれぞれ二議席で後退した。社民党は公示前の二議席を維持。新党改革と地域政党の減税日本は議席に届かなかった。

首都圏の一都六県では自民党が、候補者を擁立した八十六小選挙区のうち七十二小選挙区で勝利した。

投票率最低52％台 推計

衆院選の小選挙区投票率は、各都道府県選管の発表を基にした共同通信の推計（十五日午前二時現在）で52・36％となった。戦後最低だった前回二〇一二年の確定値の59・32％よりもさらに6・96ポイント下落した。投票率は、小選挙区制を中心とする現行の選挙制度が導入された一九九六年以降では、民主党が政権を獲得した前々回〇九年の69・28％が最も高かった。

前回に続く戦後最低の更新で、〇九年に比べると二回の選挙で合わせて17ポイント近くも落ち込んだ。

今回は、安倍政治の二年間の評価を問う重要な意味合いを持っていたが、有権者のほぼ二人に一人が棄権したことになる。

最近は地方選などでも過去最低の投票率を記録する選挙が相次いでおり、主権者の一票を通して国政に参画する議会制民主主義にとって、危機的な状況といえる。

衆院選の投票率推移

年	1986	90	93	96	2000	03	05	09	12	14年
投票率(%)	71.40	73.31	67.26	59.65	62.49	59.86	67.51	69.28	59.32	（推計値）

※1996年以降は小選挙区の投票率

首相「改憲 理解へ努力」

自民は公示前より減ったものの290議席を獲得。候補者の当選確実の知らせに拍手する安倍首相＝14日、東京・永田町の党本部で（佐藤哲紀撮影）

全有権者の声に耳を

政治部長 金井辰樹

戦後最低の投票率のもと行われた衆院選。自民党が他党を圧倒する議席を獲得し、「一強」が続くことになった。

獲得議席だけみると一九八六年に中曽根康弘首相（当時）が行った衆参同日選の三百や、二〇〇五年、小泉純一郎首相（同）のもとでの「郵政選挙」の二百九十六に迫る数だ。ただ、これらの選挙と比べると、今回は明らかに違う。熱のない勝利だった。

比例代表での自民党単独の得票率は四割よりはるかに低い。投票率が五割を少し超える程度だったから、比例で「自民党」と書いた人は全有権者の二割より少ないことになる。

それでも「一強」となるのは、一票でも多い方が議席を取る小選挙区中心の制度では「多弱」野党が浮上しにくいことや、安倍政権への批判層の多くが棄権に流れたことなどが原因だろう。消極的選択によってもたらされた勝利だ。

野党が対立軸を示せなかったのは問題だ。だが、それ以前に自民党は、岐路の先を見通すべき選挙で判断材料を示さなかった。

安倍首相が進める経済政策・アベノミクスが行き詰まりをみせる中、どう軌道修正するつもりなのか。集団的自衛権の行使を認める七月の閣議決定を受け、法整備を来年行うというが、どんな内容になるのか。年内に示されるはずだった法案骨子さえ解散で先送りになった。岐路になるテーマが争点化しない時期に選挙を設定したようにも思える。

有権者は「一強」を求めていない。衆院解散が決まってから、共同通信社が三回にわたって行った世論調査では、与野党が伯仲する結果を求める意見が一貫して一番多かった。安倍首相はそのことを忘れず「自民党」と書かなかった八割の声に、耳を傾けてほしい。

自民党は来年、結党六十年を迎える。「万年与党」として政権を担っていたころ「野党の言い分七割、与党の話は三割」を聞くのが国政運営の鉄則として引き継がれていた。選挙が終われば野党の言い分も聞く。それが有権者全体の声を吸い上げることになる。安倍政治は今こそ、国民政党と呼ばれたころの「自民党の歴史」に学ぶ時ではないか。

小選挙区 自民 沖縄で全敗

全国的には自民、公明両党の候補者が小選挙区で強さを見せた衆院選で、沖縄県の四選挙区は自民党が全敗した。

安倍政権が進める米軍普天間飛行場（同県宜野湾市）の名護市辺野古移設に反対する勢力が保守、革新を問わずに協力して非自民の野党系候補を事実上一本化し「移設ノー」の民意を結集させた結果だ。

沖縄では前回衆院選で、四選挙区すべてで非自民候補が競合。その結果、自民が1、3、4区を制した。

今回、野党側は先の知事選を保革共闘で勝利した流れを受け、原則として全選挙区で候補者を立てる方針の共産党も共闘に参画。統一候補として1区は共産党、2区は社民党、3区は生活の党、4区は無所属の各候補が出馬した。各選挙区では保守、革新を問わず、非自民勢力が統一候補を支援した。

四選挙区で敗れた自民候補四人は、全員が比例で復活当選した。

民主主義の危機 2人に1人棄権

有権者戸惑い

川上和久・明治学院大教授（政治心理学）の話 首相の突然の解散による今回の選挙は、有権者に初めから戸惑いがあったのではないか。首相が消費税率の10％への引き上げを見送った状況での選挙となり、争点がぼやけてしまったことも、有権者の足を投票所から遠ざけた。前回の選挙よりも、政治不信を増幅させた有権者が増え続けているという意味で、50％台前半の投票率は深刻だ。

論戦広がらず

岩崎正洋・日大教授（政治学）の話 議会制民主主義が「自壊状態」に陥る兆しとして受け止めている。経済だけでなく、集団的自衛権や特定秘密保護法の問題もあったにもかかわらず、政策の論戦が盛り上がらず、有権者の政治への「しらけ」を助長した。今後、国政選挙で投票率が五割を下回る事態を避けるよう、各政党には政治への関心を取り戻す努力が求められる。

党派別当選者数（定数475）

	合計	（女性）	公示前（欠員1）	小選挙区295 計	前	元	新	比例180 計	復活
自民	290	(25)	295	222	218	1	3	68	52
民主	73	(9)	62	38	33	5	0	35	34
維新	41	(2)	42	11	11	0	0	30	29
公明	35	(3)	31	9	9	0	0	26	-
共産	21	(6)	8	1	1	0	0	20	5
次世代	2	(0)	19	2	2	0	0	0	0
生活	2	(0)	5	2	2	0	0	0	0
社民	2	(0)	2	1	1	0	0	1	1
改革	0	(0)	0	-	-	-	-	0	-
減税	0	(0)	0	0	0	0	0	-	-
諸派	0	(0)	0	0	0	0	0	0	-
無所属	9	(0)	15	9	8	0	1	-	-
計	475	(45)	479	295	285	6	4	180	121

（注）政党要件を満たす政党と、代表または党首が都道府県の知事か政令市の市長である地域政党以外の党派を諸派とした。公示前勢力で議長、副議長は出身政党に戻した

海江田代表 落選、辞任へ

民主党の海江田万里代表が十四日の衆院選東京1区で落選し、比例代表でも復活当選できなかったため、代表を退くことになった。同党は早期に代表選を行う方針だ。党関係者によると、来年一月の通常国会前に決着させる方向で調整している。

野党第一党の党首の落選は、一九四九年衆院選の片山哲社会党委員長以来。

海江田氏は、二〇一二年十二月の前回衆院選での惨敗で引責辞任した当時の野田佳彦首相（党代表）の後継として代表に就任した。

出演で、小選挙区での敗北について「大変残念だ。申し訳ない」と述べた。十五日に記者会見し、代表を辞任することを正式に表明する。枝野幸男幹事長は十五日未明、記者団に「今後のことは海江田代表と話して、実務的に進めたい」と述べた。

筆洗

「鶴八鶴次郎」や「愛染かつら」の川口松太郎は酒の上がりあまりよくなかったのか、八代目桂文楽の芸談「あばらかべっそん」にひどい場面がある▼ある日、たいそう酔い、同じ会に居合わせた文楽に川口が吐いた言葉だ。仕方なしに一席を演じ下りてきた文楽に「おい文楽、君なんぞ巧くも何ともないんだよ。だけどね、いまだれもほかにねえだろ。だから君がいいというしようがないじゃないか」▼昨日の衆院選で、自民党が政権を守った。代わるべき有力な選択肢になり得ていたか。酔った川口の文句ではないが、有権者の中には「ほかにねえんだからしようがないじゃないか」という判断もあったろう。「まし」の選択である▼野党は自民党の「この道」に対抗し、効果的で現実的な「別の道」を示し、世間を説得できなかった事実を重視するしかない。不意打ちの解散だろうと、この世界では言い訳にならない。戦術や分析においても、自民党の相手になれなかったのだ▼さて、文楽は川口の言葉をどう受け止めたか。その通りだと思ったそうだ。さらに精進しました。自民党は有利な日程で勝ち、独断で国政を動かせば「まし」の魔術は一瞬で消える。2014・12・15

衆院選速報で特別輸送態勢 衆院選速報のため、特別の版制と輸送態勢をとりました。一部地域で記事が重複したり、配達が遅れたりすることがあります。国際面、「心にふれる話」、3・11後を生きる、まんが、小説、囲碁・将棋、文化・娯楽、暮らし、発言、TOKYO発、解説AtoZ、「この人」は休みます。ご了承ください。

1面に掲載した政治部長の論説にはこうした分析結果を踏まえて、「全有権者の声に耳を」と見出しを付けたが、安倍首相が一貫して反対の声に耳を傾けることがなかったことは、前述してきたとおりだ。低投票率の時代を踏まえ、自民党は「岩盤支持層」をしっかり固めておけば選挙は常に勝てると踏んでいた気がする。

自民党が「万年与党」だった頃、それは私が政治取材の現場にいた頃だが、自民党は野党の言い分も聞いて国会を運営していた。「野党7割、与党3割」という言葉があったように、野党の言い分を重視する「風土」があったのである。当時のメモ帳を読み返してみると、例えば政府高官は「政策は議論で叩かれて、深くなるもの」、自民党幹部は「野党の提案のいいところは取り入れる方がいい」などと取材時に語っていた。

もはや昔話の域だが、権力とは抑制的に行使するものだという考え方が、ある時代まで権力中枢の根底にはあったように思う。

「少数派」に耳を傾ける意味

安倍首相の国政運営を見ていると、多数決とは何かを考えさせられる。名物コラム「時代を読む」の筆者の一人、政治学者の宇野重規さんの著書『そもそも民主主義ってなんですか?』によれば、多数決は乱暴な仕組みであって、集団を分断してしこりを生んでしまう可能性がある。だから多数決を機能させるには、いくつかの前提が必要となり、古代ギリシアではあくまで公の場で緊張感のある議論を尽くした上で多数決をとっていたという。

多数派の意見があったとしても、少数派の意見をないがしろにせず、その声を聞くことが「あるべき民主主義の姿」なのである。「議会政治の父」とも言われた政治家、尾崎行雄が国会について、「議事堂」ではなく「採決堂」になっていると警鐘を鳴らしたことがあるが、その意味するところも、少数派の意見を聞いて議論を尽くせということだろう。

少数派に耳を傾けることは、多数派が気付かない視点から物事を見つめ直すことにつながる。原発事故は多数派からすると「想定外」であっても、警鐘を鳴らしていた少数派からすると「想定内」だったことを、教訓としていきたい。

「50％民主主義」から脱するために

私が局長時代に安倍首相が勝利した４回の国政選挙で、投票率はいずれも50％台と低調だった。どうすれば有権者の関心を高めて、「50％民主主義」から脱することができるのか。終戦後の一定期間は、国民が投票権の行使に新鮮な喜びをおぼえた時代だったという。戦後の積み重ねは、その喜びを失わせていったかのようである。

再び宇野さんの著書から引用すると、民主主義のキーワードは「参加と責任」であり、「人が社会の問題解決に責任感をもって参加すること、そして権力者の責任も厳しく問い続けること。これらは民主主義にとって不可欠な要素」なのだ。投票率の低下は民主主義の危機であると同時に、権力を監視する力の低下を意味する。その中で生まれる政権がどんなものかは想像に難くない。

新聞広告の効果を調査する「ジェイ・モニター」というプラットフォームがあるが、そこを利用した新聞読者への調査では、国政選挙での投票率は毎回80%を超えている。社会への関心が高い層が新聞を購読していることを反映しており、投票率を上げるためには、その層を増やすことが大事になる。

我田引水になるが、新聞の読者が増えることが投票率のアップ、ひいては民主主義の危機回避につながると思って、新聞購読を勧めていきたい。

権力監視の砦

権力を監視する力を高めるためには、権力の内部に情報源を一人でも多く作る必要がある。権力側が何を最終目標と考え、どんなやり方で向かっていくのか。隠している秘密やウソはないのか。それらが分かれば先回りして論点を明示し、「本当のこと」を伝えながら世論を喚起できるからである。

編集局内を見渡すと、どこの部に所属しているかにかかわらず、独自の情報源を持っている記者は何人もいるが、長い取材経験の中で培ってきた人脈がカギとなっている。「個」の力を大事にしながら、編集局としては権力を持つ政治家に密着している政治部などの部署を、権力監視の最前線の「砦」にしたいところだ。

政治家に密着していると、その人の思考体系、人脈はかなり分かる。何よりも身近で疑問をただせるメリットがある。問題意識を持っていれば、国民に知らせなければならない内部情報やそのヒントをつかむことは十分可能である。権力中枢にいる政治家全員が、都合の悪い情報を隠し通すわけでもないし、「官」にコントロールされているわけでもない。

国民から送り込まれた内部告発者

私が長く取材対象としていた政治家が閣僚になった時、「この国にとって良くない動きが政権内にあったら君に話そう。でも記事になった時は、２人でどこか遠くに行方をくらまさないと」と真面目な顔で言われたことを今でも思い出す。実際には情報源を必ず秘匿するし、記事を書いて逃げる必要もないのだが、その日が待ち遠しい気がしたものだ。

私を取り込むことが目的であり、提供される情報も政権内の主導権争いなど思惑絡みかもしれないが、記事にするかしないかの最終判断は記者にあるのだから、何事も知らないよりは知った

東京新聞　2014年（平成26年）12月27日（土曜日）

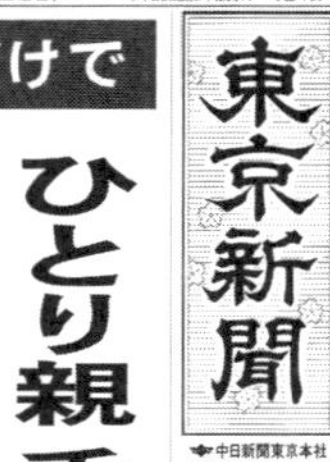

東京新聞
中日新聞東京本社
東京都千代田区内幸町二丁目1番4号
〒100-8505　電話 03(6910)2211

シェアハウス 住人に異性いるだけで

ひとり親 手当打ち切り

国立市「事実婚とみなす」

東京都国立市のシェアハウスで暮らすシングルマザーの女性（[illegible]）が、同じ家に住む独身男性と「事実婚」の関係にあるとみなされ、市が十一月、ひとり親家庭を対象とした児童扶養手当と児童育成手当を打ち切ったことが分かった。事実婚の実態にないが、市は「都の見解に従い、同じ住所の男女は事実婚とみなす」と説明。女性は「住所が同じだけで打ち切るなんて」と憤る。

―関連㉗面

シェアハウスで起きた「事実婚」認定のイメージ

東京都国立市
住所が同じなら「事実婚」と認定
独身男性
他の住人
・交際歴なし
・生計も別
シングルマザー
他の住人
各世帯は建物オーナーと直接賃貸借契約
↓
児童扶養手当支給停止

国立市議会でも問題となり、議会は今月十八日、「実態に即さない理不尽な判断」として、厚生労働省や都、市に改善を求める決議案を可決した。

女性は二〇一〇年に離婚し、一三年四月から長女（[illegible]）とシェアハウスで暮らし始めた。二階建ての10LDKに母子家庭と父子家庭、独身の計六世帯八人が入居する。女性はいずれの男性とも交際しておらず、生計も完全に独立している。住人はそれぞれが家主と個別に賃貸借契約し、光熱水費は平等に分担。居間やバス、トイレ、キッチンは共用だが、それぞれの居住スペースは施錠できる。

女性は離婚後、手当を受給。その後いったん実家に身を寄せた間は受給せず、シェアハウスに入居した昨年四月に再申請した。当時も二人の独身男性がいたが、市の担当者が現地を確認して「ひとり親」と認め、二つの手当で月に計約四万三千円の支給を受けた。

ところが、今年十月になって市が都に別件の問い合わせをした際、キッチンなどが共用の建物では居住者全員を同一世帯として扱う、と指摘された。

市は女性に「同一住所に親族以外の異性がいることによって、支給要件を満たさなくなった」と通知。十一月二十一日付で「過誤払金」として支給済みの約六十二万円の返還を請求。ただ、市の判断で支給していたため、返還は「任意」とした。

市の担当者は「事実婚でないという女性の主張は本当だと思うが、やむを得ない」。都は「異性と住所が同じなら、同一世帯ではないことが客観的に証明されないと受給対象から外れる。シェアハウスだからだめだという話ではなく、各区市で判断してもらうことだ」としている。

シェアハウス　他人同士が一つ屋根の下で暮らす住居。入居者は個室で暮らし、居間や台所などを共有するのが一般的。新たな居住スタイルとして主に都心部を中心に急増する。家賃が比較的安く、都会でも孤立せずに暮らせることで人気がある。

根拠 34年前の国通知

東京都国立市でシェアハウスに住む女性が児童扶養手当の支給を停止された背景には、一九八〇年に当時の厚生省（現厚生労働省）が出した「事実婚」の規定に関する課長通知がある。だが通知はシェアハウスの形態を想定しておらず、生活実態を反映していないとの指摘が出ている。

通知では事実婚と判断する基準として、原則として当事者同士の「同居」を挙げる。同時に「社会通念上夫婦としての共同生活」がある場合、「それ以外の要素については一切考慮することなく、事実婚として取り扱う」と規定した。

通知は未婚女性の受給が増える中、妻子ある男性との同居事例があることが理由だった。手当は離婚などでひとり親になった母子家庭などの支援が目的で「実質上の父が存在し、児童は扶養を受けられる」ことから支給対象から除外した。

だがシェアハウスでは「同居」がそのまま事実上の婚姻関係とは結びつかない。ひとり親の女性らが抱える問題に詳しいNPO法人「しんぐるまざあず・ふぉーらむ」の赤石千衣子理事長は「生活実態に目を向けないのはおかしい。同様のケースは他にもあるのではないか」と指摘する。

厚労省は「支給手続きは生活実態を見た上で市町村が判断している。通知には問題はない」（担当者）としている。児童扶養手当制度は六一年に始まり、現在の支給額は子どもが一人の場合、最大で月約四万円。二〇一三年度末で、百七万三千七百九十人が受け取っている。（我那覇圭）

児童扶養手当の停止に至る経緯と1980年の厚生省（当時）課長通知

年	月	出来事
2010年	7月	女性が前夫と離婚
13年	4月	子どもとともにシェアハウスに入居し、児童扶養手当の支給を国立市に申請
	8月	手当の支給が開始
14年	10月	市が東京都に相談
	11月	市が女性に手当の支給停止を通知。「事実婚」とみなす

事実婚の規定（課長通知の要旨）
- 原則として同居を要件
- 社会通念上夫婦としての共同生活と認められる事実が存在していれば、それ以外の要素は一切考慮しないで取り扱う

紙面について
電話 03-6910-2201（土日祝日除く 9:30〜17:30）
FAX 03-3595-6935
東京新聞ホームページ
TOKYO Web
www.tokyo-np.co.jp
東京新聞政治部
東京新聞けいざいデスク
東京新聞写真部
東京新聞鉄道クラブ
東京新聞文化部
東京ちゅん太（生活部）
東京レター（外報部）
東京エンタメ（放送芸能部）

方がいい。そこから「本当のこと」が必ず見えてくる。

残念ながら、その閣僚から政権に不都合な秘密を聞くことはなかったが、政治記者の「異名」は「国民から権力側に送り込まれた内部告発者」でありたい。

人々の「代弁者」として

新聞は権力監視と同時に人々の声、特に弱い立場の人の声を聞いて、その「代弁者」として世の中に発信していく使命がある。世の中のゆがみや理不尽なことは常に、弱いところから現れるからだ。早く気付いて権力側に事実を突き付けて警鐘を鳴らせば、世の中をいい方向に変えることができると信じている。

東京都国立市のシェアハウスで暮らすシングルマザーの女性が、同じ家に住む独身男性と「事実婚」の関係にあるとみなされ、市がひとり親家庭を対象にした手当を打ち切った。これを知った政治部の記者が朝刊1面トップに記事を書いたのは14年12月27日のことだ（紙面）。

この記事が発端となり厚生労働省が生活実態を反映した適正な支給の徹底を全国の自治体に要請し、翌年3月に国立市は支給再開を決定した。最終的には生活実態で支給を判断するという35年ぶりの事実婚の解釈見直しにつながった。

事実婚かどうか判断を迷ったという実例が全国で約１００件もあり、国立市だけの問題ではなかったことが見直しの大きな要因となった。国の制度や施策にどんな欠陥や矛盾があるかを痛感しているのは、地域で暮らす人々なのである。

「小さな声」を「大きな声」に

人口が集積している東京圏は、あらゆる社会問題が内在しており、新たな問題も先行して現れやすい。

希望してもたくさんの人が認可保育所に入れない問題を最初に大きく取り上げたのは13年2月19日の朝刊1面だった。東京都杉並区の母親らが杉並区役所前で抗議の声を上げたことに女性記者が着目した結果だが、希望者の約3分の2の約１８００人が入所できない状況だった。

社会部が急いで23区の状況を調べたところ、4月から計約1万9千人が入所できないことが分かった。やはり杉並区だけの問題ではなかった。1面トップなどで母親らの活動を大きく報じる中、杉並区が入所枠を増やすなど、母親の声が行政を動かしていった。東京圏の地方紙である東京新聞の出番はたくさんある。地域に密着して取材をしていれば、「小さな声」も聞こえてくる。それを「大きな声」にするために新聞は存在しているのである。

新聞協会の調査では23年の記者総数は約1万6千人で、このうち女性は約4千人だ。新聞社の経営状況から記者総数は経営状況から減少傾向にあるが、女性は増加傾向にある。局長時代の体感からすると、自分の若い時に比べてはるかに高い志を持った人たちが記者になっており、新聞の力が低下しているとは思えない。

障害者団体の大事なメッセージ

相模原市の障害者施設で入所者19人が刺殺された事件を受けての障害者団体のメッセージを知った時、これは1面トップで扱うべきだと即座に思った。知的障害のある当事者と家族らでつくる「全国手をつなぐ育成会連合会」が、会のホームページで公表したのである。16年7月27日の夕刊1面トップ（紙面）に全文を掲載した。見出しは長いが「障害のある人もない人も、私たちは一人ひとりが大切な存在です」とした。

1 E版 第26470号 昭和25年3月12日第3種郵便物認可 東京新聞（夕刊） 2016年（平成28年）7月27日（水曜日） ©中日新聞東京本社2016

障害者団体がメッセージ

相模原殺傷

知的障害のある当事者と家族らでつくる「全国手をつなぐ育成会連合会」が、相模原市の障害者施設で発生した刺殺事件を受けて、会のホームページで声明文と障害者に向けたメッセージを公表した。

障害者に向けたメッセージでは「障害のある人もない人も、私たちは一人ひとりが大切な存在です。障害があるからといって誰かに傷つけられたりすることは、あってはなりません。もし誰かが『障害者はいなくなればいい』なんて言っても、私たち家族は全力でみなさんのことを守ります。ですから、安心して、堂々と生きてください」と呼び掛けている。

声明文は、事件について「抵抗できない知的障害のある人を狙った計画的かつ凶悪残忍な犯行で、到底許すことはできない」と強く非難している。その上で、「今回の事件を機に、障害のある人一人ひとりの命の重さに思いを馳せてほしい。お互いに人格と個性を尊重しながら共生する社会づくりに向けて共に歩むようお願いします」と訴えた。

手をつなぐ育成会 声明の要旨 ⑦面

障害のある人もない人も、私たちは一人ひとりが大切な存在です

障害のあるみなさんへ

（メッセージ全文）

7月26日に、神奈川県にある「津久井やまゆり園」という施設で、障害のある人たち19人が殺される事件が起きました。容疑者として逮捕されたのは、施設で働いていた男性でした。

亡くなった方々のご冥福をお祈りするとともに、そのご家族にはお悔やみ申し上げます。また、けがをされた方々が一日でも早く回復されることを願っています。

容疑者は、自分で助けを呼べない人たちを次々におそい、傷つけ、命をうばいました。とても残酷で、決して許せません。亡くなった人たちのことを思うと、とても悲しく、悔しい思いです。

容疑者は「障害者はいなくなればいい」と話していたそうです。

みなさんの中には、そのことで不安に感じる人もたくさんいると思います。

そんなときは、身近な人に不安な気持ちを話しましょう。

みなさんの家族や友達、仕事の仲間や施設の支援者は、きっと話を聞いてくれます。

そして、いつもと同じように毎日を過ごしましょう。

不安だからといって、生活のしかたを変える必要はありません。

障害のある人もない人も、私たちは一人ひとりが大切な存在です。

障害があるからといって誰かに傷つけられたりすることは、あってはなりません。

もし誰かが「障害者はいなくなればいい」なんて言っても、私たち家族は全力でみなさんのことを守ります。

ですから、安心して、堂々と生きてください。

平成28年7月27日
全国手をつなぐ育成会連合会
会長　久保厚子

翌日朝刊も連合会長へのインタビュー記事を中心に１面トップを作った。メッセージを出した理由は「軽度の障害の人を中心に不安の声が聞こえてきたから」だった。事件の衝撃を考えれば、その不安は計り知れないだろう。「かけがえのない命」の大切さを伝えるために、メッセージと公表に至る思いを紙面に載せたかった。東京新聞が人権を守り抜くために存在していることを明確にしたかったのである。

信金のネットワークから聞こえる声

「小さな声」に耳を傾けるには、一人一人の記者の努力に加えて、「小さな声」を聞けるネットワークがあった方がいい。経済部長からの提案を受けて局長時代に力を入れたのが、地域に密着して中小企業を主な取引先としている信用金庫との連携だった。

経済部の人脈をたどり連携相手を広げていったが、「脱原発」で志を共にする城南信金が東日本大震災と福島第一原発事故の

被災地の復興支援で12年11月に全国規模の「よい仕事おこしフェア」を東京都内で開催したことを契機に、編集局として取材面で協力することにした。会場で開催されたシンポジウムのテーマは「自然エネルギーによる安心できる社会へ」だった。

このフェアが起点となって、「よい仕事おこしフェア」は川本恭治理事長の時代に信金間だけでなく地方自治体や大学、メディアなどとも連携する全国規模のネットワークになり、年1回のフェアだけでなく、日常的に地域の声に耳を傾けて応援し合うサイクルが出来上がった。

編集局としては東京圏だけでなく、全国各地の街の声、中小企業の声が聞こえるようになり、何かあれば「代弁者」として動くことが可能になったのである。

広がるオンデマンド報道の輪

西日本新聞が提唱した「オンデマンド調査報道」は、私が局長を退任してから始まったが、地域を超えて情報を交換して取材も協力するなど、全国的なネットワークになっている。

「オンデマンド」の日本語訳は「求めに応じて」であり、その言葉を冠とした調査報道は、読者の疑問や困りごとなどの調査依頼を受けて記者が動き、課題を解決していく双方向型だ。ＬＩＮＥアプリを使っているため、読者とつながるのは今までより簡単であり、「小さな声」を聞きやすい。

東京新聞も「ニュースあなた発」と名付けた取材班が連携協定を結んで加わっている。地方紙を中心に横の連携、「横議・横結・横行」が広がれば、新聞の力が高まることは間違いない。21年度の新聞協会賞には、中日新聞と西日本新聞による「愛知県知事リコール署名大量偽造事件のスクープ」が選ばれたが、これは西日本新聞の「あなたの特命取材班」への一本の情報提供が端緒となったものである。

岡崎支局での最初の記事

局長の時代に、４月から記者になる人向けの記事を特集するからと、「新聞研究」(新聞協会16年３月号への寄稿を頼まれた。福島第一原発事故の時の権力監視を中心に書いたが、初任地の愛知県・岡崎支局で最初に書いた記事にも触れた。

初出勤の日、支局長から「街を歩いて何でもいいから記事にしてみろ」という感じの指示を受けて街を当てもなくさまよい、保育園か幼稚園の園児が河川敷の斜面で段ボールをソリ代わりにして遊んでいる場面にようやく遭遇した。写真付きの短い記事を書くと、地域版に何とか載った。何でこんなつまらない記事しか書けないのだと嘆いていたら、読者からは「家族の記念になった」「家族で祝いたいから写真を分けて」と感謝の電話が何本もあったという。

「幸福産業」としての新聞

新聞が権力を監視する目的は喜田村弁護士が論じたように、憲法上からは権力の恣意的な行使を防ぎ、国民の基本的人権を保障するためだが、それは突き詰めれば「人が幸せになる」ことにつながると思う。人々の「代弁者」として記事を書くことは当然ながら「人が幸せになる」ことを目指している。

「かけがえのない命」を守ること、ひいては国に二度と戦争をさせないことは、「人が幸せになる」ために不可欠なことだ。

となると、新聞は「人が幸せになる」ために存在する「幸福産業」と言える。私が初めて書いた記事も、当時は意識していなかったが、今となれば「人が幸せになる」という観点からは読者に少しは貢献できた気がしている。

新人記者には私と違って一刻も早く、自分が書く記事の価値に気付いてほしかった。それが多く読者の幸せにつながることを願って、何十年も昔の記憶をたどって寄稿したのである。

「応答日報」で感じた一部の重み

権力側はＳＮＳなどを通じて情報を発信して人々を、世論をメディア抜きで動かそうとしている。人々は、世論はメディアを一つの権力と見て、チェックしている。メディアは常に双方から批判の挟み撃ちに遭うリスクを背負っているのである。その状況下で「新聞ジャーナリズム」を強化していくには、新聞への信頼で結ばれた読者の支持が不可欠であり、部数が影響力を左右することは今も昔も変わりない。

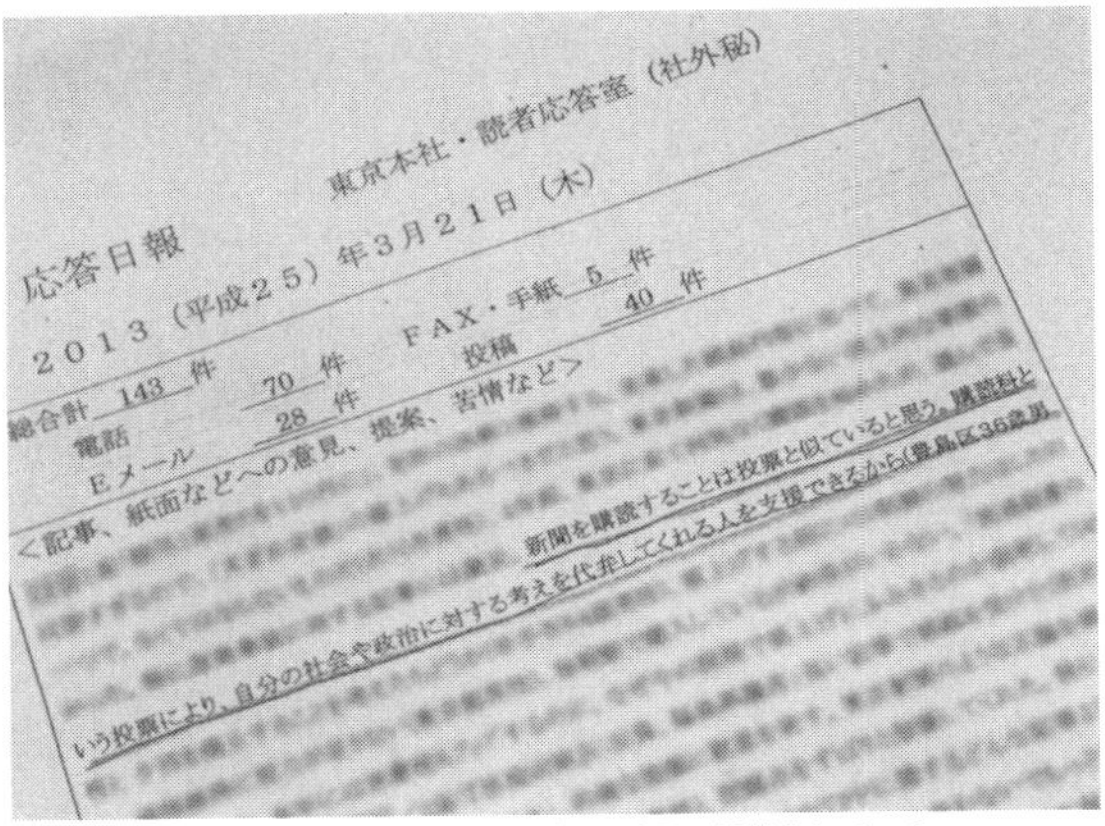

応答日報には読者から寄せられたさまざまな意見が記載されている

東京新聞の場合、原発事故の報道を契機に新しい読者が増えた。編集局の読者部には毎日、多くの読者の声が寄せられ、「応答日報」として局長のもとにも届けられている。私がコピーして今も大事に持っているのが、13年3月21日の応答日報に記されていた豊島区の36歳の男性からの投稿だ（写真）。

「新聞を購読することは投票と似ていると思う。購読料という投票により、自分の社会や政治に対する考えを代弁してくれる人を支援できるから」

新聞は読者を支援しているつもりだが、実は読者から支援されているのである。選挙に関して「一票の重み」がよく語られるが、「一部の重み」をずしりと感じた。

第5章 「新しい戦前」の中で

「8月のジャーナリズム」

東京新聞は毎年、8月15日の終戦記念日を中心に、先の大戦の記憶が風化することに抗うための紙面を作り続けている。過去に何があったのかを知ることが、現在においての教訓となり、やがては未来への指針となる。それができれば8月15日を戦後の出発点として、永遠に平和を続けることができると思うからである。

戦後50年の1995年8月に、東京新聞は「過去に目を閉ざす者は結局のところ現在にも盲目になります」という言葉で知られるワイツゼッカー元ドイツ大統領を日本に招き、来日記念講演会やシンポジウムなどを東京都内や名古屋市などで催したが、元大統領の言葉には今なお説得力がある。

8月に先の大戦の記事を集中的に載せることについては、「8月にしか報じない」「8月のジャーナリズム」と否定的にとらえる人がいる。私は8月15日という大きな節目がある8月に集中的に報道することは読者に伝わりやすいと考えており、「8月のジャーナリズム」も肯定的な言葉ととらえて大事にしてきた。何も報道しないよりはるかに価値があることは間違いない。

戦争を体験した政治家の訴え

私が政治部で取材していた頃は、戦争を体験した自民党の有力な国会議員が何人もいた。自衛隊の海外派遣が政治課題に上るたびに、「自分の目の黒いうちは絶対に海外に出さない」「憲法違反かどうかの前に、戦争を経験した政治家の心からの叫びだ」などと、自分の体験を交えて反対する理由を聞かされていた。

そのうちの一人である野中広務元幹事長は、２００２年8月15日の朝刊２面「戦争経験者が語る」と題した企画（紙面はＰ176）で、「自衛隊が海外に出ていかないことが自衛隊としての責任をまっとうできないような風潮があることを、私は怖いと思う。自衛隊が他国に軍事力を行使しないことが、むしろ自衛隊としての最高の誉れであると思ってほしい」と訴え、「戦争を知らない若い人にしたら『年取った人間が何をいつまでも過去を引きずっているのか』という気持ちもあるかと思う。しかし過去を風化させてはならない。そのために私は頑固に生きていく。時にはブレーキを踏む勇気を失ってはならないという使命感のようなものを持っている」と、戦争への道を歩むことに「待った」をかける覚悟を口にした。

野中さんは１９２５年生まれ。終戦時は19歳の上等兵として、高知県一帯に米軍が上陸してくるのを阻止する任務に就いていた。たたき上げられた軍国青年だっただけに、一時は「死ぬより道がない」と思ったが、上官に「この国をもう一度立て直せ」といさめられて思い直したという。

野中さんへのインタビューの翌年３月、私は政治部長だったのだが、国連安保理での武力行使

戦争経験者が語る　下

57年目の夏に

過去に目をふさがないで

野中広務元自民幹事長

「戦争に勝つんだと、天皇陛下のために死ぬんだというのが、最高の名誉だと何の不思議もなく思っていた。そういう教育を受けてきましたから。それが戦争に敗れたことで、前途が真っ暗になってぼうぜんとした。やはり異常な時代の異常な教育というのはそれぐらいに人間を変えてしまうんだということを私は忘れることができない」

異常な時代が終わり、日本は高度成長を続け、経済大国と呼ばれた。

「戦後日本が平和と民主主義を得たというのは非常に大きかった。しかし、それが本当に健全にその道をたどってくることができたのかどうか常に考えていかなくてはならない。過去をおろそかにすれば未来はないのだと常に思いながら。戦争を知らない若い人にしたら『年取った人間が何をいつまでも過去を引きずっているのか』という気持ちもあるかと思う。しかし、多くの有能な人材があの戦争で亡くなったという過去を風化させてはならない。そのために私はかたくなだと言われても、頑固に生きていく。時にはブレーキを踏む勇気を失ってはならないという使命感のようなものを持っている」

だから、小泉内閣が成立を急ぐ有事法制関連三法案に、あえて待ったをかける。

「わが国の国民を保護し、国土を守るのは、二十四万人の自衛隊、二十二万人の警察官、常備消防と自主消防で百十万人、一万二千人の海上保安官。これらが連携して、地域の理解と協力を得て、自然災害やテロや外国の武力行使から守ることができる。今度の法案はそういうものが全部詰めきれないからと、自衛隊の運用だけを優先した、非常に欠陥点の多い法案になってしまった」

とはいえ、戦争を知らない若い政治家の中には与野党を問わず、自衛隊を海外に派遣することで、国際的な責任を果たせと声高に叫ぶ者がいる。

「われわれは五十七年前、全国各地で米軍のB29による空襲を受け、焼土の中をのたうち回っていた。そして広島・長崎に原子爆弾が落ちて、世界でただ一つの被爆国になった。そういう犠牲の上に今日の平和があるんだということを忘れないでほしい」

「それと、日中関係でいろいろ言う人はいるが、わが国は中国本土に軍を進めたわけですよ。そのことを厳粛に考えて過去の歴史に忠実であってもらわないと。今の風潮は、自衛隊が海外に出ていかないことが自衛隊としての責任をまっとうできないような風潮があることを、私は怖いと思う。その意味で自衛隊が他国に軍事力を行使しないことが、むしろ自衛隊としての最高の誉れであると思ってほしい」

過去の傷あとを忘れてはならないと繰り返す。そして、これからの日本の安全を守るには、過去に日本が侵略したアジアの国々との関係強化が必要と説く。

「私は日米安保体制は、戦後日本がより安全に今日を迎えることができた大きな機軸だと思っている。同時に韓国、中国や東南アジアの各国と、より親密な信頼関係を構築することを考えなくてはいけない。われわれの固定した考え方を強要することによって隣国に要らざるいらだちを起こさせたりすることのないよう、十分に配慮していかなくてはいけない」

靖国はA級戦犯分祀を

非常に欠陥多い有事法案

配慮すべき問題の一つが首相の靖国神社参拝だ。中国、韓国の反発を避けるためには、A級戦犯を分祀（ぶんし）すべきだという。

「家族に思いを残しながら戦争に行った者と戦争を計画した者はきちっと仕分けされるべきだと思う。昭和五十三年にA級戦犯を祭って以来、昭和天皇はお参りになっていないとか。そういうことなどを考えると靖国の持つ問題点とは、戦争に敗れた後に総括されていないこととつながる。A級戦犯が合祀されたことで戦争責任をあいまいにしてしまった。やはり大変な戦争の責任をきちっとしておくことは必要だと思う。そうでないと、このまま不幸な継続を引き継いでいくことになってしまうという切羽詰まった気持ちが私にはある」

戦争経験者として若い世代に語り継ぎたいことは何か。

「経験していない人にいくらわれわれが困難であった戦争時代を語っても、理解してもらうことは不可能だと思う。特にこのごろ、若い政治家と話をすると、むなしく思うことが多い。けれども戦争の犠牲になった人たちを思うと、再びああいう国にしてはいけない。そう考えると、日本は、国家戦略としての平和外交の基本になるところがまだ確立されていないのではないかという不安を覚える。それは私も一人の政治家として非常に無責任に思う。けれども私がひたむきにアジア、特に中国のことを言い続けるのは、少しでも私たちの足跡を引き継いでほしいという思いがあるからだ」

「われわれの少年時代は『欲しがりません勝つまでは』と、貧困に耐え、戦争遂行のためにすべてを犠牲にしてきた。今、われわれは衣食住はどうにか確保されている。やはり過去の中から今日があるということをよく考え、過去をおろそかにしないで将来に目を向けてほしいと痛切に思う。繰り返し言うが、過去に目をふさいだらいけない」

×　×

この企画は高田昌也、梶雅一、古田哲也が担当しました。

のなか・ひろむ　1925年（大正14年）、京都府園部町生まれ。旧制中学卒業後、大阪鉄道局に勤務し、陸軍に。復員後、青年団活動から園部町議会に立候補し、政治の道に。当選3回後、園部町長（2期）、京都府議（3期）を務める。府議時代には野党として蜷川虎三知事と対立。府政奪還後に副知事となる。83年の衆院補選で初当選。旧竹下派分裂後、小沢一郎氏を徹底批判するなど歯に衣（きぬ）着せぬ発言で、注目を集める。自治相、内閣官房長官、自民党幹事長などを歴任。政界実力者として、その発言は政局に影響力を与えている。当選7回。76歳。

A級戦犯　第2次世界大戦後、連合国が「平和に対する罪」「人道に対する罪」を問うため訴追した日本の重要戦争犯罪人。戦時中の指導者ら100人以上が逮捕されたが、極東国際軍事裁判にかけられたのは28人で、25人がA級戦犯として有罪となった。そのうち東条英機元首相ら7人は絞首刑となった。A級戦犯は靖国神社には1978年になって、合祀された。その後、首相の参拝に対する中国、韓国の反発が強まっている。

私の8・15

陸軍上等兵・19歳

終わったことを知らなかった

「私は八月十五日に戦争が終わったということを知らなかった」

高知県香美郡赤岡町に駐屯していた護土二二七五六部隊に所属し、高知県一帯で米軍が上陸してくるのを阻止する任務についていた。陸軍幹部候補生として、予備士官学校に入る前で、階級は「普通なら星一つの二等兵でしょうが、星三つの上等兵」だった。

八月十五日は、何の変化もなかった。「町の人も僕らも（玉音放送のことは）何も知らなかった」という。敗戦を正確に知ったのは二日後の十七日。山北村（現・香我美町）で分駐していた民家に立ち寄ったときに「『兵隊さん、くつろいだですね』と言われた。『どういうことですか』と聞き返したら、戦争が終わったということだった」。そこで初めて玉音放送があったことを知り、がく然とする。

たたき上げられた軍国青年だっただけに、「もう前途に希望もない。死ぬより道がない」と坂本龍馬の銅像の前で切腹しようと思った。

しかし、それを諫（いさ）める人がいた。「教育をしてくれた大西さんという少尉が『おまえたちは何を考えているのか。死ぬ勇気があるのなら、この国をもう一度立て直せ』と言ってものすごくしかられました」

容認決議の採択なしに米英両国がイラク攻撃に踏み切った際、小泉純一郎首相は「待った」をかけることなく、米国支持を表明した。日本が直接戦闘行為に参加する決断ではなかったが、そこから「米国の戦争」に参加する道を日本が歩み始めた気がしてならない。安倍首相は当時、官房副長官として小泉首相を首相官邸内で支えていた。

私自身も含めて、戦争を経験していないからこそ、戦争はなぜ起きたのか、その結果はどうなったのか、誰もが過去から学ぶ必要がある。

「表現の自由」を問う「９条俳句」事件

戦後69年に当たる２０１４年８月15日の終戦記念日に合わせては、俳人の金子兜太さんと作家のいとうせいこうさんの対談を企画し、１面と見開き２頁を使って紙面化（紙面はＰ178〜179）した。戦争体験者と戦争を知らない世代が先の大戦について対談し、未来に引き継ぐための教訓を紙面によって社会で共有することを目的とした企画は、06年から８月15日の紙面の「定番」になっており、「金子・いとう対談」も、その一環だった。

集団的自衛権の行使を容認する新たな憲法解釈を、安倍政権が７月１日に臨時閣議で決定してからそれほど時間はたっておらず、戦争の足音が近づく感がある中での縦横無尽の語り合いとなった。

憲法9条の理念が大きく揺らぐ中、戦後69年目の8月15日を迎えました。今年の対談は、海軍主計大尉としてトラック島で敗戦を迎えた俳人の金子兜太さん(94)と東日本大震災を題材とした小説「想像ラジオ」が大きな共感を広げた作家のいとうせいこうさん(53)です。俳句をテーマにした共著もある旧知のお二人。5・7・5の17文字がつくりだす小宇宙を手掛かりに、戦争と平和、社会を覆う空気などを縦横無尽に語り合っていただきました。

下から監視

権力に寄り添う構図繰り返し

ともに伊藤園の新俳句大賞の選考委員を務めた縁で、俳句の新潮流について語り合った対談本「他流試合」（二〇〇一年）がある二人。再会のあいさつもそこそこに、金子さんは、さいたま市の公民館が九条を詠んだ市民の俳句を月報に掲載しなかった問題についておもむろに切り込んだ。

自由を毛嫌い

金子 〈梅雨空に「九条守れ」の女性デモ〉。これを出す出さないでもめているんですね。これについて、あんたに聞いてみたいんだけど。

いとう こういう自粛という形が連続している。下から自分たちで監視社会みたいにして、お互いを縛っていく。戦前は上から抑え付けられたように戦後語られてきたけど、本当はこうだったんだろうと。

金子 やっぱり、そう言ってくれますか。（満州事変から始まる）十五年戦争の体験者なんだけどね。旧制高校に入ったころに中国との戦争が始まって。そのころの空気の中で、官僚とかお役人とか、いわゆる治安当局が、こういう扱い方をした。あのころは治安維持法が基準ですが。みんな自分たちでつくっちゃうんですよ。

いとう 國分功一郎さんという若い哲学者が著書の中で、こういった下からの[illegible]を言っているんです

ら手放してしまう人たちがいると。手放した人たちにとっては、自由を求めて抵抗している人がうっとうしい。なので、その人たちを攻撃してしまう。そうすると、権力がやらなくても、自動的に自由を求める人たちの声がだんだん小さくなってしまう。だから自由っていうものを背負うことをもっと楽しめる社会にしなければならないというふうに彼は言っていて。

金子 戦前、新興俳句弾圧っていうのがあったんです。渡辺白泉の〈戦争が廊下の奥に立つてゐた〉は今でも有名です。その連中が、日華事変開始の三年後に、かなり勾留されるんですよ。司直の手に挙げられるわけです。その火つけ役がね、今ちょうどあんたが言ったようにね、（俳壇内部から）新興俳句運動なんてやつはうるせえと、いい機会だから追っ払っちまえと動いた者がいたと聞いています。「京大俳句」なんかは十五人も捕まったわけです。風潮を利用するという傾向が今また出てきているわけですな。

いとう 一気呵成にここまでオセロのようにひっくり返っていくかというような感じがしています。もちろんそれに抵抗する人たちも必ずきちんといる。前回の戦争の教訓が生きていると信じたいので、あるとは思いますけど、ちょっと目立たないというか。僕はメディアの中にいる者としては心掛けてはいるんですけれども。でも、やっぱり兜太さんとかが、この光景は実際にもう見たよという方が一番説得力がある。

金子 十五年戦争で拝見済みということで。それはね、私はこれから大いに言おうと思っているんです。

いとう 十五年戦争の場合は、そういう雰囲気になってから、ほんの数年で戦争になった？

金子 そうです。俳句弾圧は昭和十五年。日米開戦はその翌年の暮れ。これを俳句事件と呼んでいるんだが、「京大俳句」に続く新興俳人の拘引、私の属していた「土上」という俳句雑誌があったのですが、主宰の嶋田青峰先生なんかも獄につながれるわけです。ところが尋問中に喀血しましてね。家に戻されてた時期があって、ちょうどそのときの青峰先生に会っているんです。その後間もなく他界しましたがね。この人がポソポソポソポソ言っていたことも思い出しますけどね。こういうことはいろんな形で訴えていかにゃいかんと。

いとう 特定秘密保護法を見たときに治安維持法だと私は思いました。目立つところで言うことを聞かなさそうな人たちを引っ張っていく、ということが既に始まっているんだという実感はすごくある。デモなどでもそこまで勾留するに値するかなと思われるような人が、いなくなったまま、また勾留されていたりとかですね。先ほどの下からの自粛と同時に、大きな権力に便乗するような欲望が動いて、結局はみんなで権力をつくっていく。特に自分たちが得もしないであろう人たちがそれをやって、他人の自由や良心を手放させていくことに快感を覚える時代になっちゃっている。

金子 そうそうそう、誇り顔をしてね。

いとう 十五年戦争の前に、個人的な誇りが持てないような時代が来てたわけですか。何か違う形で取り戻そうとするような形でそんなことが起こったという感じなんですか？

金子 そうですねえ。私の狭い田舎の例で言うんですけどもね、秩父という所に育ちまして。山国なもんですから、繭が命の中心だったんですね。ところが繭の値が下がってましてね。世界恐慌の影響でもってね。ちょうど満州事変が始まったばかりでしたけど、戦争に勝てばね、楽になるんだということをしきりに言ってましたよ、みんな。私はちょうど中学生で、戦争に行く時は勝って、この人たちを楽にしたいと、そんな気持ちでいたわけですよ。国のために戦え、国もおまえも楽になるというご託宣がひどく影響力を持つわけです。そうすると学校の先生の中などにも、得意になってそういうことを言うのが出てくるわけですな。一種の便乗派というか、そういうものが露骨だったのを今でも覚えていますよ。

論理 粗雑すぎ

いとう それで自己満足していく。

金子 中学の終わりの時に二・二六事件が起こりまして、中学生はかなり肯定的に受け取った。若い軍人がよくやったという気持ちで受け取られた。ああいうのが怖いですな。やっぱ

んだと言わないといけない。

いとう 思い付く限りの言葉はなるべく言い、伝えるようにはしていますけど、非常にこう有効な、つまり、一番ここを突けばいいだろうという言葉がなかなか見つからない。なぜかというと、起きていることがあまりに非論理的だからですね。内閣だけで憲法の実質的な変更を決めてしまうことも、法の論理として見てみると非常に粗雑ですよね。

金子 粗雑です、粗雑です。

いとう 法を扱う人たちの論の立て方ではない。でも、知性というものが世の中を駄目にしている、というような不満がある人たちの気持ちを利用しているので、理性でそれを批判しても嘲笑で終わらされてしまう。上手に言うことができない。もちろんそこでより有効な言葉を探すのが、文学者の仕事なのですが。

金子 せいこうさんの小説「想像ラジオ」を読んで、今の話とかかわってくる印象を持ったんですがね。東日本大震災だけに問題を限定しているのではなくて、それを含むもっと大きな現実の中で生きている一人の人間として、いとうせいこうは戦っていると。散文詩としての美しさがあって、一気に読んだ。

いとう 宇宙的な何かとか、歴史的な何かとか、大きなものとつながるようなフィクション（虚構）を有効に使わなければならないと考えた。最近「三田文学」というところに百枚ぐらいの短編を載せているんですが、伯父のような人と主人公の関係なんです。先ほどの金子さんとの話と重なり不思議だと思ったんですが、両親が信州の人間という設定なんで、繭の問題が出てくる。繭で日本が豊かになったけれども、世界恐慌で一気に不況になった。日本全国で一番の輸出産業だったわけですから、これがなくなったことから戦争に進む雰囲気になったと語る伯母のシーンがある。そこから飛んで二十世紀末ですけど、やっぱりここにも、経済が出てきて、ガザ空爆の問題と大きな権力のようなものというか、軍産複合体のような大きな黒い問題があって、でもその下に生きている人がいる。今の日本の感じを前にあったことと重なり合わせて、もう一回それぞれが考えなければならないと無意識的に思った時に、僕にとって象徴的な何かとして繭や蚕糸が出てきてた。

金子 長野とか埼玉・秩父は繭の大

1964年
東京オリンピック

1983年
ファミリーコンピュータ（ファミコン）発売

1980年代なかばから90年代初め
バブル経済

1991年
湾岸戦争

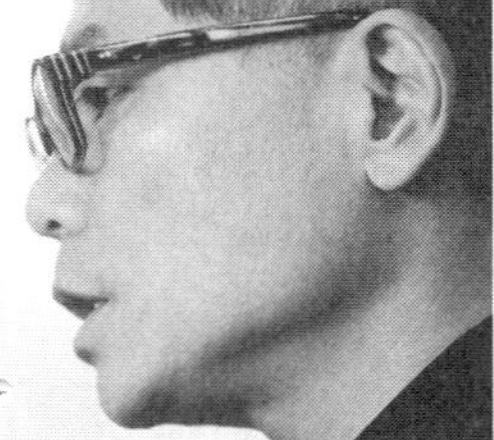

1995年
阪神大震災、地下鉄サリン事件

1990年代後半
インターネットや携帯電話が急速に広まる

2011年
東日本大震災、東京電力福島第一原発事故

2014年
集団的自衛権行使容認を閣議決定（7月）

紙面構成　鈴木薫
写真　梅津忠之

対談後記

社会部長　瀬口晴義

「戦後」を続けていく決意

仲間内の句会で時々駄句をひねる。東日本大震災の取材経験からこんな句もつくった。〈春泥にまみれし母子のフォトグラフ〉〈こどもの日鯉の泳がぬ浜通り〉〈秋風や倒れたままの忠魂碑〉。俳句は見たままを詠めばよい。挑戦したことがないのは戦争をテーマにした句だ。観念的になりそうだからだ。

多くの軍属が餓死したトラック島を去る時、金子さんは彼らの死に報いることを誓う。復職した日本銀行では出世を求めず、俳句一筋の人生を送った俳壇の重鎮は「体験を語ることが最後の仕事だと思っている」と旧知のいとうさんとの対談を快く引き受けてくださった。

〈梅雨空に「九条守れ」の女性デモ〉の句が、さいたま市の公民館の月報に掲載されなかった問題は、戦前の新興俳句運動の弾圧の歴史と重なることが金子さんの話で理解できた。共通する時代の空気は「自粛」だろうか。どきりとしたのは「今の自分を支えているのは、戦後恥ずかしくないように発言していなければならないという思いです」という、いとうさんの言葉だ。

いつまでも「戦後」を続けることがジャーナリズムの使命と私は考えているが、いとうさんはその先まで射程に入れていた。

金子さんから〈原爆忌被曝福島よ生きよ〉の句が届いた。「戦後俳句」を募集したらどうか、という宿題もお二人からいただいている。「戦後」をいつまでも続けてゆくという決意と願いのこもった句。私も挑戦してみたい。

金子兜太

〈戦前の空気に抗（あらが）って〉 終戦記念日対談

原爆忌被曝（ひばく）福島よ生きよ

1919年 埼玉県秩父郡皆野町で生まれる
1923年 関東大震災
1925年 治安維持法公布
1929年 世界恐慌
1931年 満州事変
1933年 「蟹工船」の作者・小林多喜二が特別高等警察（特高）の拷問で虐殺される
1937年 盧溝橋事件（日中戦争始まる）
1941年 日本海軍がハワイの真珠湾を奇襲攻撃、アジア太平洋戦争始まる（～45年）
1943年 日本銀行入行、直後に海軍入隊
1944年 ミクロネシアのトラック島に海軍中尉で主計科として配属
1945年 沖縄が占領される。広島、長崎に原爆投下。日本がポツダム宣言を受諾し降伏
1946年 トラック島から復員。最後の引揚船で島を離れる際に「水脈の果て炎天の墓碑を置きて去る」を詠む
1955年 第一句集「少年」刊行。同じころ、「朝はじまる海へ突込む鷗（かもめ）の死」を詠む
1974年 日本銀行を定年退職
2010年 菊池寛賞を受賞。90歳を超えてなお旺盛な句作を続け現代俳句の魅力を広めたとして

戦争語る必要

いとう 僕がまだ伊藤園の新俳句大賞の選考委員だった時に湾岸戦争が起きて、戦時下の俳句をあえて採りたいと言ったら兜太さんが一番共鳴してくれた。社会の問題をすぐに庶民がすくい取って読める詩が、日本の場合は俳句としてある。そうなるとまさに「梅雨空に九条…」のようなものがあってしかるべきだし、そこが一番の表現の自由の最前線のつばぜり合いだと思う。ただ、名もない表現者の句がそのような象徴となるのは、自分がある程度のプロとして、フィクションのことを考えている人間としては、恥ずかしいですね。文学者がそこを打破しなきゃいけないんじゃないかと。ここで何でもないものをただ書いていて戦争になったら、戦後恥をかくよと。「戦後」と言うと戦争があるということを含み込んでしまっていて良くないが、でも今の自分を支えているのは、戦後恥ずかしくないように発言していなければならないという思いです。そのことが前回の戦争の大きな教訓なので、枕獣しているわけにはいかないと。未来の人から見られていると思って、僕は物を書いています。

金子 あまり生なリアリズムじゃなくて、現実と泥まみれになっている叙事詩というか、薫り豊かな、しかも現実に対して厳しい矢を射ている、そういている。

いとう 兜太さんの俳句、もちろん過去の戦争を描いたものもそうですし、今はセシウムが出てきたり、それが日本の深層にある風景として、季節として描かれていることが大きい。詩人や俳人の、特に短詩形であるところの刺さり方の強さがある。長編小説を書いていると三年も四年もかかっちゃう。その間に社会がどんどん過ってきてしまう。人間というか社会を、今という季節を、断面を見せてくれるという意味で、俳句のような動きをやらなきゃいけないというふうに読ませてもらってます。

一句の説得力

金子 一人の俳句作家がいとうせいこうのようにというのは無理ですね。十人なら十人、その人が生み出す五百句なら五百句の総合力ですよ。今日も見てもらおうと思って、最近拾った俳句を書いてきた。先ほどの〈梅雨空に「九条守れ」の女性デモ〉。これ、本当に優しい日常句ですけどね。それと中村晋という福島県の高校の先生ですが、この人は福島原発事故の重圧をまともに取り上げた。というのは奥さんがセシウムを心配して、子どもと一緒に山形県に入っちゃって。〈春の牛空気を食べて被曝した〉などいろいろ句を作っている。同じ福島の人で坂本豊という人の句もある。〈ものの芽をみな[illegible]除染という〉。3・11の直後に出てきて俳句だけじゃなく、エッセーでも有名になった人で照井翠さんの句も〈[illegible]〉。手を失う思いがあるという。そ器と」とその時の映像だけを書いてある。それから私の句でも3・11では〈津波のあと老女生きてあり死なぬ〉。福島の被ばくの句では〈被曝の牛たち水田に立ちて死を待てり〉。十五年戦争で誰の記憶にも残っているのは、先ほどの渡辺白泉の句がありますが。川柳の鶴彬の〈手と足をもいだ丸太にしてかへし〉、これも著名で一句で結構な説得力を持つわけです。

いとう 国民運動ではありませんが、そういうものがネットワークされないといけないなと。例えばこうしたものが一万句あることが力になると思います。それと一緒に小説もあるといいと思う。僕も一緒に何かできるといいと思います。今はインターネットの時代になって、例えばツイッターとか百四十字しか書けないような、そんな場所で情報はたくさん発信されている。まさにツイッターに出てくるような俳句を募集してそれを新聞に出すとか。放送に出すとか。運動して少しでもやらな

死の現場 知らぬ政治家得意顔

過半は餓死者

いとう 金子さんは現実、戦時中に南洋へ行かれていた。大岡昇平の「野火」を読んでも分かるように、戦死者は決して勇ましいものではなくて、過半は餓死者であるということを、なぜこんなに隠して勇ましいことのように美化するのか。意味が分からないくらい情報が隠されている。本当に先進国なのかと思うくらいひどい。

金子 おっしゃるとおり。私がいたトラック島は死の現場として、いまいっぺん伝えたい。安倍さんをはじめ、今の政治家は、集団的自衛権を実現させようと、憲法の事実上の改憲を考えたりして戦争へ一歩近づいているが、なんであんな平気な顔で、得意顔でできるのかと考える。そうしたら分かりましたよ。死の現場をほとんど踏んでない人たちなんだ。トラック島は日本

【※大岡昇平 小説家、評論家。「野火」は、自らの戦争体験を基にした戦争文学の代表作。】

【※トラック島 ミクロネシアの島。旧日本海軍の拠点が置かれ、1944年2月に米軍の猛攻撃に遭った。】

アメリカの機動部隊にばんばんやられた。連合艦隊は逃げて、第四艦隊が残ったがぜんぜん弱い。そこで武器がなくなった。手りゅう弾をたくさん作り、実験をやったんです。「俺がやる」と志望したのは、兵隊さん以下として扱われている民間の工員さん。やったとたんにボーンって右手がすっ飛んじゃって。背中が破片でえぐられて、運河のようになっている。それで即死したわけです。餓死ってのは、いたましいわけでね。しかも工員さんは、国に殉ずるなんて考え方で来ていない。本当に無知な人たちが力ずくで生きてきて、結局食い物がなくなって死んでいく。仏様のような顔で。逆に悲惨なんですよ。戦場という死の現場を分かっていない政治家は、自衛隊の連中をすぐそのまま戦場へ持って行くことを平気で思っているけどね。自衛隊の人が足りなくなって徴兵制度が敷かれるようになることが心配なんですよ。

いとう 今、イスラエルがガザに対してやっていることも、僕はすぐ東京大空襲のことを思った。下町に育ちましたから。いろんな種類の爆弾が使われて火の海にされて、民間人がやられていく。政治家は、このことを日本の問題として考えてないんですね。国連決議も棄権したりして。つい、われわれが何十年か前に首都でやられたことをやられているという、そこが結び付かないのが僕には信じられない。そういう人たちが世の中を動かすようになってしまった。過去と、今起きていることはつながっているし、われわれの問題でもある。それを喚起するには言葉が問われていると思います。おじいちゃんおばあちゃん、兜太さんの話も聞いてきた人間としてつなげていかなければと思う。

金子さんは、トラック島で終戦を迎え、島を去るとき〈水脈の果て炎天の墓碑を置きて去る〉と詠んだ。自分は一度死んだようなもの。生きて帰るのだから、これからは戦争のない世の中のためにできるだけのことをしようと決意した。▲

僕たち選者で「戦後俳句」選ばせて

金子 今の人に想像できないような無残な死に方をしていった人のことを思った時に、報いなきゃならないと。こっちも若いですから、余計身に染みた。私が学生のころ、俳句を始めたのは、出沢三太という無頼で非常に面白い人間がやっていたから。その人が俺を連れてった句会の中心に高等学校の英語の先生がいた。水戸っていうところは、軍隊もあって軍国臭ぷんぷんなんですけどね、お二人とも全く無視して、軍人が来ても頭下げない。俳句はそういう自由人が作るもんだと思い込んだんです。兵隊行くまで、自由人でありたい、ありたいと。ところが、戦争に行って、目の前で手がぶっ飛んだり背中に穴が開いて死んでいく連中を見たり、いかついやつがだんだん痩せ細って仏様みたいに死んでいくのを見て、いかなる時代でもリベラルな人間でありたいと考えていた自分がいかに甘いかということを痛感した。自己反省、自己痛打が私にそういう句を作らせたと同時に、その後の生き方を支配した。年取ってもその句が抜けません。自分を緩めることができない。それぐらいの痛烈な体験でした。今の政治家諸公は、少なくとも俺のような戦争への自虐を感じないのだろうか。

いとう 東京新聞でぜひ、何俳句と呼ぶか分からないけれども、募集してほしい。あえて戦後俳句と言っていいかもしれません。僕たち選者になって、戦争体験のことも、体験していないけれど自分たちは戦争体験をどういうふうに考えるかということも俳句にしてもらって選んで、ばあーっと載せたらいいじゃないですか。それで大賞、準大賞があって、その中から時代の代表作が生まれてくるってことが文学とかジャーナリズムを含めた、やっぱり言葉の力だから。

金子 二人でやるとなると、ちょっと面白いと思いますよ。変なやつが二人でやってるっていうのは。

海軍主計大尉としてトラック島で敗戦を迎えた金子さんは、集団的自衛権の行使容認を目指す政権を、「戦場という死の現場が分かっていない。なんで得意顔でできるのか」と批判した。いとうさんも「内閣だけで憲法の実質的な変更を決めてしまうことも、法の論理として見ると非常に粗雑ですよね」などと応じた。

さいたま市の女性が詠んだ俳句「梅雨空に『九条守れ』の女性デモ」が、所属する俳句会から「公民館だより」の掲載作品に選ばれたのに、公民館が「政治的」だとして掲載を拒否したため、女性が掲載などを求めて市を提訴する事件も6月に起きていた。一、二審とも市の違法性を認める判決を出し、最高裁で確定するのだが、憲法21条により前提なしで保障されている「表現の自由」も、現場では弱いところから侵食されるのだ。

当然ながら対談で金子さんが取り上げ、戦前の新興俳句運動の弾圧の歴史と重なることを指摘した。共通する時代の空気は「自主規制」であって、「新しい戦前」の動きがここでも見て取れる。ちなみに新興俳句運動では渡辺白泉の《戦争が廊下の奥に立つてゐた》が、今でもよく知られている。

対談中の提案で誕生した新企画

司会者は社会部長だったが、私も同席して対談を聞いていて、2人が意気投合していることが伝わってきた。終わり際にいとうさんが「９条俳句」の掲載拒否を意識したのか、「東京新聞でぜひ、何俳句と呼ぶか分からないけれども、募集してほしい。あえて戦後俳句と言っていいかもしれません。僕たち選者になって、戦争体験のことも、体験していないけれど自分たちは戦争体験をどういうふうに考えるかということも俳句にしてもらって」と提案した。

金子さんは「２人でやるとなると、ちょっと面白いと思いますよ。変なやつが２人でやっているっていうのは」と提案を心地よく受け止めた。対談直後、社会部長に「２人のやりとりを紙面にして、東京新聞はやりませんでは責任放棄になる」と言うと、「もちろんやりましょう」とこちらも即答だった。

軽やかな平和運動「平和の俳句」

どういうタイトルにするのか。どうやって募集するのか。東京本社だけでいいのか…。課題はたくさんあり、提案者のいとうさんからも後日、「途方もない企画」と言われたが、実行すると決めていれば、あとは一つ一つ解決するだけだ。

15年は戦後70年という大きな節目の年だから、こちらがお願いしてもやるべき企画だという思いがあった。四つの本社で同時に募集し、２人が選んだ句と選評を四つの本社そろって１面に１年間、毎日載せることを決めた。事務局は東京本社の文化部に置き、タイトルは、いとうさんの

「軽やかな平和運動にしたい」という思いをくんで「平和の俳句」にした。

「平和の俳句には、決まりはありません。一行の『詩』になっていれば、少しくらい五・七・五を逸脱してもかまいませんし、季語がなくても大丈夫。ひと仕事終えて体を伸ばす瞬間、湯気を上げるご飯を前にしたとき、あなたが笑ったとき。そのときの優しい気持ちだって『平和の俳句』になります。大人も子どもも、どなたでもどうぞ」

この呼びかけに対し、3歳の子どもから106歳のお年寄りまで、1年間の投稿総数は5万7千通を超えた。予想以上の数だった。

元日の朝刊1面での「決意表明」

15年1月1日朝刊の1面の左上に、記念すべき第1作が載った（紙面）。

《平和とは一杯の飯初日の出》

愛知県西尾市の高校3年生、浅井将行さんの作品である。金子さんは「浅井君は毎日のご飯に感謝し、その毎日の平和を守る覚悟だ」、いとうさんは「まずささやかな満足が個人にある。それなしに国の平和などない」と選評に記した。

浅井さんは取材に対して「30秒でひらめいた。世界中の子どもがちゃんとご飯を食べられる平

1　12版都心　第25913号　（明治25年3月12日第3種郵便物認可）　東京新聞　2015年（平成27年）1月1日（木曜日）

武器購入国に資金援助

途上国向け制度検討

低利貸し出しや贈与も

防衛省

防衛省が、日本の防衛関連企業から武器を購入した開発途上国などを対象とした援助制度の創設を検討していることが分かった。武器購入資金を低金利で貸し出すほか、政府自ら武器を買い取り、相手国に贈与する案も出ている。政府開発援助（ODA）とは別の枠組みとする方針だ。

援助制度は、武器輸出を原則認める防衛装備移転三原則決定を受け、輸出促進策の一環として検討されている。日本の防衛関連企業向けの資金援助や、相手国への訓練・整備支援なども合わせて検討している。

援助については、有償援助を軸に検討を進めている。国が出資して特殊法人を新たに設立。この特殊法人が、金融市場から資金を調達し、武器購入に必要な資金を低利で相手国などに貸し出すという仕組みだ。

さらに日本の防衛関連企業が製造した武器を政府自らが買い取り、途上国などに贈与する無償援助制度の創設も防衛省では議論。これは、他国の軍や軍関連機関に自衛官を派遣し、人道支援や災害救援、地雷や不発弾の処理などを訓練する防衛省の「能力構築支援制度」の拡充案が有力だ。国の一般会計の事業として実施しているこの事業の予算を大幅に増やして贈与資金に充てるという。

政府は一月にもODAの原則を定めた大綱を改定する方針だ。新大綱（開発協力大綱）では、他国軍への支援について「実質的意義に着目」などとし、災害援助など非軍事目的なら容認しようとしている。しかし軍事目的の援助は、従来同様禁止しており、防衛省ではODAの枠外での創設を検討している。

防衛省が検討する援助制度

軍事用途版ODAに

解説　昨年四月に決定された新三原則は、日本の安全保障に資する場合などに限定して武器輸出を認める、と定めている。しかし、防衛省が検討する援助制度から浮かび上がるのは、日本の安全保障強化のために、国が武器輸出に積極関与していこうという姿勢だ。現行とは別枠ながら軍事用途版ODAともいえる制度の実現は、歯止めなき軍事支援への道を開きかねず、日本の平和外交変質の象徴となりそうだ。

制度の念頭にあるのは、南シナ海をめぐり中国との緊張が続く東南アジア諸国連合（ASEAN）だ。「積極的平和主義」を掲げた安倍晋三首相は昨年五月、シンガポールで講演し、ASEAN諸国に対し、武器を含めた海洋安全保障分野での支援を公約。防衛省もアジア太平洋地域などへの協力を課題として掲げている。

援助制度は、軍事的用途を禁じた日本のODA政策を事実上転換させることにもなり、戦後日本が築き上げてきた平和国家というブランドの崩壊にもつながりかねない。しかし防衛省では「武器輸出は外交の手段として有益だ」（幹部）として、具体策を今夏までにまとめあげようとしている。

国際社会に日本は今後何を訴えていくのか。理念なきまま、具体策を急ぐ姿勢に対しては、懐疑的な意見も少なくない。

国際情勢にも詳しいジャーナリストの青木理氏は「日本は戦争ができる国になっていこうとしている。『国のため』に推進される武器輸出が、果たして『国民のため』になるのだろうか」と警鐘を鳴らしている。

（望月衣塑子）

平和の俳句スタート

金子兜太・いとうせいこうさん　3000句以上から選句

戦後七十年の節目となる本年、平和を願う俳句を読者の皆さんから募る本紙の通年企画「平和の俳句」が始まりました。選者は俳壇の重鎮で戦場体験を持つ金子兜太（とうた）さん（95）と、多彩な創作活動で知られる作家のいとうせいこうさん（53）です。読者から寄せられた句を毎月選び、選評とともに朝刊一面に毎日一句ずつ掲載していきます。このほかにも句の背景を取材した記事や、「初心者向け俳句講座」なども随時載せる予定です。

＝関連⑪面

選者の二人が昨年八月十五日の紙面で戦争について対談した際、俳句で平和を表現していこうと意気投合し、この企画がスタートしました。今月掲載する句は五歳から百歳まで、全国から寄せられた三千以上の句から選ばれました。年配の方が戦時中を振り返る実感のこもった句もあれば、素直な思いを詠んだ幼い子の句も。投稿はその後も続々と届いています。

皆さんはどんな社会で暮らしたいですか。どんなときにホッとして、小さな幸せを感じますか。戦争体験はもちろん、日々の暮らしの中で感じた平和や、平和を願う気持ちを詠んだ「あなたの一句」をお待ちしています。

いとうせいこうさん

句を考えること、送ること、読むこと、それぞれが貴重な経験であるといいと思います。きちんと選びます。

金子兜太さん

戦争を知らなくても「こんな世界にしたい」という思いを。今の暗雲を追い払うような句を作ってください。

平和の俳句　戦後70年

平和とは一杯の飯初日の出

浅井　将行（18）　愛知県西尾市

〈金子兜太〉浅井君は毎日のご飯に感謝し、その毎日の平和を守る覚悟だ。〈いとうせいこう〉ささやかな満足が個人にある。それなしに国の平和などない。

2015.1.1

募集しています

「平和の俳句」への投稿を募集しています。はがきの裏面に1句を記入。同じ面に住所、氏名（振り仮名）、電話番号、年齢、職業を明記し、〒100 8525 東京新聞文化部「平和の俳句」係へ。投稿は未発表の自作の句に限り、季語のない句も受け付けます。ペンネーム不可。

よろしければ背景にある体験、込めた思いなどをお書き添えください。

和な世の中になりますように。僕にできるのは募金くらいだけど、積極的に協力したい」と語った。

「平和の俳句」の右側の1面トップには、防衛省が日本の防衛関連企業から武器を購入した開発途上国などを対象とした援助制度の創設を検討しているというスクープを載せた。取材したのは望月衣塑子記者。解説記事で「軍事用途版の政府開発援助（ODA）ともいえる制度の実現は、歯止めなき軍事支援への道を開きかねず、日本の平和外交変質の象徴となりそうだ」と問題提起した。

元日の朝刊は今後1年間、どういう新聞を作っていくか、編集局が読者に決意表明する日と位置付けていた。権力を監視しながら、軽やかな平和運動を続けていくことが、決意の内容だった。

読者の声で3年間、毎日1面に

「平和の俳句」は当初、1年間だけの企画と考えており、紙面でも募集停止をお知らせした。すると多くの読者から継続を求める声が寄せられた。読者こそ、「平和の俳句」の価値、可能性を実感していたのである。募集を再開して17年末までの3年間、朝刊1面に掲載した。18年からは基本的に8月限定の企画（21年は「東日本大震災10年」として3月にも実施）になったが、今も続けている。

どの年も読者の思いが伝わる俳句ばかりだが、私は《民の声載せて新聞今朝も来る》を切り抜いて手帳に挟んでいる。15年12月8日の掲載句であり、77歳の作者が「平和の俳句」の継続を祝して作ったと、いとうさんの選評にあった。新聞のあるべき姿が五・七・五の中に詰まっている。

「平和の俳句」の2年目となる元日朝刊1面トップも、国産の中古武器を無償や低価格で輸出できるようにするため、防衛装備庁が法整備を検討しているというスクープを掲載し、「転売リスク手つかず」という見出しの解説記事を付けた。編集局として「武器輸出」の問題を追及する方針を打ち出しており、その中心にいた望月記者が2年連続で1面トップの記事を書いた。菅官房長官との記者会見での「対決」で広く知られるようになった記者だ。

読者との「協働作業」である「平和の俳句」は幸いにして二つの賞を受賞した。平和や人権擁護などに貢献した報道や作品を表彰する「平和・協同ジャーナリスト基金賞」と、俳句の世界でよく知られた「みなづき賞」である。

「平和の俳句」の新たな展開は15年7月の「みなづき賞」の贈呈式から始まった。いとうさんが「平和の俳句を世界にアピールしたい」と予告なしに提唱し、またも金子さんが「大賛成」と快く応じ、会場は大きな拍手に包まれた。私と社会部長も、その会場にいた。

終戦記念日用の「平和の俳句」を英訳して掲載する。これが現場から出た世界にアピールするためのアイデアだった。でも誰に英訳を頼んだらいいのか。日本文学に精通し、「みなづき」賞の受賞者でもある日本文学研究者のドナルド・キーンさんにお願いするしかないという結論になった。

キーンさんの英訳と特別な紙面

キーンさんは東京新聞で「ドナルド・キーンの東京下町日記」を連載中であり、お願いする伝手はあった。多忙は承知していたので「ダメ元」だったがご快諾いただき、出来上がったのが戦後70年という節目の日の8月15日朝刊だ（紙面はＰ186）。

12版山手　第26134号　東京新聞　2015年(平成27年)8月15日(土曜日)　©中日新聞東京本社2015　(日刊)

東京新聞
中日新聞東京本社

平和の俳句　戦後70年

千枚の青田に千の平和あり

〈いとうせいこう〉作者は福島県の旧警戒区域から会津に仮住まいする。〈金子兜太〉棚田が連なる能登

5.8.15

石川県輪島市の白米千枚田（泉竜太郎撮影）

本日の「平和の俳句」を本紙「東京下町日記」でおなじみの日本文学研究者ドナルド・キーンさん(93)に英訳していただきました。「平和のメッセージを海外へ」という選者の金子兜太さん(95)、いとうせいこうさん(54)の提案を受けてお願いしました。❷面に訳文の解説があります。㉙面では作者の浅田正文さんの思いを伝え、❷❸㉘㉙㉚面ではこれまでの入選句から選んだ5句を写真とともに紹介しています。戦後70年の「平和の俳句」特別紙面です。

不戦の70年

きょう終戦の日

きょう15日は戦後70年の終戦記念日。天皇、皇后両陛下も出席され、全国戦没者追悼式が日本武道館(東京都千代田区)で開かれる。約310万人の犠牲の下、焼け跡から立ち上がった国民は、新憲法を尊重し平和国家の道を歩んできた。安全保障法案の国会審議が続く中、新たに不戦を誓う追悼の日を迎えた。

安倍首相70年談話

「反省・おわび」継承

「日本の侵略」明示せず

政府は十四日午後の臨時閣議で、戦後七十年の安倍晋三首相談話を決定した。談話は先の大戦に関し、歴代の内閣が反省と謝罪を続けてきた経緯を説明する形で「反省」「おわび」に触れた上で「こうした歴代内閣の立場は、今後も揺るぎない」とした。「植民地支配」と「侵略」との言葉も使用して、日本政府としていずれも将来行わない方針を示した。しかし、植民地として日本が朝鮮半島を統治したことや、日本が中国大陸などで侵略行為を行ったことには触れなかった。

一九九五年の村山富市首相談話の「おわび」などのキーワードを盛り込み、歴史認識では歴代内閣と立場が変わらないと示す意図がある。しかし、首相の直接の言葉ではないとの指摘も出そうだ。

談話では「あの戦争には何ら関わりのない私たちの子や孫、その先の世代の子どもたちに、謝罪を続ける宿命を背負わせてはならない」とし、歴史認識問題に区切りを付けたい意向も示した。

歴史認識に関しては「わが国は先の大戦における行為について、繰り返し、痛切な反省と心からのおわびの気持ちを表明してきた」とした。

「侵略」については「いかなる武力の威嚇や行使も、国際紛争を解決する手段としては、もう二度と用いてはならない」と指摘。植民地支配に関しては「永遠に訣別し、すべての民族の自決の権利が尊重される世界にしなければならない」とした。

一九三一年の満州事変以降の日本に関し「進むべき針路を誤り、戦争への道を進んで行った」と語った上で「深い悔悟の念」を示した。広島、長崎の原爆投下にも触れて「唯一の戦争被爆国として、核兵器の不拡散と究極の廃絶を目指す」と表明。「積極的平和主義の旗を掲げ、世界の平和と繁栄にこれまで以上に貢献する」との考えも示した。

英語訳も同時に発表。北京とソウルの日本大使館は中国語、韓国語版をそれぞれ公表した。

安倍首相は戦後70年談話で村山談話のキーワードをどう表現したか

戦後70年談話の記述(抜粋)	村山談話との違い
わが国は、先の大戦における行いについて、繰り返し、痛切な反省と心からのおわびの気持ちを表明してきた。歴代内閣の立場は、今後も、揺るぎないものだ	村山談話では「反省」「おわび」を直接自らの言葉として用いたが、安倍談話は過去の歴代内閣の表明として紹介
事変、侵略、戦争。いかなる武力の威嚇や行使も、国際紛争を解決する手段としては、もう二度と用いてはならない。植民地支配から永遠に訣別し、すべての民族の自決の権利が尊重される世界にしなければならない	村山談話では「植民地支配」「侵略」を日本が行ったことを認める。安倍談話は「侵略」「植民地支配」を一般論として否定し、日本が行ったかどうかはあいまいに

歴史直視　終わりなし

政治部長　金井辰樹

安全保障関連法案が国会で審議されている中、「安倍談話」が発表された。

安倍首相は談話を、過去を踏まえて日本の将来を示すものと位置づける。一方、法案には首相が描く今後の日本の安保政策が書いてある。成立すれば海外で武力行使する道が開かれる。

過去を見つめる談話と今後を示す法案。二つは表裏一体だ。談話で、誰もが納得する歴史認識を示せば、日本が「過去の過ち」を繰り返す懸念が和らぎ法案への批判も減るかもしれない。示せなければ、安保法制により日本が新たな「戦前」に向かう懸念が広がる。

談話はどう受け止められただろう。「痛切な反省と心からのおわび」を歴代内閣から引き継ぐという文脈で書き「侵略」などの言葉も入った。中国、韓国などに一定の配慮はうかがえる。ただ首相がかつて「侵略の定義は定まっていない」などと発言したことは広く知られる。そして今、憲法の解釈を変えて日本のかたちを変えようとしている。「引き継ぐ」などの回りくどい表現では、十分な理解が得られるとは思えない。

「過去に目を閉ざす者は、現在にも盲目となる」―一九八五年、西ドイツのワイツゼッカー大統領が行った議会演説の一節だ。ワイツゼッカー氏はこの演説で、歴史を直視する大切さを若い世代に伝える決意も示している。三十年後の今年五月、ドイツのメルケル首相は談話を発表し「歴史に終止符はない」と語った。ワイツゼッカー氏の思いはメルケル氏に伝わり、ドイツ全体が共有している。

安倍談話では、戦争に関わりのない世代に「謝罪を続ける宿命を背負わせてはなりません」という表現と「世代を超えて、過去の歴史に真正面から向き合わなければなりません」という表現が混在し、真意はつかみにくい。ただ歴史は消えないことははっきりしている。首相は会見で「不戦の誓いの堅持」が談話の最も重要なメッセージだと語った。この誓いを守るには七十年を過ぎても歴史に目を開き続けるしかない。

手のひらからの平和論

寂聴さんインタビュー⑭⑮面

作家で僧侶の瀬戸内寂聴さん(93)は、夫の赴任先の中国・北京で終戦の日を迎えました。「絶対負けない」と教えられた軍国教育のむなしさを焼け跡残る東京でかみしめた寂聴さんは決意します。「これからは自分の手で触って、手のひらに感じたものだけ信じて生きよう」。戦後七十年の終戦記念日特集は、寂聴さんの手のひらからの平和論をお届けします。

紙面について
電話 03-6910-2201（土日祝日除く 9:30〜17:30）
FAX 03-3595-6935
東京新聞ホームページ
TOKYO Web
www.tokyo-np.co.jp

お断り　本日は特別紙面とし、「金曜日の声」は❷面、「福島第一の1週間」は❼面、「運勢」「星の物語」は㉓面に掲載しました。

17日朝刊休みます
あす16日は新聞製作を休み、17日の朝刊は休刊します。ご了承ください。　東京新聞

《千枚の青田に千の平和あり》

作者の金沢市の浅田正文さんは74歳。原発事故を受けて福島県の緊急時避難準備区域だった自宅から金沢市に避難し、仮住まいしていた。

A thousand rows
Of growing plants of rice
A thousand testimonies of peace

これがキーンさんの英訳だった。2面に訳文の解説を掲載したが、そこには「何げない日常的な風景の青田を楽しめることが平和の証明―という作者の意思を受け止めた」と書かれていた。

英訳の「平和の俳句」が載った1面の作り方は特別だった。紙面は普通、左右に2分割する形にして、右にその日一番ニュース価値がある記事を、左に2番目に価値がある記事を配置する。それを上下に2分割して、「平和の俳句」を上に、下に安倍首相による「『反省・おわび』継承」の見出しを付けた戦後70年談話の記事を配置した。

上は東京新聞からのメッセージ、下はニュースという区分けをした新しい紙面作りだった。「平和の俳句」と「不戦の70年」という見出しをセットにして、平和が未来永劫続くことを願う特別な紙面を作りたかったのである。

東京新聞 2015年(平成27年)12月27日(日曜日)

初代EU大統領が「平和の俳句」

陽を海を星を見る者和を愛す

ヘルマン・ファンロンパイ(68)

Wie naar de zon kijkt
Naar de zee, de sterren
Houdt van de vrede
(オランダ語)

Who looks at the sun
At the sea, at the stars
Loves peace
(英語)

Celui qui regarde
Le soleil, la mer, les étoiles
Aime la paix
(フランス語)

Wer nach der Sonne
Dem Meer, den Sternen guckt
Liebt den Frieden
(ドイツ語)

翻訳・木村聡雄現代俳句協会国際部長

調和の美 感じれば争い抑えられる

趣旨賛同 4カ国語で寄せる

「平和の俳句」に作品を寄せ、インタビューに応じるファンロンパイ氏＝ブリュッセル市内の事務所で

苦難の政治 祈りの一句

俳人・黛まどかさん読み解く

世界に広がるHAIKU

金子さん・いとうさん選者対談14面 31日全入選句再録

世界へと広がる「平和の俳句」

欧州連合の初代大統領であり、俳句愛好者として知られるヘルマン・ファンロンパイ元ベルギー首相からは、「平和の俳句」に賛同したと言って、4カ国語での俳句が寄せられた。いとうさんの提案を受けてメールなどを通じて作品を依頼していたのだ。現代俳句協会国際部長の木村聡雄・日本大教授に翻訳を依頼し、戦後70年である15年の締めとして、12月27日の朝刊1面トップの記事にした（紙面）。日本が「戦える国」に変質してから約3カ月がたっていた。

《陽（ひ）を海を星を見る者和を愛す》

ファンロンパイさんの政治家としての信

念は「調和」だった。取材に対して「ロシアの文豪ドストエフスキーは『美のみが世界を救う』と言った。俳句も美。人々が美の感受性を高めれば、争いを抑えられると考えたい」と思いを語った。

同じ日の「平和の俳句」は高校1年生の《武器もつな信じる心と意志をもて》だった。金子さんは「若者が率直に平和を訴えている声がここにある」と選評に記した。

あの戦争の記憶の風化に抗う

平和が永遠に続くことを願って、戦争を伝え続けることに正面から向き合うことになったのは、遡るが03年7月、政治部長から社会部長に転じてからだ。戦争体験者への取材経験が長くて著書もある記者から「若手と話していたら、戦争体験者から取材した経験を持つ人がほとんどいない。これでは戦争がどんどん風化します。それでいいと思いますか」と問われた。

その記者が「平和の俳句」が生まれた対談を司会した社会部長になるのだが、確かにいいはずがない。2人で話し合い、東京本社の20代の記者に限定した戦争体験者への取材を企画し、8月の紙面に載せることにした。

国会では当時、イラクへの自衛隊派遣を可能にするイラク復興支援特別措置法が、全野党が反対する中で与党の賛成多数によって成立していた。小泉首相が支持に踏み切ったイラク戦争は、

東京新聞

夫は言った「生きろ」

記憶　20代記者が受け継ぐ戦争　1

肉親と次々死別

戦禍の「手触り」伝えたい

神奈川　片山ソヨさん

鎮魂の夏　2003

児童相談所が親権停止

治療拒む母、男児日々悪化

「壁」乗り越えた決断

「白装束」施設捜索へ

米英が正当性の証しとした大量破壊兵器が発見されないなど問題点が多かったのに、今度はその「戦地」へ、小泉首相の言い方では「非戦闘地域」に自衛隊を派遣するための法律を作ったのである。あの戦争の記憶の風化の進行と無関係とは思えなかった。

20代の記者が受け継ぐ戦争

企画のタイトルは「記憶　20代記者が受け継ぐ戦争」とした。記事を書ける材料が集まっても取材は終わりではなく、相手が許す限り何時間でも話を聞いて、年齢差からして自分が取材相手の代わりに「語り部」になる決意を持って取材してほしい。こういう思いを「受け継ぐ」の4文字に込めた。

03年8月10日に社会面で連載は始まった（紙面）。26歳の川崎支局の記者が、船員だった夫を失った98歳の女性に取材した。『おれの分まで生きろ』。大切な人にそう言われたとき、私なら何を思うのだろう」という自問から記事は始まるが、答えは最後まで出てこない。それでも「戦争なんてずっと昔に起きたこと」と思っていた記者が「戦禍の手触り」に戸惑いを感じながら、「事実の重みは、私にずしりとのしかかった」と書いた。

企画の意図としては、それで十分だった。記者が取材を機に深く考えて、答えを探していけばいい。提案した記者とは「少なくとも10年は続け、戦争体験を受け継ぐ記者を増やしていこう」と話し合った。その年月の倍を超えて、企画は今も続いている。

戦争体験者への取材の３原則

戦後60年という節目である05年、自分たちは何を伝えないといけないのかを、社会部の「遊軍」の記者と一緒に議論した。軍隊用語を使うのは抵抗もあったが、記者クラブに所属せずにフリーで動く記者のチームを、社会部では以前から遊軍と呼んでいた。日々起きることへの取材対応もするが、基本は自分たちでテーマを決めて動いていた。

20代の記者の企画を提案した記者が遊軍にいたこともあり、「社会部を挙げて」戦争の記憶を受け継ぐことが必要だと議論はまとまり、企画名は「記憶　新聞記者が受け継ぐ戦争」のままとなった。

企画班は総勢17人に上り、戦争体験者への取材経験には個人差があった。人生経験、感性、知識も記者それぞれであり、戦争に対する思いも一様ではなかったことから、取材班として大まかな原則を三つ確認した。

一つ目は20代の記者と同様、一人一人が戦争体験者の記憶を「語り部」として受け継ぐ決意で取材に臨むことだ。

二つ目は「無名」の人々にとっての戦争を伝えることを確認した。「無名」の人々の戦争は戦死者数や被害者数という数字に置き換えられかねない。一人一人の身に起きた「等身大の戦争」を伝えたかった。地域に密着して取材している東京新聞の記者ならではの仕事である。

三つ目は、できる限り取材相手の記憶の現場を歩くことだ。60年という時間の流れは多くの現場を一変させているが、現場のにおいを少しでも嗅ぎたかった。空気を感じたかった。悲しみや怒りの感情がどこかに残っている気がした。現場に足を運ぶことは、いかなる場合も記者にとって不可欠なのである。

「かけがえのない命」を大事に

取材テーマは記者の関心事を優先したため、「東京大空襲」「山の手空襲」「キリスト教徒弾圧」

「沖縄戦」「原爆投下」「サイパン陥落」「硫黄島玉砕」「回天特攻」「大和沈没」「加害と向き合う・中国編」「加害と向き合う・韓国編」「シベリア抑留」「満州棄民」「南方戦の傷跡」「米兵になった日系2世」「BC級戦犯」「日本人『逃亡兵』の記録」「戦時下の記者、その後」「語り継ぐ意志」と多岐にわたった。連載期間は05年3月から12月まで及んだ。

それでも当然だが、受け継ぐことができたのは戦争のほんの一部に過ぎないことを、取材班の全員が分かっていた。だからこそ、自分の担当の回に思いを込めて取材し、記事にした。各回とも写真も平均で2枚付けたため、社会面の半分以上をこの企画が占めた。

担当デスクは「読者に伝わりやすい分量」という判断から、各テーマとも3回以内を原則とした。例外となったのが沖縄戦の取材であり、5回の連載になった。企画全体の「かけがえのない命を大事にしよう」という読者へのメッセージが一番端的に表れていたからである。

日本で唯一、全ての住民を巻き込んだ地上戦が繰り広げられた沖縄県には、本来「命どぅ宝（生きることこそ尊い）」という思想があったが、戦時中に「死ぬのは誉れ」と教え込まれたため、「集団自決」など悲惨な戦場と化したことが連載では書かれている。「集団自決」の全容は明らかになっていないけれども、「決して自発的な死ではない。生き残ってしまう恐怖に追い込まれた私たちに、死の選択肢しかなかった」など、取材で得た数多くの証言をしっかり受け継いでいきたい。

取材の過程では時の流れが持つ意味を思い知らされた。「今だから話しましょう」と、ほとんどの記者が言われた。被害者であれ、加害者であれ、戦争体験は心の奥底にしまわれており、全てを口に出せるまでには長い年月を要するのである。記憶を受け継ぐ人がいないことによって、なかったことにしてはいけない。取材班からの報告を受けるたびに、そう思った。

「新しい戦前」の現実を示す報道

時間は残酷であり、戦争を体験していた人が年々減っていく。彼ら・彼女らから学んだものを、戦争を知らない世代に、どのように語り継いでいくか。

昭和史研究で知られるノンフィクション作家の保阪正康さんには局長時代、何度も相談相手になってもらった。24年8月に東京新聞が主催した保阪さんの講演会に出席した。

保阪さんは戦後80年、昭和１００年の25年は、先の大戦が同時代史から歴史へ移行する分かれ目の年だと位置付け、だからこそ、「なぜ戦争をしたのか」などを教訓化する必要があると説き、「被爆国だからこそ作れる新しい平和論を」と訴えた。これが「80年間の非戦を財産にする」ための手だてだという。

講演前に話す時間があり、時代への危機感を聞くと「旧軍の体質、考え方がまだ今の日本に残っていることが怖い。新しい戦前に他ならない。現実をよく調べてほしい」と言われた。講演では、東京都知事選のある候補者の論法や居丈高な口ぶりを旧軍人と同じだと思ったことや、海上自衛隊の出身者が靖国神社の宮司になったことなどを挙げて「こういう形が新しい戦前だ」と警鐘を鳴らした。「新しい戦前」の全体像を明示する報道が求められていると、記者に語りかけているようにも感じた。

ノーベル平和賞の授賞理由

それから2カ月後の24年10月、長年にわたり世界に向けて核廃絶を訴えてきた日本原水爆被害者団体協議会（被団協）がノーベル平和賞を受けた。被爆体験にとどまらず、戦争の記憶を守り発信していくことの価値を世に知らしめたと思う。授賞理由の核心部分を紹介したい。

＊

アルフレッド・ノーベルのビジョンの核心は、献身的な人々が変化をもたらすことができるという信念だった。ノーベル賞委員会は今年の平和賞を日本被団協に授与することで、肉体的苦しみやつらい記憶を、平和への希望や取り組みを育むことに生かす選択をした全ての被爆者に敬意を表したい。

日本被団協は何千件もの目撃証言を提供し、決議や公式なアピールを発表し、国連やさまざまな平和会議に毎年代表団を派遣して、核軍縮の差し迫った必要性を世界に訴えてきた。いつか歴史の目撃者としての被爆者はわれわれの前からいなくなる。しかし、記憶を守る強い文化と継続的な関与により、日本の新たな世代は被爆者の経験とメッセージを引き継いでいる。彼らは世界中の人を鼓舞し、教育している。そうすることで彼らは、人類の平和な未来の前提条件である核のタブーを維持することに貢献している。

＊

新聞が何を伝え続けないといけないのか。この授賞理由も、記者たちがいつも自問していることへの答えの一つを指し示している気がしてならない。

17年の憲法記念日に動き始めた「安倍改憲」

編集局が８月15日の終戦記念日と同じく平和が永遠に続くことを願って取材し、紙面を作っている日がもう一日ある。５月３日の憲法記念日である。

憲法施行70年という節目の17年5月３日に安倍首相は、東京都内で開かれた改憲を訴える会合にビデオメッセージを寄せて、「２０２０年を、新しい憲法が施行される年にしたい」と表明し、戦争放棄などを定めた憲法９条の条文を残しつつ、自衛隊の存在を明記する文言を加えることを

1　12版山手　第26744号　東京新聞　2017年（平成29年）5月4日（木曜日）　©中日新聞東京本社2017

平和の俳句　戦後72年

蘖（ひこばえ）も一魂（いっこん）ありと若芽吹く

安藤　浩子（72）　金沢市

〈金子兜太〉木を伐採した後の切り株に若芽が生き生きと出てきて、この平和を曲がりなりにも繋いでくれると確信しました。いや、守ってくれると。

2017.5.4

決めるのは国民

憲法施行70年集会に５万5000人

憲法集会でボードを掲げる参加者＝３日午後１時51分、東京都江東区の有明防災公園で（魚眼レンズ使用、淡路久喜撮影）

日本国憲法の施行から70年となる３日、憲法を守ることを訴える集会が東京都江東区の有明防災公園（東京臨海広域防災公園）で開かれた。約５万5000人（主催者発表）の参加者らは「憲法改悪反対」「９条守ろう」と声を上げた。

登壇した弁護士の伊藤真さんは、安全保障関連法成立など安倍政権の政策を挙げ「個人の尊重、尊厳という憲法の考え方が大きく覆されようとしている」と批判。「こういう時代だからこそ、憲法の輝きを増していかなければならない。子や孫が、自由と平和の中で憲法施行100年を祝える未来を築くことが、私たちの責任ではないか」と訴えた。

東京都目黒区の会社員鈴木沙織さん(40)は「憲法を変えるかどうかを決めるのは、私たち国民だ」ときっぱり。改憲に前のめりな安倍晋三首相に「憲法について無関心な人が多い中で、本当に国民全体が憲法を変えたいと思っているのだろうか」と疑問を投げかけた。

憲法施行70年
平和盛り込んだ英知②
９条を地球憲法に③
首相発言に賛否㉒
私の大切な条文㉓
人格権掲げた訴訟⑳㉑
首相発言全文㉑社説⑤

ニュース ピックアップ

▸▸ きょうの目次は③面

「平和９条」条文秘話 ②

核心　憲法９条に「国際平和を希求する」との文言が盛り込まれたのは、日本人の英知を結集した結果だった。

きょうのヒトコト ▸③面

「地球憲法第９条」の著者オーバービーさん（91）

９条を守るだけでなく、地球すべてに発信してほしい。日本の皆さまに感謝します

＝日本の市民団体関係者へのビデオメッセージ（提供写真）

朝日支局襲撃30年 ㉒

朝日新聞阪神支局で記者２人が散弾銃で殺傷された事件から30年。拝礼所には多くの市民が訪れた。

ヤマト9200人増やす ③

ヤマトホールディングスは残業抑制のため、2017年度にグループの従業員数を約9200人増やす。

海自、米艦防護を終了 ③

安保法に基づく初の米艦防護が終了。３日は護衛艦「さざなみ」も合流した。

北が中国名指し非難 ③

北朝鮮は、米国に同調する中国から制裁を受けているとして、中国を名指しする異例の非難を行った。

首相 改憲2020年施行目指す

「９条に自衛隊明記」

会合で決意表明

安倍晋三首相（自民党総裁）は三日、東京都内で開かれた改憲を訴える会合にビデオメッセージを寄せ「二〇二〇年を、新しい憲法が施行される年にしたい」と表明した。戦争放棄などを定めた九条を維持した上で自衛隊の存在を明記する文言を追加するよう提案。高等教育の無償化を巡る議論の進展も促した。憲法施行七十年の同日に、自らの「悲願」である改憲実現への決意を改めて示した形だ。

首相が改憲の実現時期について具体的な目標を明示したのは初めて。教育に言及することで、独自の憲法草案の柱に教育無償化を掲げる日本維新の会の協力を得る狙いがあるとみられる。

ただ衆参両院の憲法審査会の論議は十分に進んでいるとは言えず、改憲への国民の賛否も割れている。首相が一八年九月の総裁選で勝てば任期は二一年九月までとなるが、思惑通り在任中に改憲できるかは見通せない。

首相がメッセージを寄せたのは、保守系団体「日本会議」と関係がある「美しい日本の憲法をつくる国民の会」などが主催した会合。メッセージで首相は、二〇年に東京五輪・パラリンピックが開かれるのを踏まえ「日本人の大きな目標だ。新しく生まれ変わった日本がしっかり動きだす年だ」として、二〇年の改憲実現を打ち出した。

改憲案を発議できるのは国会だとし「国会議員が具体的な議論を始めなければならない時期に来ている。自民党も歴史的使命を果たす決意がある」と強調した。

改憲を訴える会合に寄せられた安倍首相のビデオメッセージ＝３日午後、東京都千代田区で

主な政治日程

2017年	6月18日	通常国会会期末
18年	9月	安倍首相の党総裁任期満了 総裁選に3選立候補?
	12月	衆院議員任期満了
19年	夏	参院選
20年	夏	東京五輪・パラリンピック
		改憲し、施行を目指すと首相が表明

期限と項目示し 議論の加速狙う

【解説】安倍晋三首相が改憲を巡り、二〇二〇年施行と期限を区切った上で、九条への自衛隊明記と教育無償化という具体的な項目を挙げたのは、改憲発議に向けて、自民党を中心に国会の議論を急がせる狙いがある。

九条に三項を追加し自衛隊を位置付ける案は、過去に公明党が主張していた。教育無償化は日本維新の会の改憲案で、両党の賛同に期待したといえる。

国会の憲法審査会では、改憲には幅広い合意が必要との認識が大勢だ。慎重な議論を求める少数政党にも配慮し、自民党議員も「憲法は国民全体のためのものだ。安倍首相の在任中かどうかは関係ない」と強調していた。

首相はこの進め方では時間がかかり、自身の在任中に改憲が果たせない恐れがあると不満を募らせていたとみられる。東京五輪・パラリンピックを口実に持ち出し、自民党をはじめ各党に議論加速を迫った。

首相は改憲勢力と足並みをそろえ、一八年十二月に任期満了を迎える衆院選、一九年夏の参院選に臨み、改憲に必要な数を維持する戦略を描く。

だが、権力の乱用を抑制し、個人の人権を保障する憲法をどう変えるかは、五輪開催と全く関係ない。国民主権を明確にうたう憲法は、国民が権力者に守らせるルールといえる。そのルールをいつまでに、こう変えると首相が独断で決めるとしたら、立憲主義に反する。（金杉貴雄）

改憲の流れ

改憲原案を国会提出
提出者の他、衆院100人以上もしくは参院50人以上の賛成が必要
▼
衆参両院で審議
憲法審査会
出席議員の過半数の賛成で可決
本会議
総議員の3分の2以上の賛成で可決
▼
国会が改憲案を国民に発議
60〜180日間の広報・周知期間
▼
国民投票
有効投票総数の過半数の賛成で承認
▼
改憲

きょう夕刊休みます

きょう４日は祝日「みどりの日」ですので、夕刊は休みます。ご了承ください。東京新聞

提案した。「悲願」である改憲に向けて、明確な目標を初めて掲げたのだ。

これに対して、憲法を守ることを訴える集会が東京都江東区の公園で開かれ、主催者発表で約5万5千人が集まった。登壇した弁護士の伊藤真(まこと)さんは安保関連法など安倍政権の政策を取り上げて、「個人の尊重、尊厳という憲法の考え方が大きく覆されようとしている」と批判し、「こういう時代だからこそ、憲法の輝きを増していかなければならない」と訴えた。

「決めるのは国民」をアピール

この二つの大きな出来事を翌日朝刊1面でどう扱うか。「不戦の70年」の紙面を参考に、再び紙面を上と下に2分割し、上には憲法を守ることを訴える集会の記事を置き、見出しは、「決めるのは国民」とした(紙面はP197)。首相の決意表明の記事は下に置き、見出しは「首相　改憲2020年施行目指す」とした。二つの記事の見出しを合わせると、「首相は改憲2020年施行を目指すが、決めるのは国民」だと読み取ることができる特別な紙面構成である。「決めるのは国民」の文字は、魚眼レンズを使った迫力ある写真の横でも際立つように、異例ではあるが色付きにした。

安倍首相としては国会の改憲論議の停滞を打破したいという思惑があり、それに沿って自民党は翌年3月に4項目の改憲案をまとめた。自衛隊の明記に大規模災害時の緊急事態条項、参院選

5　社説・意見　＊11版Ｓ　2010年（平成22年）1月10日（日曜日）

社説　2010・1・10

目指そう「不戦百年」

週のはじめに考える

の「合区」解消、教育の充実を加えたものだが、主眼は安倍首相が口火を切った自衛隊の明記にあった。「安倍改憲」の号砲が鳴ったのである。

幣原（しではら）元首相は不戦100年の「予言者」

憲法９条をめぐっては、エピソードが印象深くて読み返すことがある「週のはじめに考える」の社説（紙面）がある。10年１月10日掲載で見出しは「目指そう『不戦百年』」。「戦争放棄」条項の発案者として両説ある幣原喜重郎首相とマッカーサー元帥のやりとりを紹介している。どちらが発案したにせよ、２人は１９４６年の１月24日に会談し、「国際紛争解決の手段としての戦争の廃止」で一致した。

社説に書かれているマッカーサー元帥の証言では、幣原首相は別れ際に「世界はわれわれを夢想家と笑うでしょうが、１００年後には予言者といわれるでしょう」と述べたと

東京新聞

2012年（平成24年）5月3日（木曜日）

今こそ憲法の出番

きょう施行65年関連

被災地 幸福追求・生存権どこへ

仮設住宅の薄い壁が命綱

原発は違憲

心穏やかに生きる権利守れ

いう。

「戦える国」に変えてしまった安倍政権は夢想家と笑うのかもしれないが、先の大戦で失われた命を考えた時、今が「新しい戦前」だとしても、まだ「戦わない国」であり続ける道、100年後の予言者になる道はある。社説は戦後の平和は「憲法9条と国民の強い平和希求意識によるところが大」と主張しており、それは今も変わらない構図である。

今こそ憲法を生かす時

福島第一原発事故から1年後の2012年5月3日朝刊の1面トップ（紙面）の記事は「今こそ憲法の出番」と

いう大きな見出しで、憲法13条の個人の尊重・幸福追求権と憲法25条の生存権を取り上げた。この二つの条文が保障する権利の実現に国は努力しているのか、という問題意識から紙面を作ったのだ。憲法を改める議論よりも憲法を生かす、人権を守ることが先だという思いがあった。

記者を派遣した先は宮城県石巻市だ。被災した人たちが暮らす仮設住宅の現状は、権利が守られているとは書けなかった。「周りは田んぼ。何にもないべ」と、市中心部から離れた仮設住宅で１人暮らしの70歳男性がこぼした。町までの巡回バスは１日２便しかなく、51戸ある仮設住宅は空き部屋が多くて日中も人の気配がない。「マッチ箱に入れられたような生活。おかしくなる」と嘆いた。

同じ仮設に１人で住む45歳男性は震災後に職を失い、アルバイトで生活していた。「少ないと月５日程度。10日働けたらいい方。朝晩自炊して食べていくのがやっと。全く先が見えない」と嘆いた。

憲法13条と25条は、憲法学的にはこの権利を実現する法的義務を政府は負っているというのが通説だ。戦後、廃墟に立つ日本人にとっては、希望の灯になっていた条文だという。「３・11」後に震災被害者、原発避難者の日常生活を取り戻すことは最優先事項のはずだが、企画で取り上げたような嘆きの声が、国会や首相官邸、中央省庁に届かなくなっている。

だからもう一つの見出しは嘆きの声が届くことを願って、「被災地　幸福追求・生存権どこへ」

とした。誰がいつ災害に見舞われるか分からない。2人の嘆きは「他人事」ではなく「自分事」なのである。

「逐条点検」による知憲

憲法報道の新しい手法を開発したのが、05年2月2日朝刊から政治部が2面で開始した「逐条点検・日本国憲法」（紙面）と題した連載だ。自民党は当時、結党50年を記念して新憲法草案の策定作業を進めていた。

自民党取材班は当初、その草案の内容の「発表先取りスクープ」に力を入れていたのだが、取材班の責任者が、それよりも今の憲法の内容を知ること、「知憲」に力を入れることが先だと判断した。憲法が知られていないから生かされないという問題意識を当時から持っていたのである。

時の政治部長の下で部員全員が分担して、「前文」に始まり1条から補足の103条に至るまで1条ごとに解説した。連載は101回を数え、6月まで及んだ。誰もが知っているはずの9条も、専門家もほとんど議論しない条文も「同等」に扱った結果である。

自民党取材班の責任者は、連載中に「護憲派」として知られる宮沢喜一元首相に取材する機会があった。その時に「私は、学校で今の憲法を習っていないからよく分からないんです。だから今もポケットの中に条文を入れて、たまに読むんです」と聞かされたことが、「宮沢さんでも勉

東京新聞

暮らしそのもの「国の基本」全103条

逐条点検　日本国憲法

前文

「平和」「国民主権」うたう

一段　平和主義・国民主権など

日本国民は、正当に選挙された国会における代表者を通じて行動し、われらとわれらの子孫のために、諸国民との協和による成果と、わが国全土にわたつて自由のもたらす恵沢を確保し、政府の行為によつて再び戦争の惨禍が起ることのないやうにすることを決意し、ここに主権が国民に存することを宣言し、この憲法を確定する。そもそも国政は、国民の厳粛な信託によるものであつて、その権威は国民に由来し、その権力は国民の代表者がこれを行使し、その福利は国民がこれを享受する。これは人類普遍の原理であり、この憲法は、かかる原理に基くものである。われらは、これに反する一切の憲法、法令及び詔勅を排除する。

二段　平和主義

日本国民は、恒久の平和を念願し、人間相互の関係を支配する崇高な理想を深く自覚するのであつて、平和を愛する諸国民の公正と信義に信頼して、われらの安全と生存を保持しようと決意した。われらは、平和を維持し、専制と隷従、圧迫と偏狭を地上から永遠に除去しようと努めてゐる国際社会において、名誉ある地位を占めたいと思ふ。われらは、全世界の国民が、ひとしく恐怖と欠乏から免かれ、平和のうちに生存する権利を有することを確認する。

三段　国際協調主義

われらは、いづれの国家も、自国のことのみに専念して他国を無視してはならないのであつて、政治道徳の法則は、普遍的なものであり、この法則に従ふことは、自国の主権を維持し、他国と対等関係に立たうとする各国の責務であると信ずる。

四段　宣誓文

日本国民は、国家の名誉にかけ、全力をあげてこの崇高な理想と目的を達成することを誓ふ。

語句

背景と解釈

主な国の憲法前文

国名	内容		文字数
中国	毛沢東が植民地支配に勝利し、社会主義国を建国した経緯	歴史、由来が中心	2337
ドイツ	ドイツ統一を成し遂げたことや世界平和へ奉仕する意志		319
米国	正義の樹立や、福祉の増進、自由の恵沢の確保の目的	目的、趣旨が中心	117
ブラジル	自由や平等などを保障する民主主義国家を設立する意図		161
フランス	権利宣言で定められた国民主権の原理への愛着の宣言	基本原則や理想の宣言が中心	176
日本	国民主権や戦争放棄、国際協調主義を確認		643
イタリア	憲法が成立した事実と日付		86
オランダ	なし		0
ベルギー	なし		0

世界は「憲法前文」をどう作っているか（中山太郎編・[illegible]）に基づいて作成

各国前文との比較

歴史や理想…内容まちまち

強している。憲法は奥が深いのだ」という思いとともに、忘れられないという。

宮沢さんに師事し、自民党総裁や衆院議長を務めた河野洋平さんは、10年に東京新聞で52回連載した「この道」の最終回で次の世代に対し、「憲法の精神は、守らなければならない。改正しようというエネルギーがあるなら、別の課題に使ってほしい」とのメッセージを送っている。

重なる連載で張り巡らされた「根っこ」

社会部による「記憶　新聞記者が受け継ぐ戦争」と政治部による「逐条点検・日本国憲法」の

連載は4カ月ほど重なっていた。期せずして、戦争の体験を受け継ぐことと、戦争によって生まれた憲法を知ること、この二つの企画が準備段階も含めて同時に進行したことは、編集局にとって大きな意味があった。

二つの部長をその時期に連続して経験しているから余計に感じるのだが、国に二度と戦争をさせてはいけない、憲法をもっと知って大事に生かさないといけないという思いの「根っこ」が、編集局全体に張り巡らされたのである。

だから特定秘密保護法から安保関連法、そして「共謀罪」の成立という「国のかたち」が変わる緊迫した局面で権力側と対峙(たいじ)しても、編集局の立ち位置がぶれることはなかった。同時連載当時の現場の記者たちが部長やデスクになって、編集局を引っ張る立場になっていたのである。

「等身大の憲法」を伝える使命

「逐条点検・日本国憲法」の連載の契機となった新憲法草案をまとめてからわずか7年後の12年4月、野党だった自民党が今度は憲法改正草案を発表した。

結党50年を記念して策定したのにもかかわらず、なぜ早期に見直したのか。国民投票法が施行され、衆参両院の憲法調査会での議論が本格化することに備えると同時に、近づく衆院選に向けて保守色を鮮明に打ち出し、支持層にアピールする狙いがあったのだ。だから国防軍の保持と家族の尊重などを書き込む一方で、現憲法にある基本的人権の不可侵・永久性の条文を削除した。

自民党が思惑どおり衆院選で勝利して政権の座に復帰し、初の参院選を控えた13年6月5日朝刊1面トップ（紙面）には、「検証・自民党改憲草案　その先に見えるもの」と題した企画を据えた。衆院選は当時戦後最低の投票率だったが、改憲を掲げる自民党と日本維新の会を合わせると、改憲手続きに入ることができる3分の2の議席を獲得した。参院選でも改憲勢力が躍進すると、自民党の憲法改正草案が現実味を帯びてくる。その時、何が起きるのかをきちんと検証し、参院選前に読者に知ってもらう「知憲」が大事だと考えたのである。

東京新聞　2013年（平成25年）6月5日（水曜日）　©中日新聞東京本社2013　（日刊）

東京新聞

中日新聞東京本社

海外派兵 消えた歯止め

憲法の将来を決める岐路に立たされている。夏の参院選で改憲勢力が大きく躍進すれば、最大与党である自民党の草案を軸にした改憲が現実味を帯びてくる。そうなったら日本はどんな国になるのか—。護憲派弁護士の伊藤真さんが懸念する社会の姿を紹介しながら、自民党改憲草案を検証する。

検証・自民党改憲草案　その先に見えるもの　▶1

ディズニーランドにも監視カメラ

伊藤真弁護士の懸念

自民党改憲草案と現行憲法の比較

テロの心配 高まらない

東北復興へ帆揚げる　千石船 文化交流

紙面について　03-6910-2201

FAX　03-3595-6935

購読お申し込み　0120-026-999

配達・集金について　03-6910-2556

TOKYO Web　www.tokyo-np.co.jp

全6回とも1面掲載を維持して▽海外派兵　消えた歯止め▽個人の権利より国家▽増えた国民の義務▽地方と国

対等後退▽国旗国歌を義務化▽権力縛る機能後退―と、次々に議論すべき論点を伝えた。取材班は政治部の記者で構成したが、内容は条文の比較分析にとどまらず、「護憲」派の弁護士が身近な事例で懸念を示し、自民党が反論できる伝え方にした。

例えば「個人の権利より国家」の回では、弁護士は「脱原発デモつぶしも」と懸念を示し、自民党側は「取り締まる意図はない」と答えた。読者に関心をもってもらうには、「等身大の戦争」と同じように「等身大の憲法」を、改憲が日々の生活にどんな影響を及ぼすかを伝える必要があると判断したのである。

政治部は「3・11」以降、権力監視と同時に国立市でのシェアハウスでの問題のように「生活者目線」で政治を報道することにも力を入れており、その一環でもあった。

「戦える国」を強固にする政権の監視

安倍首相は退陣後も亡くなるまで、自分の政権の時に策定した4項目の改憲案の実現に向けて精力的に動いていた。そこに再びスポットライトを当てたのが政権末期の岸田文雄首相であり、24年10月にその後を継いで誕生した石破茂首相も「党で決めた路線を維持していく」ことを基本とし、憲法9条への自衛隊明記という「安倍改憲」路線を引き継いでいる。

本書では野党時代の自民党が総務会で決めた「国家安全保障基本法案」の概要が安倍政権の特

定秘密保護法と安保関連法の制定の起点になっていることを記したが、その概要は元々、国防部会と安全保障調査会がまとめており、調査会の会長は安保政策をライフワークとしている石破首相が務めていた。通算在職日数が３１８８日と歴代最多となった安倍元首相は「国のかたち」を「戦える国」に変質させたが、その起点を作ったのは石破首相だったとも言える。

石破首相は自民党総裁選において改憲だけでなく、歴代政権が堅持してきた核兵器を保有しない、製造しない、持ち込ませないの「非核三原則」の見直しや、核保有国が同盟国と核兵器をめぐる意思決定の過程を共有して抑止力を高めるという「核共有」戦略の議論の必要性、北大西洋条約機構（ＮＡＴＯ）のような集団安全保障の枠組みをアジアに設ける「アジア版ＮＡＴＯ」構想などを唱えており、私には「絶叫デモはテロ行為」発言を含めて、危うい政権に見える。

自民党派閥の「裏金事件」の直撃によって、24年10月の衆院選では自民、公明の与党が大敗して過半数を下回った。自民の単独過半数割れは09年の衆院選以来15年ぶりであり、石破政権、日本の政治の行方は不透明になっている。国民不在の展開とならぬよう、権力をしっかり監視し、「本当のこと」を伝える使命の重さは増すばかりである。

権力を監視する地方紙の流儀

ここまで11年6月から17年6月までの6年間の私の局長時代を中心に、編集局がどんな思いでどう動いて、どんな紙面を作ってきたかを書いてきたが、権力側の空気を読まない報道姿勢は世間からは「突出」していると見えたらしい。ではなぜ、それができたのかを、最後に組織の面から自己分析してみたい。

東京新聞は東京都千代田区内幸町に本社を置く地方紙であって、編集局の規模は全国紙に比べてかなり小さい。正確な数は分からないが、現場の感覚では半数から3分の1程度が妥当なところではないかと思う。一番大きい部署である整理部と社会部は60~70人前後の部員を抱えているが、政治部や経済部などは20人前後とぐっと少なくなり、特報部はさらに少ない。従って首相官邸をはじめとする全ての記者クラブに記者を張り付けたくても、(もちろんそんな気はないが)人員的にできない。

必要な記事があれば、全国紙同様の取材態勢を持つ共同通信と契約しているから配信を受けることができる。その点は他の地方紙と同じだ。東京新聞としては拠点が全国紙と同じ東京にあることから、「ミニ全国紙」になるか、「東京の地方紙」になるかの選択肢があるけれども、誰が局長でも後者の道を選択するはずだ。

東京の地方紙が、東京以外の道府県の地方紙と違うのは、地元に国会と首相官邸をシンボルとする権力中枢が集中していることだ。原発事故以降はその立地の良さを痛感することになった。社の目の前で人々が権力に対して、声を上げていたのだ。地域に密着している東京新聞が取材しないで一体どこの新聞がそれを取材するのか、という思いがあった。これが権力を監視する地方紙という立ち位置につながっているのである。

「小回り」が利く編集局

６年間の局長時代、権力を監視する厳しい局面で編集局が一枚岩だった背景には、記者の数が全国紙に比べて少ないこともあると思う。「編集局を挙げて」と局長が号令をかけても、誰がどう動いているかを把握できる規模であって、何を今すべきかを説明すれば、状況に応じて小回りが利く組織だったのである。大きなテーマを追う時は必然的に各部署横断チームになるしかなく、現場の記者たちの連携は所属部署を超えて密になっていたし、自分がやらないと誰がやるのだという思いを一人一人が持っていた気がする。

東京新聞は「東京すくすく」という、子どもや子育てに関するＷＥＢメディアを持っているが、これは私が局長時代に、子育て中の女性記者の有志が「子育て中の人に役立つ発信をしたい」という一心から立ち上げたプロジェクトから発展したものである。

みんな新聞記者

東京新聞は、記者が自分でテーマを決めて追うことに対しての自由度も高い組織だと思う。なぜなら編集局自体がオンリーワンを目指しているから、自ら動ける記者は局長から見て頼もしい存在なのである。「ジャーナリズムは個が支える」という言葉があるが、編集局という組織も個が支えている。

新聞社を舞台にしたドラマなどでは、権力を「内」から取材する政治部と、権力を調査報道などで「外」から追及する社会部の対立が時に描かれるが、東京新聞の場合は対立するほど記者がいないし、取材の対象や手法は違っていても、使命は同じだと思っている。

私も社会部でリクルート事件を担当した後、政治部に異動となって自民党竹下派を担当したが、東京新聞にとっては普通の人事だ。社会部や政治部など、所属している部署にかかわらず、みんな新聞記者、東京新聞の記者なのである。

「駅伝」のタスキのように

局長の後は17年6月に北陸中日新聞を発行する北陸本社の代表に転じて、2年後に東京本社に代表として戻り、5年の歳月がたった24年6月に退任して顧問となった。思い出すのは編集局長の内示を受けた時、編集局長出身の社長から「自分たちはマラソンの選手ではなく駅伝の選手だ。タスキを次の人に渡すまでの時間を走るだけ。ゴールはない」と言われたことだ。その後も「池に石を投げ続けよ」「物議をかもせ」などと叱咤激励された。

社長だけでなく、時々に仕えた上司たちからも、「地方紙としての心根を大事に」「時代が変な動きをしている時はついていかず、自分たちの立ち位置を守れ」「政権から勇ましい意見が出た時は気をつけよ」など、多くの教えを受けた。

どこまで実践できたか自信はないが、タスキを受け取った責任の重さだけは感じていた。

使命を果たす記者たち

私が局長を退いた後の編集局も、「かけがえのない命」を守ること、ひいては国に二度と戦争をさせないこと、そのためには権力をしっかり監視し、「本当のこと」を伝えて警鐘を鳴らすことに日々、取り組んでいる。

例えば「税を追う」と名付けられた調査報道キャンペーンは、防衛省の兵器調達予算や沖縄・辺野古の米軍基地建設工事、東京五輪予算、医療費・薬剤費などの問題点を税の流れから追及し、19年の日本ジャーナリスト会議（ＪＣＪ）大賞を受賞した。

原発の取材班は福島第一原発だけでなく、柏崎刈羽原発の再稼働など東電や政権側への監視を緩めていない。米国製巡航ミサイル「トマホーク」の購入や防衛予算の歴史的な増額、殺傷能力のある武器の輸出など「戦える国」の問題は、政治部や経済部、社会部が引き続き1面トップを使って警鐘を鳴らしている。

坂本さんとの最後の編集協力

コロナ禍の中では、原発事故取材に倣って、「本当のこと」を伝えることを第一に考え、「緊急事態宣言」などの検証報道にも力を入れた。命に関わる問題では有機フッ素化合物（ＰＦＡＳ）汚染も追っている。中心にいる松島京太記者は安保関連法に反対した学生の集まり「シールズ」のメンバーだった。困窮者の命をつなぐ食品の配布会場に繰り返し足を運び、その声を「新宿共助」などのタイトルで伝え続けているのは中村真暁記者である。20年の貧困ジャーナリズム賞を受けた。

明治神宮外苑地区の再開発により約１００年守られてきた大量の樹木が伐採される問題は、原発事故取材班の経験がある森本智之記者が問題提起し、ライフワークのように取材を続けている。この問題では坂本龍一さんから、後悔しないために反対の声を上げたいとの連絡を受けて、がん闘病病床からの書面インタビュー記事を１面トップで扱った。これが坂本さんとの最後の共同編集作業となった。

変わらぬ立ち位置

南海トラフ地震の発生確率の「水増し」問題を追っていた小沢慧一記者の記事をまとめた『南

海トラフ地震の真実』は第71回（23年）菊池寛賞と第23回（24年）新潮ドキュメント賞を受賞した。小沢記者は東日本大震災が起きた年に入社して初任地は被災地である水戸支局だった。編集局の方針として、北関東で起きる事件事故や行政の発表対応は原則、共同通信に任せていた。そこで小沢記者は自分独自の視点による調査報道重視に頭の中を切り替えたという。

言論機能を持つ論説室は引き続き、言いたいことではなく、言わねばならないことを主張している。集団的自衛権の行使容認を閣議決定した日から10年という節目の24年7月1日の社説は、「戦争する国にせぬ覚悟」との見出しを付けて、「日本を再び『戦争する国』にしないためには、戦後日本の平和主義と憲法秩序を取り戻さなければなるまい。憲法で誓った平和主義を国家戦略に位置付け、より磨きをかける。戦火がやまない世界を生き抜く唯一の道だと信じる」と主張した。

東京新聞の立ち位置は、私が編集局長だった6年間と何も変わっていない。

創刊１４０周年の読者との約束は憲法の３原則から

東京新聞は24年9月、創刊１４０周年を迎えた。これに先立ち23年3月26日の朝刊1面（紙面はP214）に読者への「約束」を、１４０周年のキャッチコピー「みんなのミカタ」、そして新キャラクターの「むぎゅ」の紹介と一緒に掲載した。

1　12版　第28827号　明治25年3月12日第3種郵便物

来年9月 創刊140周年
読者の皆さんへの約束

▲今後、紙面やキャンペーンで登場する記念のマークです。みんなのミカタの文字の上は、曲線と温かな光で見開いた新聞を表現しました。新聞の上にいるのは新キャラクターの「むぎゅ」です。【むぎゅ紹介❷面】

東京新聞は来年9月に創刊140周年を迎えます。
読者の皆さんの人生のパートナーとなるべく、
日々歩んでいます。
新年度の始まりに、約束をします。
東京新聞は「みんなのミカタ」を目指します。
「ミカタ」には2つの意味があります。
1つは「味方」。
だれもが安心して暮らせるように、東京新聞は、
いつも皆さんのそばにいたい。
おかしいことにはおかしいと共に声を上げ、
本当のことを伝えていきます。
何かに挑戦する人を応援し、
困難に直面している人には解決につながる情報を届ける。
皆さんのかけがえのない命を守りたい。
たくさんの思いを「味方」に込めました。
もう1つは「見方」です。
私たちにはそれぞれの暮らしがあり、
考え方や思い描く未来は必ずしも一緒ではありません。
自分と違う意見に耳を傾け、
さまざまな価値観があることを認め合う。
そんな気づきのきっかけを、示したいと考えています。
みんなが主人公。
みんながお互いを大切にする。
みんなが笑顔でいられる。
そういう世の中を
みんなで手を取り合ってつくりませんか。
新聞は、日々起きていることを発信するだけでなく、
読者に共感や希望を届ける「手紙」です。
お一人お一人の幸せを願い、
えりすぐりの記事が詰まった「手紙」を書いていきます。

社内の議論では一足先に「みんなのミカタ」のキャッチコピーが決まっていた。読者という「パートナー」の「味方」をする、いろいろな「見方」を紙面で紹介する、という思いを7文字に込めており、これ自体が約束なのだが、毎日たくさん寄せられる読者の思いに東京新聞が応えるには不十分との思いが募り、議論再開となったのである。

編集局長ら中核メンバーの議論を踏まえて、紙面に載せる「約束」の最終案をまとめた。局長は特定秘密保護法や安保関連法、「共謀罪」の成立時に政治部長だった。私も東京新聞の代表というより「ブランドマネージャー」と称して議論に加わった。

1面に掲載した約束の内容は、東京新聞が決めたことを一方的に伝えるのではなく、呼びかけ調にした。根幹部分を紹介したい。

＊

みんなが主人公。みんながお互いを大切にする。みんなが笑顔でいられる。そういう世の中をみんなで手を取り合ってつくりませんか。新聞は、日々起きていることを発信するだけでなく、読者に共感や希望を届ける「手紙」です。お一人お一人の幸せを願い、えりすぐりの記事が詰まった「手紙」を書いていきます。

＊

「みんなが…」のくだりは憲法の３原則である国民主権、基本的人権の尊重、平和主義を、子どもにも分かるような平易な言葉に言い換えた。権力監視や弱い立場の人に寄り添う姿勢などは東京新聞の使命であって、今さら読者と約束するまでもない。みんなの幸せを願って、憲法を生かす世の中を一緒につくっていくことを約束にしたいと考えたのである。

東京新聞の読者への約束だから、自分たちが「つくります」と宣言調にすることも若干議論になった。しかし、それだけの力があるはずはなく、読者と一緒になって初めて目指すことができるのだから、「つくりませんか」と呼びかけ調にすることに作成に関わった全員の意見が一致した。

読者への「手紙」で最後の結論

新聞を「手紙」と表現したのは、誰もが知っているニュースを単に伝えるのではなく、「かけがえのない命」や暮らしを守ることを最優先に考えて、心を込めて大事な記事を選んでいく姿勢を明確にしたかったからだ。新聞は販売店から読者に日々、届けられており、その点からも手紙だと思っている。

「約束」の紙面化に続いて、東京新聞の各部署から自分たちの仕事への思いや内幕を読者に伝える企画「読者への手紙」を、１４０周年キャンペーンとして朝刊で展開した。私はその皮切りとして23年12月に「読者への手紙」を書き、「東京新聞が読者に提供できる一番

140周年 読者への手紙

東京新聞代表
菅沼堅吾

読者の皆さん

師走を迎え、今年もあとわずかとなりました。いかがお過ごしでしょうか。今日も東京新聞を手に取っていただき、ありがとうございます。

東京新聞は来年９月２５日に創刊140周年を迎えます。これまで一緒に歩んでいただいた読者の皆さんに感謝の気持ちを込めて、新コーナー「読者への手紙」を始めることにしました。今日から週に１度、紙面の一角に、思いを伝える手紙をしたためます。この手紙を通じて、読者の皆さんとやりとりできれば幸いです。

今春、東京新聞は紙面で読者の皆さんと約束をしました。「人生のパートナー」として「みんなのミカタ」であり続けますと。そして「みんなが主人公。みんながお互いを大切にする。みんなが笑顔でいられる。そういう世の中をみんなで手を取り合ってつくりませんか」と呼びかけました。

東京新聞が読者に提供できる一番の価値は何なのか。それは「一人一人が大切にされる社会を一緒につくる喜び」ではないかと思っています。

140周年の記念キャラクター「むぎゅ」は、人が寄り添いむぎゅっと集まった形です。新型コロナで離れてしまった人々を再びくっつけて、温かいつながりを取り戻したい。東京新聞もまた、読者の皆さんとの信頼関係、結びつきを強め、共に歩んでいけることを願っています。

今夏から読者を社内に招くイベント「読者のミカタ」交流見学会を開催しています。今後も、日々の暮らしに役立つ、楽しい催しを充実させ、紙面でも読者が参加できる双方向の記事を一層増やします。

新聞は、日々のニュースを取材し伝えるだけでなく、読者に共感や希望を届ける「手紙」です。お一人お一人の幸せを願い、えりすぐりの記事や読み物、伝えなくてはいけないことを、紙に文字を載せて毎日届けています。

新コーナー「読者への手紙」では、東京新聞から、140周年に向けた思いや取り組みを伝えていきます。読者の皆さんからのご意見やご感想も募り、紹介していきます。

東京圏の地元紙・東京新聞と、末永くお付き合いください。皆さまの健やかで温かな日々を心より願っております。

の価値は何なのか。それは『一人一人が大切にされる社会を一緒につくる喜び』ではないかと思っています」と、思いのたけを明かした（紙面）。

編集局長を含め、東京新聞でさまざまな経験を積んだ最後にたどり着いた結論である。

求められている信頼できる新聞と記者

本書を書いてきて改めて、権力を監視して「本当のこと」を伝えていくには組織の力を持つ新聞が必要であり、それを多くの人に分かってもらえれば、と願う。本書で取り上げてきたテーマ以外にも、環境やジェンダー平等、差別、貧困、災害、少子高齢化、子育て、情報格差、介護、長時間労働など、世の中に問題は山積している。たくさんの新聞があること、大勢の記者がいることが人々の声に、現場に立脚した報道を可能にする。

そして何よりも「言わねばならないこと」は、日本が「戦える国」に変質して、時代は「新しい戦前」の真っ只中にあるということだ。それに加えて「ポスト真実」の時代となって、憶測に基づく不確かな情報やウソが世の中でまかり通っている。

信頼できる新聞、信頼できる記者が今こそ求められている。

おわりに

読者の皆さん、新聞の世界は、いかがでしたか。

本書は「その時、東京新聞はどう動いたか」を描くことにより、新聞の使命である権力監視にスポットライトを当てた。それが世の中でどこまで知られているかというと正直、心もとない。

長年、お声かけをいただく大学で「新しいメディアとしての新聞」を中心テーマに講義してきた。新聞自体は古くから存在していても、新聞を読んだことのない人にとっては常に「新しいメディア」になることから、新聞は誰のために、何のために存在しているのかを毎回話す。意外にも学生たちの心に一番響くのは「権力監視」という言葉である。

新聞の使命を講義で初めて知って、驚いて、そして「頑張ってください」と私にエールを送ってくる。こんな経験を毎年のようにさせてもらっている。若い世代に使命を果たすよう背中を押される感覚なのだが、若い世代だけでなくどの世代の人にも、「等身大の新聞」を伝えたいという思いが、本書の執筆につながっている。

最後に「等身大の私」もお伝えしよう。自民党が結党した1955年に生まれ、幼い頃は貧しかった記憶がわずかにあるが、会社員の家でその後は何不自由なく育ち、新聞も定期購読していた。大学に進学して東京で1人暮らしを始めた時も、習慣で新聞を読み続け、それが東京新聞との出会いだった。政治活動などに無関心な「ノンポリ」であり、戦後の高度成長、「戦後民主主義」の恩恵を受けた世代という自覚がある。だから平和を、今の憲法を、民主主義を大事に守っていきたいと、ごく自然に思ってきた。

新聞記者を目指したのは、「世のため人のため」になる仕事に就きたいという単純な理由だった。愛知県・岡崎支局を皮切りに静岡県・沼津支局、静岡総局、編集局の社会部や政治部、論説室などで失敗も含めて多くの経験を積んだ。社会部では地上げ問題やリクルート事件、政治部では政治改革や自民党分裂、政権交代などを取材した。多くの記者が日々の仕事を通じて、時間をかけてジャーナリズムの精神と流儀を身に付けていくのだと感じている。

日々の新聞作りには記者だけでなく、数えきれないほど多くの人が関わっている。長い間付き合ってもらった仲間たちに心から感謝したい。

新聞は取材する相手がいないと何もできない。声を上げ続けている多くの人、取材に応じていただいた多くの人に、心からの敬意と感謝を伝えたい。

本書では新聞が伝える「喜怒哀楽」のうち、権力監視を主題にした結果として「怒」や「哀」

が強く出ている。実際の新聞は「喜」や「楽」も載っており、1面だけでなく頁を次々にめくってほしい。

新聞は「寄り道」のメディアであり、自分が今まで関心がなかった記事や知らなかった世界に触れることができて、視界が開けていくはずだ。記事との偶然の出会いが人生の転機になるかもしれない。

毎日読んでいると、自然に「読解力」や「文章力」「語彙力」だけでなく、「コミュニケーション能力」や「洞察力」など、生きていくために必要な力が身に付くメディアでもある。情報が洪水のように日々流れている時代に、流れから一歩離れて熟慮するための「パートナー」にも新聞はなり得る。

新聞を読んだことがない人が本書をきっかけに、どこの新聞でもいいので手に取ってもらうことを願うばかりである。情報が無料で入手できる時代に、新聞の購読料は何の対価になるのだろうか。

人それぞれであるが、本書の主題からするとそれは「権力監視の代行費」でありたい。

最後にジャーナリズムの世界の「戦争の最初の犠牲者は真実」という言葉をまねて、「戦争の最後の犠牲者は未来」だと声を大にして言いたい。どちらの犠牲者も出さないためには、新聞が不可欠である。

「反骨のジャーナリスト」であり新聞人だった桐生悠々の句を、「かくありたい」という思いを込めて掲載し、本書の締めとしたい。

「蟋蟀(こおろぎ)は鳴き続けたり嵐の夜」

上空から撮影した東京新聞が入っている日比谷中日ビル（左から４棟目）。奥に国会議事堂と議員会館があり、周辺は霞が関の官庁街となっている。

東京新聞が入っている日比谷中日ビル

東京新聞とは

中日新聞社（本社・名古屋市）が発行している東京圏の地元紙として東京、神奈川、埼玉、千葉、茨城、群馬、栃木、静岡（西部を除く）の1都7県を発行エリアとしている。販売部数は約36万部（2024年8月現在）。このうち東京都内では全国紙の読売、朝日に次ぐ3位の部数を持ち、課金のデジタル媒体として「東京新聞デジタル」がある。

本社ビルは東京都千代田区内幸町を所在地とし、編集局、論説室、販売局、メディアビジネス局、事業局、技術局などの東京新聞の各局室や、関連会社の東京新聞エンタープライズ、東京アドレップなどが入居し、1階には東京新聞関連グッズなどを販売する「まるっとショップ」もある。

起源は1884年（明治17年）、戯作者として知られる仮名垣魯文（かながきろぶん）を主筆に創刊した夕刊紙の「今日新聞」（こんにち）にあり、88年に媒体名を「みやこ新聞」に、さらに翌年に漢字の「都新聞」に改名した。「東京新聞」は太平洋戦争下の1942年（昭和17年）の10月1日に、「都新聞」と評論家の徳富蘇峰によって1890年（明治23年）に創刊された「国民新聞」が合併して誕生した。文化芸能の都新聞と政論を得意とする国民新聞は社風が異なるために合併交渉は難航したが、新聞用紙の割り当てを握る内閣情報局が「一県一紙」を掲げて強制介入したことにより、合併に至った。

創刊号の1面トップの記事には創刊の目的を

「われらの使命は確乎たる戦争目的の把握に立ち、皇国の大義を高く持して国家総力戦の重要なる一兵器たらんとするにある…」と記してあり、その下には東条英機首相の祝辞が「総力戦下の一翼へ、新装と共に思想戦の兵器たれ」との見出しで掲載された。

戦後の東京新聞は好調な時期もあったが徐々に部数が低迷して経営が悪化し、1967年10月に営業権が中日新聞社に譲渡され、新聞名を維持したまま中日グループの一員として出直すことになった。中日新聞社の前身となる新愛知新聞が国民新聞の経営に当たっていたという縁があった。部数回復の起死回生策として打ち出されたのが紙面改革であり、68年3月に2頁見開きのワイド紙面「こちら特報部」が誕生し、今でも続く「看板紙面」となっている。

現在の中日新聞社は中日新聞を発行する名古屋本社と東海本社（浜松市）、北陸中日新聞を発行する北陸本社（金沢市）、そして東京新聞を発行する東京本社の4本社体制であり、発行エリアは東京新聞のエリアに加えて愛知、岐阜、三重、静岡、長野、福井、滋賀、石川、富山の9県と合計で1都16県に及び、全国紙や県紙とは異なるブロック紙と新聞業界で位置付けられている。三つの銘柄の販売部数は約217万部（同）の規模となり、読売、朝日に次いで3位である。

社是として「真実・公正・進歩的」を、基本方針として「地域密着」を掲げている。編集面では四つの本社ごとに編集局を持っているのが特長であり、記事を交換しながら地域に合わせた独自の紙面を作っている。デジタル分野でも地域に根差したさまざまな情報を提供するアプリ「Ｌｏｒｃｌｅ（ロークル）」を展開している。

災害時には寄託者の名前を新聞に載せて、読者を中心に義援金を受け付けている。東日本大震災での総額は約90億円に上り、岩手、宮城、福島、茨城、千葉の５県に届けることができた。プロ野球の中日ドラゴンズの親会社であり、スタジオジブリ（本社・東京都小金井市）とは一緒にジブリパーク（愛知県長久手市）を運営している。

「東京新聞はなぜ、空気を読まないのか」関連年表

２０１１年

3月11日	東日本大震災が発生
3月12日	東京電力福島第一原発1号機で水素爆発　初の炉心溶融
3月14日	3号機でも水素爆発
3月15日	2号機で原子炉容器損傷
4月1日	城南信金が「脱原発」を宣言
4月12日	原発事故の国際評価尺度がチェルノブイリ原発事故級のレベル7
7月13日	菅直人首相が「脱原発依存」を表明
9月2日	菅内閣の総辞職を受けて、野田佳彦が首相に就任
9月19日	明治公園での「さようなら原発5万人集会」に6万人が参加
10月22日	渋谷で「原発のない世界を求める大行進」
12月1日	首相官邸前で原発輸出反対デモ
12月16日	野田政権が福島第一原発の原子炉「冷温停止状態」を宣言

2012年

3月29日	首都圏反原発連合が首相官邸前での反原発デモを開始
4月27日	自民党が憲法改正草案を発表
5月5日	北海道電力泊原発3号機が定期検査で運転停止。国内に50基ある原発が42年ぶりにすべて停止
6月16日	野田政権が関西電力大飯原発3・4号機の再稼働を決定
6月29日	首相官邸周辺での「原発再稼働反対」の抗議行動に15万人が参加
7月6日	自民党が総務会で集団的自衛権の行使容認や秘密保護の立法措置などを定めた「国家安全保障基本法案」の概要を決定
7月16日	代々木公園での「さようなら原発10万人集会」に17万人が参加
7月29日	「脱原発国会大包囲」の抗議行動に20万人が参加
9月14日	野田政権が「2030年代の原発稼働ゼロ」を明記した「革新的エネルギー・環境戦略」を決定
12月16日	第46回衆院選で自民党が勝利し、政権与党に復帰（投票率59・32％）
12月26日	安倍晋三が首相に就任（第2次安倍内閣発足）

2013年

2月2日	安倍首相が沖縄県の仲井真弘多知事との会談で米軍普天間飛行場（宜野湾市）の辺野古（名護市）への移設推進を表明
2月22日	安倍首相が野田政権の「原発稼働ゼロ」の目標を撤廃し、原発の活用を表明

7月21日	第23回参院選で自公が勝利。衆参の「ねじれ」の解消（投票率52・61％）
9月15日	大飯原発4号機が定期検査入り、再び原発ゼロ（3号機は9月2日に停止）
10月25日	安倍政権が特定秘密保護法案を閣議決定「政府が秘密独占」
10月28日	憲法・メディア法と刑事法の研究者265人が特定秘密保護法案に反対「憲法の3原則侵害」
12月4日	外交・防衛の司令塔となる新組織「国家安全保障会議（NSC）」を内閣に設置
12月6日	特定秘密保護法が成立。日比谷公園での集会に反対の声を上げ続けようと、1万人が参加
同日	経済産業省がエネルギー基本計画（案）に原発を「重要なベース電源」と記載
12月26日	安倍首相が靖国神社参拝（現職首相の参拝は小泉純一郎首相以来7年ぶり）
12月27日	辺野古での新基地建設のため、3月に防衛省沖縄防衛局から提出されていた公有水面埋め立て承認願書を仲井真沖縄県知事が承認

2014年

2月12日	安倍首相が解釈改憲へ向け「最高責任者は私」と立憲主義を否定
4月1日	武器輸出三原則を見直した防衛装備移転三原則を閣議決定
4月11日	第4次エネルギー基本計画を閣議決定「原発再稼働方針」を明記
5月15日	安倍首相が憲法解釈の変更で集団的自衛権の行使を容認する方針を表明
6月25日	「9条俳句」作者が公民館月報に掲載を拒否されたことにより、さいたま市を提訴（一、二審とも市の違法性を認める判決を出し、18年に最高裁で確定）

7月1日	臨時閣議で集団的自衛権の行使容認の新たな憲法解釈を決定
8月18日	沖縄防衛局が辺野古で初の本格的な海上作業となる海底ボーリング調査を開始
9月11日	福島第一原発事故をめぐり、政府事故調査・検証委員会が実施した元福島第一原発所長や菅直人元首相ら19人への聴取記録（調書）を公開
10月8日	日米両政府の防衛協力指針（ガイドライン）の再改定に向けた中間報告で自衛隊の米国支援に関する「地理的歯止め」消滅
11月16日	沖縄県知事選で「辺野古移設阻止」を掲げる翁長雄志が現職に10万票の大差をつけて初当選
12月10日	特定秘密保護法が施行「外務・防衛6万件指定」
12月14日	第47回衆院選で与党が3分の2の議席を確保（戦後最低の投票率52・66％）

2015年

3月17日	関西電力美浜1・2号機、日本原電敦賀1号機の廃炉決定
3月18日	中国電力島根1号機、九州電力玄海1号機の廃炉決定
4月12日 26日	第18回統一地方選（統一率27・52％）
4月27日	日本の集団的自衛権の行使を踏まえた新ガイドラインで日米両政府が合意。敵の攻撃が予想される「グレーゾーン事態」でも日米が軍事協力
5月14日	安倍政権が臨時閣議で、集団的自衛権の行使容認を柱とする安全保障関連法案を決定
5月17日	辺野古への新基地建設反対を求める沖縄県民大会に3万5千人が参加。翁長知事も出席

8月11日	九州電力川内原原発1号機が再稼働（新基準施行後初の再稼働、原発ゼロは途中途切れるものの2年1カ月に及んだ）
8月14日	安倍首相が戦後70年談話で、06年の第一次政権時に続きあらためて「戦後レジームからの脱却」を表明
8月30日	国会周辺で最大規模の安保関連法案反対デモ。12万人が参加
9月19日	安全保障関連法が成立。日本が「戦える国」に変質
10月1日	防衛省は技術研究本部、装備施設本部を廃止し、防衛装備庁を新設
10月13日	翁長沖縄県知事は前知事が行った辺野古の公有水面埋め立て承認を取り消し。埋め立て承認の法的手続きを検証する第三者委員会が「瑕疵（かし）あり」
10月27日	国土交通大臣は、辺野古の埋め立て承認取り消しの効力停止を決定。辺野古の埋め立ては代執行手続きで着手することを閣議口頭了解
11月2日	翁長知事は国土交通大臣が行った効力停止の決定を不服として、国地方係争処理委員会に審査を申し出
11月17日	国は沖縄県を相手に、代執行訴訟を福岡高裁那覇支部に提起

2016年

2月29日	福島第一原発の事故で、検察審査会が津波対策など原発の安全対策を講じる義務を怠った経営責任について「起訴すべき」と2回、議決。東電元会長ら3人が業務上過失致死傷罪で東京地裁に強制起訴された

3月4日	代執行訴訟で福岡高裁那覇支部は、国が辺野古沖の工事を中断、承認取り消しについて是正を指示することなどを促し、国と沖縄県で和解が成立
3月7日	国土交通大臣は翁長知事に対し、埋め立て承認取り消し処分について是正指示
3月29日	安保関連法施行
4月1日	電力小売り全面自由化がスタート
4月26日	「安保法制違憲訴訟の会」が、東京地裁に全国で初の集団訴訟
5月25日	再生可能エネルギーの普及を促進させる「改正再生エネ特措法」（改正FIT法）が成立
7月10日	第24回参院選で与党が改選議席を上回る70議席を獲得し、改憲勢力が3分の2の議席を確保（投票率54・70％）
7月22日	国土交通大臣の是正指示に沖縄県が応じないのは違法として、国は不作為の違法確認訴訟を福岡高裁那覇支部に提起。（9月16日に高裁が国の請求を認める判決、12月20日に最高裁が上告を棄却）
11月15日	政府が、南スーダン国連平和維持活動に参加する陸上自衛隊に「駆けつけ警護」の任務を付与する実施計画の変更を閣議決定
12月21日	原子力関係閣僚会議が高速増殖原型炉「もんじゅ」廃炉を決定
12月26日	翁長沖縄県知事が辺野古の埋め立て承認取り消し処分を撤回

2017年

2月6日	辺野古の埋め立て本体工事に沖縄防衛局が着手
2月9日	朝日新聞の調査報道により「森友問題」が発覚

3月13日	参院予算委員会で社民党の福島瑞穂が加計学園グループの獣医学部新設計画をめぐる問題を追及
5月3日	安倍首相が改憲2020年施行を目指し、「憲法9条に自衛隊明記」と表明。憲法を守る集会には約5万5千人が参加し「憲法改悪反対」
6月15日	「共謀罪」が成立
同日	文部科学省が「総理のご意向」などとして手続きを促した記録文書の存在を公表
10月22日	第48回衆院選で自民党が単独過半数、与党が3分の2以上の議席を維持（投票率53・68％）
11月14日	加計学園グループの獣医学部新設について、認可に至るプロセスは適正であったとして文部科学大臣が認可

2018年

3月22日	自民党憲法改正推進本部が自衛隊の明記、大規模災害時の緊急事態対応、参院選の「合区」解消、教育充実の4項目の改憲案を決定
7月3日	第5次エネルギー基本計画を閣議決定。原発を「重要なベースロード電源」としながら、老朽化した原発の建て替えや新増設には言及せずに先送り
9月6日	北海道胆振（いぶり）東部地震により北海道全域で停電が発生
9月30日	翁長知事の死去に伴う沖縄県知事選で後継者の前衆院議員玉城デニーが当選

2019年

4月7日 21日	第19回統一地方選（統一率27・46％）

2月24日	辺野古での米軍新基地建設のための埋め立ての是非を問う沖縄県民投票が実施され、反対が70％超
7月21日	第25回参院選、改憲勢力3分の2を維持できなかったが、与党は改選過半数を上回る71議席を獲得（投票率48・80％）
9月19日	福島第一原発事故で津波対策などの安全対策を講じる義務を怠った経営責任を問われた刑事裁判で、東京地裁は「予測できる可能性があったとは認められない」などとして全員に無罪判決

2020年

1月30日	WHOが新型コロナウイルスについて「国際的な緊急事態」を宣言、政府は新型コロナウイルス感染症対策本部を設置
2月27日	コロナ対策として、安倍首相が3月2日から日本全国の小中高校の臨時休校を要請
4月7日	政府が東京、神奈川、埼玉、千葉、大阪、兵庫、福岡の7都府県に対し5月6日までの緊急事態宣言を発出
5月25日	全ての都道府県で緊急事態宣言を解除
8月28日	安倍首相が持病の潰瘍性大腸炎が再発し、「国民の負託に、自信を持って応えられる状態でなくなった」として、辞任を表明。通算在職日数3188日は憲政史上最長
9月16日	菅義偉が首相に就任
9月30日	福島第一原発事故の被災者約3650人が国と東電に慰謝料や居住地の放射線量低減を求めた生業（なりわい）訴訟控訴審の判決で、仙台高裁は原告3550人に計約10億1千万円を支払うよう命じる。約2900人に計約5億円の賠償を命じた一審判決から賠償総額を約2倍に上積みし、救済範囲も拡大

10月26日	政府は２０５０年までに温室効果ガスの排出を全体としてゼロにする「カーボンニュートラル」を目指すことを宣言

2021年

1月8日	首都圏4都県に緊急事態宣言発出
3月21日	全ての都府県で緊急事態宣言を解除
4月12日	高齢者向けワクチン接種開始
6月11日	改正国民投票法が成立。投票権年齢を満20歳以上から満18歳以上に引き下げ
10月4日	自民党総裁の任期満了に伴い岸田文雄が首相に就任
10月31日	第49回衆院選で自民党は議席減も絶対安定多数を維持。立憲民主党は１００議席割り込む（投票率55・93％）
11月25日	玉城沖縄県知事は、地盤の安定性等が十分に検討されていないなどとして、辺野古での埋め立ての設計変更申請を不承認

2022年

7月8日	安倍元首相が奈良市内で参院選の候補者応援のため演説を開始した直後、改造銃で撃たれて死亡
7月10日	第26回参院選で自民党は単独で改選過半数を確保し大勝（投票率52・05％）
7月13日	東電株主代表訴訟で東京地裁は、元会長ら4人に連帯して13兆３２１０億円を支払うよう命じる判決。原発事故について、旧経営陣の民事上の責任を認めた司法判断は初

8月30日	政府は福島県双葉町の復興拠点の避難指示を解除。原発事故から11年5カ月を経て、唯一全町避難が続いていた町で居住が可能に
9月11日	沖縄県知事選で玉城知事が再選
12月16日	「敵基地攻撃能力」の保有や5年間の防衛費の総額（43兆円）などをまとめた「防衛力整備計画」などを明記した安保関連3文書を閣議決定

2023年

1月10日	森友学園の理事長による補助金不正で最高裁が上告を棄却。懲役5年の実刑とした大阪高裁判決が確定
1月18日	福島第一原発事故で津波対策などの安全対策を講じる義務を怠った経営責任を問われる刑事裁判で東京高裁も東電元会長ら旧経営陣3人に無罪判決
4月9日 23日	第20回統一地方選（統一率27・54％）
5月8日	新型コロナウイルスの感染症法上の位置付けが2類相当から季節性インフルエンザと同じ5類に移行
8月24日	福島第一原発で処理水の海洋放出を開始
9月6日	安保法制の違憲訴訟で最高裁が市民側の訴えを退け、請求棄却判決が確定。違憲かどうかは判断せず
10月5日	国土交通大臣は、辺野古での埋め立ての設計変更承認を沖縄県に認めさせる判決を求めて、代執行訴訟を福岡高裁那覇支部に提起（12月20日高裁が設計変更の承認を命じる判決、翌年2月29日最高裁が上告を棄却）

2024年

1月18日	防衛省は米国製巡航ミサイル「トマホーク」の購入契約を米政府と締結。契約額は約2540億円で、最大400発を2025年度から27年度にかけて順次納入
2月27日	経済安全保障上の秘密情報を扱うための資格制度「セキュリティー・クリアランス（適性評価）」を創設する法案を閣議決定（5月10日に成立）
7月12日	防衛省は、国の安全保障にかかわる「特定秘密」の情報や潜水手当の受給などをめぐり、違反や不正があったとして218人を処分。海上自衛隊トップの海上幕僚長を更迭
8月28日	敦賀原発2号機について、原子力規制委員会は、原子炉建屋の真下の断層が将来動く可能性が否定できないとして、再稼働の前提となる審査を不合格に。再稼働を認めない判断は2012年に規制委員会が発足してから初（11月13日に正式決定）
9月23日	立憲民主党の代表に野田佳彦が就任
10月1日	自民党総裁の任期満了に伴い石破茂が首相に就任
10月11日	ノルウェーのノーベル賞委員会が2024年のノーベル平和賞を、日本全国の被爆者らでつくる日本原水爆被害者団体協議会（被団協、東京）に授与すると発表。「核兵器のない世界の実現に向けた努力」を評価
10月27日	第50回衆院選で自民、公明の与党が過半数割れ。自民党の単独過半数割れは15年ぶり（投票率53・85%）。第2次石破内閣が11月11日に少数与党のまま発足
10月29日	東北電力が女川原発2号機を再稼働。2011年3月の東日本大震災以来、約13年ぶり。被災原発としては初

※表は敬称略。役職、肩書は当時のもので、デモ、集会の参加者数は主催者発表のものです。

◉主な参考文献

東京新聞編集局編『原発報道』(東京新聞)
東京新聞原発取材班編『ビデオは語る』(東京新聞)
東京新聞編集局編『坂本龍一×東京新聞』(東京新聞)
小沢慧一『南海トラフ地震の真実』(東京新聞)
宇野重規『そもそも民主主義ってなんですか?』(東京新聞)
西谷修監修『さすがに日本は、戦争なんてしないですよね?!』(東京新聞)
保坂展人「国より先に、やりました」(東京新聞)
宇野重規、岸本聡子『民主主義のミカタ』(東京新聞)
東京新聞社会部編『あの戦争を伝えたい』(岩波書店)
東京新聞社会部編『新編　あの戦争を伝えたい』(岩波現代文庫)
東京新聞原発事故取材班『レベル7』(幻冬舎)
望月衣塑子『新聞記者』(角川新書)
東京新聞政治部編『読むための日本国憲法』(文春文庫)
片山夏子『ふくしま原発作業員日誌』(朝日新聞出版)
徳山喜雄責任編集『ジャーナリズムの条件2　報道不信の構造』(岩波書店)
井出孫六『抵抗の新聞人桐生悠々』(岩波新書)
武田徹、藤田真文、山田健太監修『現代ジャーナリズム事典』(三省堂)

金子兜太、いとうせいこう選『平和の俳句』（小学館）
野間易通『金曜官邸前抗議』（河出書房新社）
中日新聞社史編さん室『中日新聞社の１３０年』（中日新聞社）
田中哲男『東京新聞創刊七〇周年　激動の日々』（私家本）

菅沼堅吾（すがぬま・けんご）

1955年生まれ。静岡県伊豆の国市出身。早稲田大学政治経済学部卒。78年、中日新聞社入社。地方支局を経て東京新聞を発行する東京本社の編集局の社会部、政治部で勤務し2001年8月に政治部長。その後、社会部長、論説室論説委員（朝刊1面コラム「筆洗」担当）、編集局次長などを経て11年6月に編集局長に就き6年間務めた。北陸本社代表、東京本社代表を経て24年6月から東京本社顧問と、二つの関連会社の取締役会長。東京メトロポリタンテレビ取締役も務める。この間、石巻専修大学経済学部客員教授、東京大学情報学環・学際情報学府の非常勤講師などで教壇に立った。

東京新聞はなぜ、空気を読まないのか

2025年1月29日　第1刷発行

著　者　菅沼堅吾

発行者　清水孝幸

発行所　東京新聞

〒一〇〇-八五〇五　東京都千代田区内幸町
二-一-四　中日新聞東京本社
電話［編集］〇三-六九一〇-二五二一
　　［営業］〇三-六九一〇-二五二七
ＦＡＸ〇三-三五九五-四八三一

装丁・組版　常松靖史［ＴＵＮＥ］

印刷・製本　株式会社シナノ パブリッシング プレス

ISBN978-4-8083-1111-7 C0036